悦读季国学榜

战国策

ZHANGUO CE

[汉]刘向◎集录

CHISO 新疆青少年出版社

图书在版编目（CIP）数据

战国策 / (汉) 刘向集录. -- 乌鲁木齐 : 新疆青少年出版社, 2023.10
（悦读季国学榜）
ISBN 978-7-5590-9706-4

Ⅰ. ①战… Ⅱ. ①刘… Ⅲ. ①《战国策》 Ⅳ. ①K231.04

中国国家版本馆CIP数据核字（2023）第149847号

战国策

ZHANGUO CE　　[汉] 刘向 集录

出版发行　新疆青少年出版社有限公司
社　　址　乌鲁木齐市北京北路29号
电　　话　0991—6239231（编辑部）
经　　销　各地新华书店
印　　刷　三河市金泰源印务有限公司
法律顾问　王冠华 18699089007
开　　本　787 mm×1092 mm　1/16
印　　张　23. 5
版　　次　2023年10月第1版
印　　次　2024年1月第1次印刷
书　　号　ISBN 978-7-5590-9706-4
定　　价　68. 00元

新疆青少年出版社有限公司官网　http://www.qingshao.net
新疆青少年出版社有限公司天猫旗舰店　http://xjqss.tmall.com

CHISO 新疆青少年出版社

目录

第一章

东周策

秦兴师临周而求九鼎

“三寸之舌，强于百万雄兵；一人之辩，重于九鼎之宝”，这则故事说的是九鼎是国家权力的象征，得九鼎者得天下，秦国兴师威胁东周，妄图夺鼎，就是想代东周成为天下的新主人。求鼎不是简单的索取器物，而是直接关系到周室能否继续存在的大事。危急关头，东周重臣颜率运用自己的智慧和口才，劝说齐解救这场国难，而齐正是当时可以和秦抗衡的强国，所以齐将陈臣思率领的齐兵一出，秦军随即退去，东周的尊严也得以挽回。

齐国出兵的交换条件是东周献出九鼎，秦兵既退，如何向齐国交代，这又成了新的难题。颜率不愧为一个优秀的战略家，怎样收场早已在他的谋划之中。他用夸张、铺陈的语言，极力渲染九鼎运输之难：首先，九鼎笨重，运送途中需要大量人力，难以解决；其次，无论从哪条道路运输，九鼎都有可能在途中落入他国手中。这些难题是客观存在的，齐王无奈，只好知难而退，颜率也没有失信。周君化险为夷，齐王也得到美誉。

秦兴师临周而求九鼎①，周君患之，以告颜率②。颜率曰：“大王勿忧，臣请东借救③于齐。”颜率至齐，谓齐王曰：“夫秦之为无道④也，欲兴兵临周而求九鼎，周之君臣，内自画计⑤，与秦，不若归之大国⑥。夫存危国⑦，美名也；得九鼎，厚实⑧也，愿大王图之。”齐王大悦，发师五万人，使陈臣思⑨将以救周，而秦兵罢。

【注释】

①九鼎：东周传国之宝。

②颜率：东周重臣，有计谋，擅言辞。

③救：求救，救援。

④无道：不讲道义。

⑤画计：商量、计议。

⑥大国：指齐国。

⑦危国：指东周。指秦兵临城下，东周面临亡国之危。

⑧实：实际利益。

⑨陈臣思：即田臣思，齐国名将田忌。古代田、陈同音。

【译文】

秦兵临城下，向周索取国宝九鼎。周君忧心忡忡，召来大臣颜率商议，颜率劝慰说："大王不要担心，我愿向东方的齐国，借兵援救。"颜率到齐，对齐王说："秦王暴虐无道，不讲道义，发兵威胁周君，妄图夺取东周的九鼎。我东周的君臣一致认为，与其将鼎给秦国，还不如给贵国。挽救濒危的国家，是美名；得到九鼎，是很实际的利益，希望大王慎重考虑。"齐王听后，非常高兴，发兵五万，任命陈臣思为统帅前往救援东周，秦兵于是撤回。

齐将求九鼎，周君又患之。颜率曰："大王勿忧，臣请东解之。"颜率至齐，谓齐王曰："周赖大国之义，得君臣父子相保也，愿献九鼎，不识大国何途之从而致之齐？"齐王曰："寡人将寄径于梁。"颜率曰："不可。夫梁[①]之君臣欲得九鼎，谋之晖台[②]之下、沙海[③]之上，其日久矣。鼎入梁，必不出。"齐王曰："寡人将寄径于楚[④]。"对曰："不可。楚之君臣欲得九鼎，谋之于叶庭[⑤]之中，其日久矣。若入楚，鼎必不出。"王曰："寡人终何途之从而致之齐？"颜率曰："弊邑固窃为大王患之。夫鼎者，非效醯壶酱甀[⑥]

耳，可怀挟提挈[7]以至齐者；非效鸟集乌飞，兔兴马逝[8]，漓然[9]止于齐者。昔周之伐殷，得九鼎，凡一鼎而九万人挽[10]之，九九八十一万人，士卒师徒，器械被具[11]，所以备者称此。今大王纵有其人，何途之从而出？臣窃为大王私忧之。”齐王曰：“子之数来者，犹无与耳。”颜率曰：“不敢欺大国，疾定所从出，弊邑迁鼎以待命。”齐王乃止。

【注释】

①梁：指魏国。魏惠王时，定都大梁（今河南开封市），故魏又称梁。

②晖台：地名。

③沙海：今河南开封西北。

④寄径于楚：由周至齐，并不经过楚国，这是拟议的话。

⑤叶庭：今湖北华容。

⑥醯壶酱甀：醯（xī），醋。甀（zhuì），瓮。醋瓶子和酱罐子。

⑦怀挟提挈：怀里揣着，手里提着。

⑧兔兴马逝：比喻像兔子跑跳、骏马疾驰那样飞快。

⑨漓然：水渗流的样子。

⑩挽（wǎn）：牵拉。

⑪被具：运鼎需要用到的器具。

【译文】

齐国向东周索要九鼎，周君又忧虑起来。颜率说：“大王不必担心，我愿到齐国解决此事。”颜率到了齐国，对齐王说：“仰仗贵国的仗义相助，周国上下才得以保全，现在心甘情愿献上九鼎，但不知贵国要借哪条道路运至齐国？”齐王说：“我打算向梁国借道。”颜率说：“不可以。梁国的君臣一心想要得到九鼎，他们在晖台和沙海一带谋划这件事已很长时间了。九鼎一旦进入梁国，肯定有去无回。”齐王说：“那我向楚国借道。”颜率回答说：“不可以。楚国的君臣为了得到九鼎，早就在叶庭密谋过。假如九鼎进入楚国，就很难再出来。”齐王说：“那我该从哪条道路把它运到齐国呢？”颜率说：

“我东周君臣也在私下里替大王担忧此事。因为九鼎可不像醋瓶酱罐，可以随意揣在怀里提在手上就能到达齐国，也不像鸟聚鸦飞、兔跑马奔，瞬间就能抵达齐国。当初西周人战败殷商才得到九鼎，运送一只鼎就动用了九万人，九只鼎共用了九九八十一万人，此外还要准备相应的搬运工具和被服粮饷等物资。如今大王即使有足够运送的人，又从哪条路运送回国呢？所以我私下为你担忧啊！”齐王说：“你多次前来，无非是不愿把鼎交给齐国罢了。”颜率赶紧解释说：“我不敢欺骗大国，只要大王尽快决定从哪条路搬运，我东周定将鼎迁出，随时待命。”齐王只好打消获得九鼎的念头。

（《东周策》）

秦攻宜阳

宜阳是韩国的军事重镇，秦国志在必得，韩国势在必守。对战事的结局，周君和赵累看法各有不同。

周君认为，宜阳是方圆八里的大城，有精兵十万，粮储可用数年，附近还有韩相公仲亲率的二十万大军，楚将景翠也带领人马，在周边声援，因而秦国不可能攻下宜阳。

赵累的看法则正好相反，他认为攻城的大将甘茂是从楚国入秦的客籍人士，是否能在秦国立足，全在此一战，所以必定倾尽全力。至于秦武王，他不顾重臣们的反对，坚持任用甘茂，假如无功而返，将难以面对群臣。所以宜阳必将陷落。

进而，赵累向周君献计，对楚将景翠表明当下各国的冲突利害关系，各种抉择所产生的不同后果，最后以利益诱惑他，使景翠按照周的谋划行事。

结局正如赵累所料，秦攻下宜阳，景翠乘机出兵。于是秦国割地，韩国献宝，景翠两面得利，感激东周给他出了个好主意。

秦攻宜阳①，周君谓赵累②曰："子以为何如？"对曰："宜阳必拔③也。"君曰："宜阳城方八里，材士④十万，粟支数年，公仲⑤之军二十万，景翠⑥以楚之众，临山而救之，秦必无功。"对⑦曰："甘茂⑧羁旅也，攻宜阳而有功，则周公旦⑨也；无功，则削迹⑩于秦。秦王不听群臣父兄之议而攻宜阳，宜阳不拔，秦王耻之。臣故曰拔。”君曰：“子为寡人谋，且奈何？”对曰：“君谓景翠曰：‘公爵为执圭⑪，官为柱国，战而胜，则无加焉矣，不胜则死，不如背秦，秦拔宜阳，公进兵，秦恐公之乘其弊也，必以宝事公；公仲慕公之为己乘秦也，亦必尽其宝。’”

【注释】

①秦攻宜阳：周赧王七年（公元前308年），秦武王派甘茂攻打韩国重镇宜阳，次年攻克。

②赵累：周大臣。

③拔：攻陷，攻破。

④材士：材同才，有强劲战斗力的兵士。

⑤公仲：韩相国，名朋。

⑥景翠：楚国之将。

⑦对：地位低的人对地位高的人，年少者对年长者的回话称为“对”。

⑧甘茂：楚国下蔡（今安徽寿县）人，秦国左丞相。

⑨周公旦：姓姬名旦，亦称叔旦，周文王第四子，周武王之弟。曾辅佐武王伐商。

⑩削迹：除名。

⑪执圭：亦作“ 执珪 ”。指执珪上朝朝见君主，象征高级爵位。圭，上圆下方的玉。

【译文】

秦国攻打宜阳，周赧王对大臣赵累说：“你认为这场战争将是怎样的结果？”赵累回答道：“宜阳必然会被秦国攻陷。”周君说：“宜阳城方圆八里，城内有十万骁勇善战的兵士，粮食储备几年都吃不完，再加上宜阳城附近韩相国公仲的二十万军队，另外，楚国大将景翠也率兵前往救援，秦军必定会无功而返。”赵累回答说：“秦将甘茂是寄居秦国的客将，如果攻下宜阳，他就会成为另一个周公旦；如果失败，他将无法在秦国立足。秦武王不听群臣的意见，执意攻打宜阳，如果宜阳攻不下来，他会感到耻辱。所以我认为宜阳必定会被攻破。”周赧王说：“那你替我谋划一下，我该怎么办？”赵累说：“请您这样对景翠说：‘将军的爵位已是执圭，官职也升到了大司马，即使打了胜仗，也不能再加官晋爵了；但是如果打了败仗，你就难逃一死。不如背叛秦国，等秦军攻下宜阳之后你再出兵，秦国害怕你会攻打他的疲惫之师，必定会拿出宝物送给你，而韩相公仲敬慕你乘虚攻打秦国，替宜阳解围，也一定会献出全部珍宝。’”

秦拔宜阳，景翠果进兵。秦惧，遽效煮枣，韩氏果亦效重宝。景翠得城于秦，受宝于韩，而德东周。

【译文】

秦军攻下宜阳后，景翠果然听取周赧王的建议发兵攻秦。秦国害怕，赶紧献出煮枣城，韩国果然也献出了珍贵的宝物。景翠不但从秦国得到了煮枣城，还从韩国得到了珍宝，因此很感谢东周。

（《东周策》）

第二章

西周策

薛公以齐为韩、魏攻楚

公元前298年，薛公孟尝君田文应邀至秦，在秦任相。不久，因谗言被囚禁起来，几乎性命不保。次年，田文逃回国，心怀怨恨，联合齐、韩、魏三国攻秦，向西周索取军粮和援兵。西周处在齐、秦两个大国之间，左右为难。如果答应田文，必会得罪秦国；如果不答应，又会招致齐国不满。

西周大臣韩庆用韩、魏强大对齐不利为借口，游说田文，提出三点建议：一、放弃攻秦，以免让韩、魏壮大。二、由西周转告秦王，释放被秦囚禁的楚怀王，由楚国将东部的淮北之地献给齐国，如此一来，田文在薛的封邑也可累世保存。三、秦国免受削弱，对三晋构成威胁，三晋定会更加重视齐国，齐国的地位举足轻重。薛公认为此计甚妙，就停止了攻秦的计划，不再向西周借兵马与粮草，西周的困境也就得以化解。

薛公①以齐为②韩、魏攻楚③，又与韩、魏攻秦④，而藉兵乞食⑤于西周。韩庆⑥为西周谓薛公曰："君以齐为韩、魏攻楚，九年而取宛、叶⑦以北以强韩、魏，今又攻秦以益⑧之。韩、魏南无楚忧，西无秦患，则地广而益重，齐必轻矣。夫本末更盛，虚实有时，窃为君危之。君不如令弊邑阴合于秦而君无攻，又无藉兵乞食。君临函谷⑨而无攻，令弊邑以君之情谓秦王⑩曰：'薛公必不破秦以张⑪韩、魏，所以进兵者，欲王令楚割东国以与齐也。'秦王出楚王以为和，君令弊邑以此惠秦，秦得无破而以楚之东国⑫自免也，必欲之。楚王出[13]，必德齐，齐得东国而益强，而薛世世无患。秦不大弱而处之三晋[14]之西，三晋必重齐。”薛公曰：“善。”因令韩庆入秦，而使三国无攻秦，而使不藉兵乞食于西周。

【注释】

①薛公：即孟尝君田文，齐威王封少子田婴于薛，后由田婴之子田文袭封，故称其为薛公。

②为：与。

③攻楚：发生于周赧王十二年，齐、韩、魏三国以楚国违背约定为由，联手攻打楚国。

④又与韩、魏攻秦：发生于秦昭王八年。那时，孟尝君在秦为相，后受谗言诋毁被囚，次年逃回齐国，任齐国之相。周赧王十七年，田文怨秦，因而联合韩、魏攻秦。

⑤藉兵乞食：藉，通“借”；乞，乞讨、乞求。借兵求粮。

⑥韩庆：西周大臣。

⑦宛：今河南南阳。叶：今河南叶县南。

⑧益：使……增加，增强。

⑨函谷：秦关，在今河南灵宝县北。

⑩秦王：指秦昭王，名稷。

⑪张：扩大，强大。

⑫东国：今河南郾城以东，沿淮北至泗上一带。

⑬出：释放。秦约楚怀王武关相会，秦扣怀王。

⑭三晋：韩、赵、魏三家分割晋国，故称三晋。

【译文】

薛公孟尝君利用齐国和韩、魏攻打楚国，又和韩、魏联合攻打秦国，并向西周借兵马与粮草。韩庆为西周对薛公说：“你利用齐国和韩、魏攻打楚国，历时九年才取得宛、叶以北的地方，却使韩、魏两国强大起来。你如今若攻秦，韩、魏两国将会更快地强大。韩、魏南边不担心楚国，西边不担心秦国，于是土地日渐扩大，地位日渐提高，而齐必将受到轻视。事情的本末和虚实经常是轮流交替的，我私下替您感到担忧。您不如让我们西周暗地和秦国联合，您不必攻打秦国，也不必借兵马与粮草。您只需兵临函谷关下，不要进攻，让我们西周把您的想法告诉秦王：'薛公才不会攻秦来扩张韩、魏的势力，他之所以向秦国发兵，为的是让大王把楚国的东地割让给齐国。'秦王必定会释放楚怀王以议和，您让西周以此讨好秦国，秦国不受破坏而可以割楚的东地来免除战祸，秦王定会同意。楚王被释，必定对齐国心存感激，齐得到楚的东地也会更加强大，而您的封地薛邑也可以世代无忧。秦国未受到重大削弱而处在赵、魏、韩三晋的西方，对三晋构成威胁，三晋必然会更加地重视齐国。"薛公回答说："太好了。"就派韩庆到秦国去，同时中止了三国攻打秦国的计划，也不再向西周借兵马与粮草了。

（《西周策》）

雍氏之役

公元前300年，楚兵攻打韩国的雍氏，韩向西周征兵调粮。周君难以定夺，便派人向秦求助，又向苏代问计。于是，苏代游说韩相国公仲，说楚军大将昭应在出兵攻打雍氏前，曾经向楚王保证，一月之内必定拿下雍氏，然而五个月过去了，未能攻下，楚王的信心开始动摇。韩如果在此时向周征兵调粮，无异于对外宣布自己兵力粮草已不足，楚王得知，定将增派援军，雍氏必难守住。不如把高都还给西周，周与韩国结交，秦必与周断交，韩、周联合，增强了韩的力量，岂不甚妙。公仲采纳了苏代的建议，雍氏也得以守住。

苏代的游说，使西周没有任何付出，反而得到了高都，让人惊叹他这种化不利为有利、化腐朽为神奇的谋略与口才。

雍氏①之役，韩征甲②与粟于周，周君患之，告苏代③。苏代曰："何患焉？代能为君令韩不征甲与粟于周，又能为君得高都④。"周君大悦曰："子苟能，寡人请以国听。"

【注释】

①雍氏：韩国地名，在今河南禹县东北。

②甲：指兵卒。

③苏代：战国时纵横家，河南洛阳人，苏秦之弟。

④高都：韩国地名，在今河南洛阳南。

【译文】

楚国攻打韩国雍氏，韩国向周征调兵士和粮食，周王感到为难，就与大臣苏代共商对策。苏代说："这有什么好忧虑的？臣不但可以使韩国不向西周征调兵士和粮食，还能让您得到韩国的高都。"周王非常高兴，说："你如果真能办成此事，那么以后我愿意把国家大政交给你管理。"

苏代遂往见韩相国公仲[①]曰："公不闻楚计乎？昭应[②]谓楚王[③]曰：'韩氏罢[④]于兵，仓廪空，无以守城，吾收之以饥，不过一月必拔之。'今围雍氏五月不能拔，是楚病[⑤]也，楚王始不信昭应之计矣；今公乃征甲及粟于周，此告楚病也。昭应闻此，必劝楚王益兵守雍氏，雍氏必拔。"公仲曰："善。然吾使者已行矣。"代曰："公何不以高都与周？"公仲怒曰："吾无征甲与粟于周，亦已多矣。何为与高都？"代曰："与之高都，则周必折而入于韩，秦闻之，必大怒而焚周之节[⑥]，不通其使，是公以弊高都得完周也，何不与也？"公仲曰："善。"

【注释】

①公仲：韩相国，名朋。

②昭应：楚将。

③楚王：即楚怀王。

④罢：疲惫。

⑤病：处境困窘。

⑥焚周之节：焚节，表示绝交。节，符节，使臣所执。

【译文】

苏代于是前往韩国拜见相国公仲，说："您没有听说楚国的打算吗？楚将昭应对楚王说：‘韩国受到战争的损耗，粮库空虚，已经没有力量防守城池，我乘着韩国饥荒的时机，率兵夺取韩国的雍氏，要不了一个月，必定可以攻下城池。’现在楚国围攻雍氏已有五月，却仍未攻下，楚国处境非常困窘，楚王已经开始不相信昭应的计策了。如今您竟然向西周征兵调粮，这分明是在告诉楚国，韩国已经危在旦夕。如果昭应听到这个消息，一定会劝说楚王增加兵力继续包围雍氏，到时雍氏必被攻陷。”公仲说：“你说得有理。可是我派去征兵调粮的使者已经动身了。”苏代说：“你为什么不把高都送给西周呢？”公仲听后很生气，说：“我不向西周征兵调粮，已经很好了！为什么还要把高都送出去呢？”苏代说：“假如您能把高都送给西周，那么西周必然转而投向韩国。秦国听说后，一定非常恼怒，不仅会焚毁西周的符节，而且还会拒绝接纳西周的使臣。这样一来，你用残破的高都换得一个完整的周国，为什么不愿意呢？”公仲说：“好。”

不征甲与粟于周而与高都，楚卒不拔雍氏而去。

【译文】

于是韩国没有向西周征调兵士和粮食，而把高都送给了西周。楚国的军队最终没能攻下雍氏，就撤军了。

（《西周策》）

苏厉谓周君

公元前281年，秦昭王打算派白起攻打魏国。消息传出，苏厉立即面见周君，指出秦国的东扩，对周的安全构成了严重威胁。魏破则周危，应该尽力阻止事态的发展。周君于是派他前去劝说白起。

苏厉用过路人批评楚名将养由基善射而不知调整休息，最后只能前功尽弃的故事劝说白起。说他现在的情况，正好与养由基类似，不如请病假，不接受这次任务，保全已有的名声。一场迫在眉睫的大战，就这样被制止了。

苏厉①谓周君曰："败韩、魏，杀犀武②，攻赵，取蔺、离石、祁③者，皆白起④，是攻用兵，又有天命也。今攻梁，梁必破，破则周危，君不若止之。谓白起曰：'楚有养由基者，善射，去柳叶者百步而射之，百发百中，左右皆曰善。有一人过曰，善射，可教射也矣。养由基⑤曰，人皆曰善，子乃曰可教射，子何不代我射之也？客曰，我不能教子支左屈右⑥。夫射柳叶者，百发百中而不已善息⑦，少焉气力倦，弓拨矢钩，一发不中，前功尽矣。今公破韩、魏，杀犀武，而北攻赵，取蔺、离石、祁者，公也。公之功甚多。今公又以秦兵出塞⑧，过两周，践韩而以攻梁，一攻而不得，前功尽灭，公不若称病不出也。"

【注释】

①苏厉：说客苏秦的弟弟。

②犀（xī）武：魏将，死于伊阙之战。

③蔺、离石、祁：皆为赵国地名。蔺，今山西离石西；离石，今山西离石；祁，今山西祁县。

④白起：秦将，善于用兵，因功封武安君。

⑤养由基：春秋时楚国善于射箭的人。

⑥支左屈右：左手支弓，右手弯曲，拉弓射箭。

⑦不已善息：指不知道找机会休息。

⑧塞：指伊阙塞，位于今河南洛阳市南。

【译文】

说客苏厉对周君说："打败韩国和魏国联合的军队，杀掉魏将犀武，夺取赵国蔺、离石以及祁三地的人，都是秦将白起，这是他善于用兵打仗，又有上天保佑的缘故。如今他要攻打魏国，魏国定会被攻破，如果魏国被攻破，西周就岌岌可危了，你不如设法制止他。可派使者对白起说：'楚国有个叫养由基的人，善于射箭，能够百步穿杨，百发百中。旁边观看的人都说他箭术高明，有一人从这里路过，对他说，射得好，可以接受射箭的训练了。养由基说，别人都说我射得好，你却说可以接受训练，你怎么不代我射一箭呢？这人说，我不能教你左右手如何拉弓引箭。即使你射柳叶的时候能百发百中，却不懂得及时休息，很快身体就会疲倦，然后弓箭歪斜，一发不中，从前的努力都白费了。'如今击败韩、魏两国，杀掉犀武，向北攻取赵国，占领蔺、离石、祁的人，都是您。您的功劳如此之多。现在又率领秦兵出关，途经东周、西周，侵韩攻魏，哪怕一战不胜，也就前功尽弃了，您最好还是告病，不要去攻打魏国了。'"

（《西周策》）

司寇布为周最谓周君

周最和周果都是周王的儿子，周最奔走于周、秦、齐、魏、楚、韩之间，和齐国关系密切。周最想得到太子之位，就让齐国替他说话。周君对此犹豫不决，派人对齐国说，是周最自己不肯做太子。司寇布替周最向周君进言，说是你果真想让周最做太子，就应使天下人都知道，而不应只是自己清楚。他以函冶氏为例，说明宝剑虽好，也要买的人了解，否则它的价值就很难体现。

司寇布[①]为周最[②]谓周君曰："君使人告齐王[③]以周最不肯为太子也，臣为君不取也。函冶氏[④]为齐太公[⑤]买良剑，公不知善，归其剑而责[⑥]之金。越人请买之千金，折而不卖[⑦]。将死而属[⑧]其子曰：'必无独知。'今君之使最为太子，独知之契[⑨]也，天下未有信之者也。臣恐齐王之为君实立果而让之于最以嫁[⑩]之齐也。君为多巧，最为多诈，君何不买信货哉？奉养无有爱[⑪]于最也，使天下见之。"

【注释】

①司寇布：周臣。司寇，周朝官职，主刑狱。

②周最：周王的儿子。

③齐王：齐闵王。

④函冶氏：齐国善于辨别宝剑的人。

⑤齐太公：田和，始代姜氏立为齐侯，因此被称为齐太公。

⑥责：索取。

⑦折而不卖：折，折本。即使千金也不够本价，因此不肯卖。

⑧属：嘱咐，告诫。

⑨契：契约，类似现在的合同。

⑩嫁：欺蒙。

⑪爱：吝惜。

【译文】

司寇布为周最的事对周君说："您派人告诉齐王说是周最不愿做太子，我感到这种做法不可取。函冶氏曾经替齐太公买过一把宝剑，齐太公没有看出宝剑的精良品质，非得归还宝剑并要求退还他的钱。后来越国的人愿出千金购买，函冶氏却认为折本而没有卖。临终前他嘱咐他的儿子说：'任何东西，不能只是自己知道。'如今君王想立周最为太子，只有自己单方面知道，天下没有人相信啊。臣恐怕齐王听了你的话后认为您本打算立周果却说周最自愿不做太子，从而欺骗齐国。您的态度不确定，周最又富于心计，您为什么不让人们看到事情的真相呢？不要吝惜供养周最的东西，应该让所有人都看得清清楚楚。"

（《西周策》）

第三章

秦策

卫鞅亡魏入秦

本章是一篇商鞅略传。阐述商鞅由魏入秦，受到孝公重视，委以重任，治理秦国。商鞅治秦的原则是“公平无私，罚不讳强大，赏不私亲近”，他认为一旦制定了法令，一切就应该按照法令的规定办。变法一年以后，取得了道不拾遗，民不妄取，国力增强，诸侯畏惧的效果。

对于商鞅的变法，秦孝公很是赞赏，他临终前，甚至打算传位给商鞅，这一方面表现出两人君臣之间关系的融洽，另一方面也为商鞅最后悲惨的结局埋下了伏笔。

秦惠王即位后，商鞅功高震主，相权威胁到君权，终致车裂被杀。令人唏嘘的是，由于商鞅之法太过刻薄寡恩，他死时秦人居然不加同情，甚是可悲可叹。

卫鞅[①]亡魏入秦，孝公[②]以为相，封之于商[③]，号曰商君。商君治秦，法令至行，公平无私，罚不讳强大，赏不私亲近。法及太子，黥劓其傅[④]。期年[⑤]之后，道不拾遗，民不妄取，兵革[⑥]大强，诸侯畏惧。然刻深寡恩，特以强服之耳。

【注释】

①卫鞅：商鞅，因是卫国的公子，故又称卫鞅。

②孝公：秦孝公，公元前361—前338年在位。后任用卫鞅，变法图治。

③商：在今陕西商县以东九十里。

④黥（qíng）劓（yì）其傅：指太子犯法，卫鞅不能让太子受刑，便让太子的老师刺面割鼻。黥，刺面之刑；劓，割鼻之刑；傅，教导、辅佐太子的人，老师。

⑤期（jī）年：一年。

⑥兵革：兵，武器；革，甲。军事力量。

【译文】

卫鞅从魏国逃到秦国，秦孝公任用他为丞相，还把商地分封给他，号称"商君"。商君治理秦国，法令贯彻，严明公正而不偏私，行罚不忌讳避让有地位的人，行赏不偏向关系亲近的人。法令执行到太子头上，也照样对太子的师傅处以刺面割鼻的刑罚。法令施行一年之后，东西掉在地上无人去拾，百姓不取非法的财物，国家兵力壮大，诸侯都感到害怕。但是商鞅刻薄少恩，只不过是用强力压服人们而已。

孝公行之八年[①]，疾且不起，欲传商君，辞不受。孝公已死，惠王代后，莅政有顷，商君告归。

【注释】

①孝公行之八年：此处时间有误。秦孝公六年时，任用卫鞅为左庶长开始变法，至二十四年，应该为十八年。

【译文】

秦孝公任用卫鞅施行变法八年，重病在身，将死之际想把君位传给商鞅，他推辞不肯接受。秦孝公死后，秦惠王继位，执政不久，商鞅请求回到自己的封地。

人说惠王曰：“大臣太重者国危，左右太亲者身危。今秦妇人婴儿皆言商君之法，莫言大王之法，是商君反为主，大王更为臣也。且夫商君固大王仇雠也，愿大王图之。”商君归还，惠王车裂之[①]，而秦人不怜。

【注释】

①车裂：肢解身体的酷刑。

【译文】

有人劝说惠王：“大臣的权势过重会危及国家，身边的人过分亲近会危害到自己。现在秦国的男女老少都说法令是商鞅的法令，而没有人说是大王的法令，这样，商鞅成了主人，大王反倒成了臣子。况且商鞅本来就是大王的仇人，希望大王想办法加以对付。”商鞅返回秦都，惠王对他处以五马分尸的酷刑，但秦国民众没有人可怜他。

（《秦策一》）

苏秦始将连横

苏秦向秦惠王指出秦国当下具备的有利条件：边疆稳固，民富国强，兵精粮足，具有"并诸侯，吞天下"的潜力。他毛遂自荐，希望秦王可以任用他来完成这个伟业，被秦惠王用羽翼未丰，时机尚未成熟推辞了。

苏秦在秦国被拒回家后，受尽家人白眼。于是他发奋读书，潜心钻研，头悬梁，锥刺股。一年之后，他认为时机成熟，就去游说各国君王。

苏秦和赵王的一席谈话，纵横捭阖，谈吐之间，智谋尽显，因而后来被任命为卿相，成为政治舞台上一颗耀眼的新星。

苏秦[①]始将连横[②]，说[③]秦惠王曰："大王之国，西有巴、蜀、汉中[④]之利，北有胡貉、代马[⑤]之用，南有巫山、黔中之限[⑥]，东有肴、函[⑦]之固。田肥美，民殷富，战车万乘，奋击[⑧]百万，沃野千里，蓄积饶多，地势形便，此所谓天府，天下之雄国也。以大王之贤，士民之众，车骑之用，兵法之教，可以并诸侯，吞天下，称帝而治。愿大王少留意，臣请奏其效。"

【注释】

①苏秦：战国时东周洛阳人，著名纵横家，谋士。

②连横：联合六国共同事秦。其中一国与其他六国中任何一国联合以打击别的国家，都称为连横。

③说(shuì)：劝说，游说。

④巴：今重庆一带，蜀：今四川省西部。汉中：今陕西南部及湖北西部。

⑤胡貉(hé)：北方游牧民族。代马：代郡、马邑，在今山西东北部，以产良马闻世。

⑥巫山：今重庆巫山东。黔中：今湖南西部常德一带及贵州东北部。限：屏障。

⑦肴(xiáo)：同“殽”，山名，在今河南洛宁北。函：即函谷关，在今河南灵宝东北。

⑧奋击：奋勇击敌的战士。

【译文】

苏秦起初用连横的策略游说秦惠王，他说：“大王的国家，西边有巴、蜀、汉中的丰富物产可供利用，北边有胡、代地区可提供战备，南有巫山、黔中作为屏障，东有崤山、函谷关坚固的要塞。秦国土地肥沃，百姓众多而富足，拥有战车万辆，精兵百万，良田纵横千里，粮食储备丰富，地势险峻，便于攻守。这真是人们所说的天然府库，天下的大国啊！凭着大王的贤能，百姓的众多，军备的充实，战士的训练有素，完全能吞并诸侯，一统天下，成就帝业。希望大王多留意，让我向您陈述如何取得这样的效果。”

秦王曰：“寡人闻之，毛羽不丰满者，不可以高飞；文章[①]不成者，不可以诛罚；道德不厚者，不可以使民；政教不顺者，不可以烦大臣。今先生俨然不远千里而庭教之，愿以异日。”……

【注释】

①文章：这里是法度的意思。

【译文】

惠王说：“我听说，羽毛长得不丰满的鸟，不能高飞；法制不健全的国家，难以施行刑罚；道德不高尚的人，不能够役使百姓；政教不上轨道的国家，不能拿战争来劳烦大臣。现在您郑重地不远千里来到秦国，亲临指教，我希望日后再来领教。”……

说秦王书十上而说不行。黑貂之裘弊，黄金百斤尽，资用乏绝，去秦而归。羸縢履跻[①]，负书担橐[②]，形容枯槁，面目犁黑[③]，状有归[④]色。归至家，妻不下纴，嫂不为炊，父母不与言。苏秦喟然叹曰：“妻不以我为夫，嫂不以我为叔，父母不以我为子，是皆秦之罪也。”乃夜发书，陈箧数十，得太公《阴符》[⑤]之谋，伏而诵之，简练以为揣摩。读书欲睡，引锥自刺其股，血流至足。曰：“安有说人主不能出其金玉锦绣，取卿相之尊者乎？”期年，揣摩成，曰：“此真可以说当世之君矣。”

【注释】

①羸（léi）：缠绕。縢（téng）：绑腿布。跻（jué）：草鞋。

②橐（tuó）：口袋。

③犁黑：同“黧黑”，形容肤色黑。

④归：通“愧”。

⑤太公《阴符》：太公：周初的开国功臣姜太公吕尚。《阴符》：相传是姜太公写的兵书。

【译文】

苏秦游说秦王的奏章先后上了十次，他的主张始终未被采纳。最后他穿的黑貂皮袍破了，带的钱也花光了，生活费用失去来源，手头拮据，只好离开秦国回家。他腿上缠着绑腿，脚上穿着草鞋，背着书箱，挑着行李，形容憔悴，肤黄面黑，脸带羞愧之色。回到家，正在织布的妻子不理睬他，嫂子不为他烧火做饭，父母也不和他说话。苏秦见此情形，长叹道：“妻子不把我当丈夫，嫂子不把我当小叔，父母不把我当儿子，这是我的过错啊。”于是，当晚，他取出藏书，打开了几十个书箱，找到一部姜太公写的谋略书《阴符》，于是埋头苦读，反复研习揣摩，深入领会。当读书困倦，睡意袭来的时候，他就取过铁锥，照着自己的大腿刺去，以至血流到了脚跟，他自言自语地说：“哪里还会有游说列国君主而不能让他们拿出金玉锦绣以及卿相高位给我的呢？”经过一年，苏秦钻研有得，感觉良好，他说：“这次真可用所学的去游说当今的君主了。”

于是乃摩燕乌集阙[①]，见说赵王于华屋之下，抵掌[②]而谈。赵王大悦，封为武安[③]君，受相印，革车百乘，锦绣千纯，白璧百双，黄金万溢[④]，以随其后，约从散横，以抑强秦。

【注释】

①燕乌集阙：关塞名，今在何处不详。

②抵（zhǐ）掌：击掌。

③武安：今属河北省。

④溢：通“镒”，重量单位，一镒二十两（一说二十四两）。

【译文】

于是苏秦取道燕乌集阙，在华丽的宫殿里游说赵王，和赵王击掌而谈，十分投机。赵王很高兴，封苏秦为武安君，赐他相印，并赏他兵车百辆，锦缎千匹，白璧百双，黄金万镒，让他带着这些财物去游说各国诸侯，建合纵联盟，破连横阵线，以抑制强秦。

（《秦策一》）

司马错与张仪争论于秦惠王前

本篇讲述的是基础性的行动能为目标的实现积蓄强大的潜力和能量。秦惠王自任用商鞅变法之后，国力增强，准备开疆拓土。司马错和张仪的这场争论，焦点就在于向何处拓展更为恰当。张仪主张直接攻取中原要地，迅速成就霸业。司马错则主张伐蜀，他认为秦的实力还不够强大，应先从容易的地方着手，先攻占蜀地，得其财强己力，并且博得“禁暴止乱”的美名。秦惠王认为司马错的分析更有道理，就派他领兵伐蜀去了。

司马错与张仪[①]争论于秦惠王前。司马错欲伐蜀，张仪曰：“不如伐韩。”王曰：“请闻其说。”

【注释】

①司马错：秦国将领，学属纵横家，也能领兵打仗。公元前316年率兵伐蜀，公元前301年再次出蜀平定叛乱。张仪：魏国大梁（今河南开封）人，是战国时期著名的纵横家。有功于秦，受封武信君。

【译文】

司马错和张仪在秦惠王面前争论（战事）。司马错主张攻蜀，张仪说：“不如先攻韩。”秦惠王说：“我想听听你们的意见。”

对曰："亲魏善楚，下兵三川[①]，塞轘辕、缑氏[②]之口，当屯留[③]之道，魏绝南阳，楚临南郑[④]，秦攻新城、宜阳[⑤]，以临二周[⑥]之郊，诛周主之罪，侵楚、魏之地。周自知不救，九鼎宝器必出。据九鼎，案图籍[⑦]，挟天子以令天下，天下莫敢不听，此王业也。今夫蜀，西辟之国而戎狄[⑧]之长也，弊兵劳众不足以成名，得其地不足以为利。臣闻'争名者于朝，争利者于市'，今三川、周室，天下之市朝也，而王不争焉，顾争于戎狄，去王业远矣。"

【注释】

①下兵三川：下兵，出兵。三川，韩地名，因境内有黄河、洛水、伊水而得名。

②轘辕、缑（gōu）氏：均为山名，军事要地。轘辕在今河南巩县西南七十里，缑氏在今河南偃师南二十里。

③屯留：韩地，在今山西屯留东南十里。

④南阳：地区名，在今河南济源、孟县、沁阳一带。南郑：韩国都城，在今河南新郑西二十五里。

⑤新城、宜阳：均为韩地。新城在今河南伊川西南，宜阳在今河南宜阳西北的韩城镇。

⑥二周：指战国时，周分裂成东周、西周两个小国。东周在巩（今河南巩义西南）建都，西周在河南洛邑（今河南洛阳西）建都。

⑦案图籍：案，考察、考究。图籍，指地图和户籍等档案文书。

⑧戎狄：古代对西部少数民族的泛称。

【译文】

张仪回答说："先拉拢魏、楚两国与他们结盟，再派兵攻打韩的三川地区，堵住轘辕、缑氏两山的关口，卡住屯留的要道，然后让魏国切断韩出兵南阳的道路，让楚攻韩的都城新郑，秦军再攻打新城、宜阳，这样我们便兵临东西二周的城外，声讨二周国君的罪过，趁机侵占魏、楚两国的土地。周国知道自身难保，定会献上九鼎等宝物。一旦我们有了九鼎，又掌握了地图和户籍等档案，就可挟持周天子，用他的名义号令诸侯，天下没有敢违抗的，王业就建成了。如今的蜀国不过是西部一个偏僻的小国，是戎狄部落的首领，攻蜀，损兵耗力，还建立不了名望，即使得到它的地盘也没有多大的好处。我听说‘争名要在朝廷上争，争利要在市场上争’，如今的三川地区、周室，正是天下的市场和朝廷，大王不去争夺它们，反去争夺落后的地区，这就离帝王之业远了。”

司马错曰：“不然。臣闻之，欲富国者务广其地，欲强兵者务富其民，欲王者务博其德。三资者备，而王随之矣。今王之地小民贫，故臣愿从事于易。夫蜀，西辟之国也，而戎狄之长也，而有桀、纣之乱①，以秦攻之，譬如使豺狼逐群羊也。取其地足以广国也，得其财足以富民，缮兵不伤众而彼已服矣。故拔一国而天下不以为暴，利尽西海②，诸侯不以为贪。是我一举而名实两附，而又有禁暴正乱之名。今攻韩劫天子，劫天子，恶名也，而未必利也，又有不义之名，而攻天下之所不欲，危！臣请谒其故。周，天下之宗室也；齐，韩、周之与国也。周自知失九鼎，韩自知亡三川，则必将二国并力合谋，以因于齐、赵，而求解乎楚、魏。以鼎与楚，以地与魏，王不能禁，此臣所谓‘危’，不如伐蜀之完也。”

【注释】

①桀、纣之乱：像夏桀、商纣那样的亡国祸乱，这里用来喻指巴蜀之乱。蜀王封其弟于汉中，号苴侯。苴与巴国关系很好，巴国与蜀国交恶。蜀王攻打苴侯的时候，苴侯逃到了巴国。蜀又转而攻打巴，苴侯于是求救于秦。

②西海：指蜀国。

【译文】

司马错说：“事情并不像张仪所说的那样。我听说，要使国家富足，务必先扩张领土；要想兵力强大，务必先使人民富足；要想建立王业，务必先广施仁政。具备这三个条件，那么天下自然就唾手可得。如今大王地小民贫，所以我希望大王先从容易的地方着手。蜀国不过是西部偏僻的小国和落后部族的首领，又有夏桀、商纣那样的内乱，用秦国的士兵去攻占它，就好像派狼群去驱逐羊群一样简单。得到它的地盘，可以扩大秦国的疆土；得到它的资源，可以使秦国的百姓富裕，虽然用兵，但不会伤亡多少人蜀国就已经降服了。如此，虽然我们灭亡了蜀国，但天下的人不会认为我们暴虐；夺取蜀国的财富，诸侯不会认为我们贪婪。我们只要伐蜀一举，就可名利双收，甚至还能得到除暴止乱的好名声。如今去攻韩，挟持天子，挟持天子会招来恶名，而且未必能得到好处，还会落下不义的坏名声，攻打全天下都不赞成攻打的国家，这实在是太危险了。请让我分析理由。周是天下共同尊奉的王室，齐与韩、周是结盟国。如果周国知道自己将失去九鼎，韩国知道自己将失去三川，两者就会齐心合力，在齐、赵两国的疏通下，化解楚国和魏国的纠纷。周把九鼎送给楚国，韩把土地送给魏国，这些都是大王没法阻止的，这也就是臣所说的危险所在。因此，攻打韩国有危险，先伐蜀才是万全之计。”

惠王曰：“善，寡人听子。”卒起兵伐蜀，十月取之，遂定蜀。蜀主更号为侯，而使陈庄相蜀。蜀既属，秦益强富厚，轻诸侯。

【译文】

秦惠王说：“好，我听你的。”于是，秦国出兵攻蜀，经过十个月的征讨，终于占领了蜀地，控制了蜀国的局势。蜀国君主改王号为侯，秦惠王派陈庄去做蜀侯的相国。蜀国既已归附，秦国越发强盛富足，更加轻视东方各国诸侯了。

（《秦策一》）

陈轸去楚之秦

陈轸和张仪共同辅佐秦惠王，是一对冤家对头。为了赶走陈轸，张仪向秦王诋毁说，陈轸是楚国的奸细，经常将秦国的秘密偷偷泄露给楚国。张仪摆出一副有他没我，有我没他的架势，同时还建议秦王，一旦陈轸准备回楚国，就应该当机立断杀掉他。

张仪的这招非常狠。陈轸本是亲楚派，所以，当秦王问他离开秦国后会去哪里时，陈轸很干脆地回答说，他愿到楚国去。这正应了张仪的话。好在秦王并没有按照张仪说的杀了他，而是想听听他的解释，于是将张仪对陈轸的非议告诉了他。不料陈轸见招拆招，用了“欲擒故纵”的手法，又讲了一个简单形象、有趣幽默的故事辩解说，他在秦国任职，却经常向楚国传递情报，那就是对秦王的不忠，楚国怎么会接纳一个不忠的人呢？如果楚国接纳了自己，不正可以证明自己的清白吗？一番话说得头头是道，秦王也深以为然，便善待陈轸。陈轸的危机也因为他的智慧和出色的口才得以化解。

陈轸去楚之秦。张仪谓秦王[①]曰：“陈轸为王臣，常以国情输楚，仪不能与从事，愿王逐之。即复之楚，愿王杀之。”王曰：“轸安敢之楚也。”

【注释】

①秦王：秦惠王。

【译文】

陈轸离开楚国来到秦国。张仪对秦王说："陈轸身为大王您的臣子，却常常把秦国的机密透露给楚国，我不能和这样的人同朝共事，请大王驱逐他。如果他想再回到楚国去，请大王杀了他。"秦王说："陈轸怎么敢再回楚国呢？"

王召陈轸告之曰："吾能听子言，子欲何之？请为子车约[①]。"对曰："臣愿之楚。"王曰："仪以子为之楚，吾又自知子之楚，子非楚且安之也？"轸曰："臣出，必故之楚，以顺王与仪之策，而明臣之楚与不[②]也。楚人有两妻者，人诳[③]其长者，长者詈[④]之；诳其少者，少者许之。居无几何，有两妻者死。客谓诳者曰：'汝取长者乎？少者乎？''取长者。'客曰：'长者詈汝，少者和汝，汝何为取长者？'曰：'居彼人之所，则欲其许我也。今为我妻，则欲其为我詈人也。'今楚王明主也，而昭阳[⑤]贤相也，轸为人臣，而常以国情输楚王[⑥]，王必不留臣，昭阳将不与臣从事矣。以此明臣之楚与不。"

【注释】

①车约：即"约车"。准备车马。

②不：通"否"，下同。

③诳（tiǎo）：同"挑"，挑逗，诱惑。

④詈：骂，责骂。

⑤昭阳：人名，楚怀王时的相国。

⑥楚王：楚怀王。

【译文】

秦王召见陈轸并问他说："我能听你说说，你想去哪里呢？我为你准备车马。”陈轸说：“我想回楚国去。”秦王说：“张仪认为你必然要去楚国，我也知道你将到楚国去，除了楚国，你还能到哪里去呢？”陈轸说：“我离开秦国必然会到楚国去，以顺从大王和张仪的想法，同时证明我是否真的倾向于楚国。楚国有个人娶了两个妻子，有人调戏那个年长的，受到对方的责骂；调戏那个幼小的，她就答应了。过了不久，她们的丈夫死了。旁人就对调戏的人说：‘你娶年长的还是幼小的？’调戏的人回答说：‘娶年长的。’旁人说：‘年长的骂你，幼小的顺从你，你为什么还要娶年长的呢？’此人回答：‘他们还是别人的妻子时，我希望她们答应我的要求；现在做我的妻子，我当然希望她们为我去骂别人。’当今的楚王是一位贤明的君主，昭阳是贤明的丞相。我身为秦国的臣子，如果经常把本国的情况泄漏给楚国，楚王必然不会留下我，昭阳也不会愿意和我合作共事。我将离开秦国到楚国去，以此来证明我是否真的倾向楚国。”

轸出，张仪入，问王曰：“陈轸果安之？”王曰：“夫轸天下之辩士也。孰视寡人曰：‘轸必之楚。’寡人遂无奈何也。寡人因问曰：‘子必之楚也，则仪之言果信矣！’轸曰：‘非独仪之言也，行道之人皆知之。昔者，子胥忠其君，天下皆欲以为臣；孝己[①]爱其亲，天下皆欲以为子。故卖仆妾不出里巷而取者，良仆妾也；出妇[②]嫁于乡里者，善妇也。臣不忠于王，楚何以轸为？忠尚见弃，轸不之楚而何之乎？’”王以为然，遂善待之。

【注释】

①孝己：商朝高京武丁之子，是有名的孝子。

②出妇：被丈夫遗弃的妇女。

【译文】

陈轸出去后，张仪进来，问秦王说：“陈轸到底要去哪里？”秦王说：“陈轸简直是天下最能言善辩的人。他仔细地看着我说：‘我必定会到楚国去。'我对他简直无可奈何。我就问他说：'你一定要去楚国，那么张仪的话果然说对了。'陈轸说：'不仅张仪这么说，就是路人也都知道。从前，伍子胥尽忠于吴王，天下的国君都想让他做自己的臣子；孝己敬顺他的父母，天下的人都想让他做自己的儿子。所以卖给别人做仆妾的人，还没离开巷子就能卖掉的，这是好奴仆啊；被遗弃的妇人又嫁到本乡本土的，一定是好妇人。如果我不忠于大王您，楚国又怎么会让我做他的臣子呢？忠心尚且被抛弃，我不去楚国，又能到哪里去呢？'"秦王认为他说得很对，便好好地对待他了。

（《秦策一》）

齐助楚攻秦

公元前313年，齐、楚联盟，打了一场漂亮的胜仗，攻占了秦国的曲沃。秦国想要雪耻，首先必须拆散齐、楚的联盟。这个时候，能言善辩的张仪就出马了。他用六百里的商於之地作为诱饵，让楚怀王和齐国绝交。聪明的陈轸看出了张仪的用心，竭力劝阻楚怀王，奈何楚怀王被利益蒙蔽，哪里还听得进去。

于是，楚怀王派出一名勇士，北上痛骂齐王。齐、楚断交，楚国孤立。等到楚怀王派人到秦国接收土地的时候，六百里忽然变成六里。怀王怒火中烧，兴兵伐秦。陈轸谏言，怀王依然听不进去，结果楚军被秦、齐、韩三国联军打得大败。

楚怀王一时的贪婪铸成了一国的灭亡，一步走错，谬之千里。可悲可叹！只能说，楚怀王政治上太幼稚、太愚昧了。

齐助楚攻秦，取曲沃[①]。其后秦欲伐齐，齐、楚之交善[②]，惠王患之，谓张仪曰："吾欲伐齐，齐、楚方欢，子为寡人虑之，奈何？"张仪曰："王其为臣约车并币[③]，臣请试之。"

【注释】

①曲沃：地名，本文的曲沃在今河南陕县的曲沃镇。

②善：友善，亲善。

③并币：各种礼物。并，多种，非一种的意思；币，这里用来指礼物。

【译文】

齐国帮助楚国攻打秦国，攻下了曲沃（秦地）。为报此仇，秦国想要攻打齐国。可是，齐国和楚国关系很好，因此，秦惠王很是发愁，他对张仪说：“我想要出兵攻打齐国，无奈齐国、楚国关系正融洽，你替我考虑考虑，该怎么办才好？”张仪说：“大王可以为我准备好车马和礼物，我愿意去南方游说楚王试试。”

张仪南见楚王[①]曰：“弊邑之王所说[②]甚者，无大大王。唯[③]仪之所甚愿为臣者，亦无大大王。弊邑之王所甚憎者，亦无先齐王；唯仪之甚憎者，亦无大齐王。今齐王之罪，其于弊邑之王甚厚，弊邑欲伐之，而大国与之欢，是以弊邑之王不得事令[④]，而仪不得为臣也。大王苟能闭关[⑤]绝齐，臣请使秦王献商於[⑥]之地，方六百里。若此，齐必弱，齐弱则必为王役矣。则是北弱齐，西德于秦[⑦]，而私商於之地以为利也，则此一计而三利俱至。”

【注释】

①楚王：楚怀王。

②说：同“悦”，喜欢。

③唯：音义同“虽”，即使是。

④令：善。

⑤闭关：关闭边关，使节不来往。

⑥商於（wū）：地区名，今陕西商县以南直至汉中的广大地区。

⑦西德于秦：西面可以施恩德于秦国。

【译文】

于是，张仪前往楚国拜见楚王，说：“敝国的君主最喜欢的人，莫过于大王您。我所最愿意做臣子的，也莫过于大王您。敝国的君主最憎恶的人，莫过于齐王，我所最憎恶的人，也莫过于齐王。如今，对于敝国的君主来说，齐王的罪恶最深重，我们想攻打齐国，但贵国和其关系融洽，所以敝国的君主无法为你效劳，我也不能做大王您的臣子。大王如果能和齐国断交，我愿意让秦王将六百里的商於之地献给您。如此一来，齐国必定失去后援，力量削弱；齐国削弱以后，就必定会受大王的号令了。这样，既在北边削弱了齐国，又在西方对秦国施有恩惠，还可得到了六百里的商於之地，这真是一举三得的上策。”

楚王大说，宣言[①]之于朝廷曰：“不穀[②]得商於之田，方六百里。”群臣闻，见者毕贺，陈轸后见，独不贺。楚王曰：“不穀不烦一兵，不伤一人，而得商於之地六百里，寡人自以为智矣！诸士大夫皆贺，子独不贺，何也？”陈轸对曰：“臣见商於之地不可得，而患必至也，故不敢妄贺。”王曰：“何也？”对曰：“夫秦所以重王者，以王有齐也。今地未可得而齐先绝，是楚孤也，秦又何重孤国？且先出地后绝齐，秦计必弗为也；先绝齐后责[③]地，且必受欺于张仪；受欺于张仪，王必惋之。是西生秦患，北绝齐交，则两国兵必至矣。”楚王不听，曰：“吾事善矣，子其弭[④]口无言，以待吾事。”楚王使人绝齐，使者未来，又重绝之。

【注释】

①宣言：宣布。

②不穀：王侯自谦的称呼。

③责：责求，索取。

④弭：止，停止。

【译文】

楚王非常高兴，在朝中向群臣宣布：“我得到了商於的土地，方圆足有六百里。”群臣听了都表示祝贺，唯独陈轸听后不祝贺。楚王说：“我没有动用一兵一卒就得到了商於方圆六百里的土地，我觉得自己太聪明了。士大夫们都向我表示祝贺，只有你没有什么表示，为什么呢？”陈轸回答说：“依我看，商於之地不能到手，而麻烦却一定会来，所以没有随便向大王道贺。”楚王问：“这是什么道理？”陈轸答道：“秦国如此重视大王，是因为大王有齐国的支持。现在，秦国许诺的土地还尚未得到，大王就跟齐国断绝邦交，这会使楚国孤立，秦国又怎会重视一个孤立无援的国家呢？况且先割让土地后与齐国绝交，秦国一定不会同意。先和齐国绝交，再叫秦国割地，将会遭到张仪的欺骗得不到土地。受到张仪的欺骗，大王定会懊悔。结果，楚国在西面惹出秦国的祸患，北面又和齐国断交，这样两国都会兵临楚国了。”楚王不听，说：“我这件事已经想好了，你就闭嘴，别再说了，等我完成此事吧。”于是，楚王派出使者前往齐国与其断交。派去的使者还没回来，楚王又派了人重申前议。

张仪反[①]，秦使人使齐，齐、秦之交阴[②]合。楚因使一将军受地于秦。张仪至，称病不朝。楚王曰：“张子以寡人不绝齐乎？”乃使勇士往詈齐王。张仪知楚绝齐也，乃出见使者曰：“从某至某，广从[③]六里。”使者曰：“臣闻六百里，不闻六里。”仪曰：“仪固以小人，安得六百里？”使者反报楚王，楚王大怒，欲兴师伐秦。陈轸曰：“臣可以言乎？”王曰：“可矣。”轸曰：“伐秦非计也，王不如因而赂之一名都[④]，与之伐齐，是我亡于秦而取偿于齐也，楚国不尚全乎！王今已绝齐，而责欺于秦，是吾合齐、秦之交也，国必大伤。”

【注释】

①反：同“返”，返回。

②阴：私下，暗中。

③广从：横为广，直为从。从，同“纵”。

④名都：大的地方，大的城池。名，大；都，地方。

【译文】

张仪回到秦国，秦王派人前往齐国游说，齐、秦两国暗中联合。当楚国派一位将军到秦国接收土地时。张仪为了躲避，竟然称病不上朝办事。楚王说：“张仪以为我不是诚心跟齐国断交吗？”于是派出一名勇士前往齐国，当面责骂齐王。张仪证实楚国确实已经与齐国断交后，这才出来接见楚国的使者，说：“敝国愿以赠送贵国的土地，从这里到那里，方圆六里。”使者说：“我听说是六百里土地，并不是六里。”张仪说：“我只是个微不足道的小官，哪有权力给你六百里土地？”使者回去报告楚王，楚王勃然大怒，想要起兵攻秦。陈轸说：“我能说两句吗？”楚王说：“可以。”陈轸说：“现在发兵攻打秦国并不是个好办法，大王不如用一座大城贿赂秦国，和秦一起攻齐。这样，我们虽然在秦国那里失去了土地，但转而可以在齐国那里得到补偿。这对楚国不就没有损害了吗？大王既然已经跟齐国绝交，现在又去责备秦国欺骗，岂不是促成了齐、秦两国的联合？这样的话，楚国必将受到重大伤害。”

楚王不听，遂举兵伐秦[①]。秦与齐合，韩氏从之，楚兵大败于杜陵[②]。故楚之土壤士民非削弱，仅以救亡者，计失于陈轸，过[③]听于张仪。

【注释】

①举兵伐秦：楚怀王派将军屈匄讨伐秦国。

②杜陵：故城在今陕西旬阳西。

③过：过失，错误。

【译文】

楚王没有采纳陈轸的忠谏，发兵攻秦。秦与齐国联合，韩国也加入了他们的军事同盟，结果楚兵在杜陵惨败。所以说楚国的力量并不比其他诸侯微弱，却差一点遭受亡国的灾祸，这是由于楚怀王没有采纳陈轸的正确意见，而过于听信张仪的诡诈游说的缘故。

（《秦策二》）

楚绝齐，齐举兵伐楚

楚国与齐国断交后，两国交战。楚王派陈轸出使秦国，秦王试探陈轸该如何应对？

于是陈轸讲了两个故事，先说了一个吴人在楚为官，病中呻吟的故事，既表达了思乡之情，又传达了自己对秦王知遇之恩的感谢，并对自己以楚臣的身份为秦国出谋划策做出了委婉的解释。接着又讲述了卞庄子刺虎的故事。两虎相斗，必有一死一伤。卞庄子牟利在后，一举两得。陈轸通过这个故事建议秦王，等到两国两败俱伤时再坐收渔利。陈轸用故事来说理，直观明白，让人更易于理解，也化解了阐述一些复杂的不能直说隐情时的尴尬。

楚绝齐，齐举兵伐楚。陈轸谓楚王曰："王不如以地东解于齐，西讲于秦。"

【译文】

楚、齐绝交后，齐国兴兵攻打楚国。陈轸对楚王说："大王不如把土地送给东边的齐国，和齐国缓和关系，再和西边的秦国讲和。"

楚王使陈轸之秦，秦王谓轸曰："子秦人也①，寡人与子故②也，寡人不佞[3]，不能亲[4]国事也，故子弃[5]寡人事楚王。今齐、楚相伐，或谓救之便，或谓救之不便，子独[6]不可以忠为子主计，以其余为寡人乎？”

【注释】

①子秦人也：陈轸曾经在秦任职，因此说他是秦人。

②故：故人，此处是秦王在跟陈轸拉关系，说自己和陈轸是老相识，有交情。

③不佞：没有才能，表示自谦。

④亲：主持。

⑤弃：离弃。

⑥独：难道，表示反问。

【译文】

楚王派陈轸出使秦国，秦王对陈轸说：“你本是秦国人，我和你是旧相识，可惜我不能识才，没有处理好国事，以致你离开我，投奔楚王。如今齐、楚互相攻伐，有人说救它好，有人说救它不好。你难道不可以在为君主尽忠之余，也为我出出主意吗？”

陈轸曰：“王独不闻吴人之游楚者[1]乎？楚王甚爱之，病，故使人问之曰：‘诚病乎？意亦思乎[2]？’左右曰：‘臣不知其思与不思，诚思则将吴吟。’今轸将为王吴吟。王不闻夫管与[3]之说乎？有两虎诤[4]人而斗者，管庄子[5]将刺之，管与止之曰：‘虎者，戾虫[6]；人者，甘饵也。今两虎诤人而斗，小者必死，大者必伤。子待伤虎而刺之，则是一举而兼两虎也。无刺一虎之劳，而有刺两虎之名。’齐、楚今战，战必败一。败，王起兵救之，有救齐之利，而无伐楚之害。”

【注释】

①游楚者：在楚国做官的人。

②意亦思乎：或者只是思念吴国吗？意，通“抑”，或者；亦，只是。

③管与：鲁人名。

④诤：通“争”。

⑤管庄子：即卞庄子，春秋时鲁国的勇士。

⑥戾虫：残暴的动物，专指老虎。

【译文】

陈轸说：“大王难道没有听说过，吴国人在楚国做官的故事吗？楚王非常喜欢他，听说他生病了，就派人去探望他：‘真的病了吗？还是思念吴国呢？’楚王身边的人回答说：‘我不知道他是否在思念吴国，假如他确实是在思念吴国，就会用吴国的乡音呻吟。’现在我也准备为大王作‘吴吟’。大王没有听说过管与的故事吧？故事说有两只老虎为争吃一个人而互相厮打起来，卞庄子准备去刺杀老虎，管与制止了他，说：‘老虎是残暴的动物，人肉是虎的美食。现在，两只老虎为争吃人肉而相互厮打，小的那只必定会斗败而死，大的那只也一定会受伤。你等到老虎受了伤，再去刺杀它，就会一举两得，一下子解决了两只老虎。不用耗费刺杀一只老虎的力量，就获得了杀掉两只老虎的英名。’如今齐、楚两国交战，战则双方必有伤亡，那时大王再发兵救援，既获得了救齐的利益，又没有伐楚的危险与害处。’”

（《秦策二》）

义渠君之魏

义渠地处秦国后方，是羌族建立的大国，和秦国经常发生冲突。

义渠君出访魏国，和魏相公孙衍有一次亲切交谈。由于相隔遥远，难得有再见的机会，公孙衍替义渠君提供了一个测量局势变化的晴雨表：秦国要是没有遇上麻烦事，会毫不留情地对义渠烧杀抢掠；如果在东方有战事，为了防止后院起火，就会尽量和义渠拉关系。这是暗示义渠君，应根据秦国的态度，采取适当的对策。

不久，五国攻秦，秦王向义渠君送去一份厚礼。按照公孙衍的说法，这不正是秦国有事的信号吗？机不可失，时不再来，义渠从秦国背后猛插一刀。公孙衍精心布下的一着棋，这时生效了。

义渠君之魏，公孙衍谓义渠①君曰：“道远，臣不得复过②矣，请谒③事情。”义渠君曰：“愿闻之。”对曰：“中国④无事⑤于秦，则秦且烧焫⑥获君之国；中国为有事于秦，则秦且轻⑦使重币，而事君之国也。”义渠君曰：“谨闻命⑧。”

【注释】

①义渠：西戎国名，羌族建立的国家，在今甘肃宁县、庆阳及宁夏固原一带。

②过：见面，相见。

③谒：告诉，述说。

④中国：中原，这里指东方六国。

⑤事：指战事。

⑥烧焫（ruò）：焚烧，这里引申为“毁灭”。

⑦轻：快速、迅速。

⑧闻命：受教。

【译文】

义渠君来到魏国，公孙衍对他说：“路途遥远，今后我没有机会再和您见面了，我想告诉您一件事的实情。”义渠君说：“我愿意听听。”公孙衍说：“如果东方各国不对秦国挑起战事，秦国就会毁灭您的国家；如果东方各国对秦国发起战争，秦国就会很快派出使臣，赠送贵重的礼物来讨好贵国。”义渠君说：“我会牢记的。”

居无几何，五国①伐秦。陈轸谓秦王曰：“义渠君者，蛮夷②之贤君，王不如赂之以抚其心。”秦王曰：“善。”因以文绣③千匹，好女百人，遗④义渠君。

【注释】

①五国：指楚、魏、赵、燕、韩。

②蛮夷：对中原以外少数民族的贬称。

③文绣：彩绣的丝织品。

④遗（wèi）：赠送。

【译文】

过了不久，东方五国联合攻打秦国。陈轸对秦王说：“义渠君是蛮夷之地的贤明君主，大王不如送他些礼物贿赂他，安抚他。”秦王说：“可以。”

于是用彩绣一千匹，美女百名，赠送给义渠君。

义渠君致群臣而谋曰："此乃公孙衍之所谓也。"因起兵袭秦，大败秦人于李帛[1]之下。

【注释】

①李帛：秦国地名。

【译文】

义渠君召集群臣计议，说："这不就是公孙衍所说的情况吗？"于是出兵偷袭秦国，在李帛这个地方把秦军打得大败。

（《秦策二》）

医扁鹊见秦武王

本文所写的是一则寓言。扁鹊是春秋战国时期鼎鼎有名的神医，秦武王慕名请扁鹊治病，却又听信左右的话，干扰扁鹊的治疗，让扁鹊非常愤慨。扁鹊的一席话，将治病与治国联系起来。虽然治病和治国其实并不是一回事，但在听取“专家”意见，不胡乱采纳纷扰的意见上是一致的。施政时应决策果断，如果不能果断决策，也应从“专家”那里听取最合理的建议，而不是让“不知者败之”，不然，只会把事情弄糟。如此治病会害死人，如此治国会导致国家灭亡。

医扁鹊①见秦武王，武王示②之病，扁鹊请除。左右曰：“君之病在耳之前，目之下，除之未必已也，将使耳不聪，目不明。”君以告扁鹊。扁鹊怒而投其石③曰：“君与知之者④谋之，而与不知者⑤败之。使此知秦国之政也，则君一举而亡国矣。”

【注释】

①扁鹊：姓秦名越人，春秋战国时期的名医。入秦后，被人刺死。

②示：告诉。

③石：针石，治病的工具。

④知之者：指懂得医术的人。

⑤不知者：指不懂得医术的人。

【译文】

医生扁鹊拜见秦武王，武王把他的病情告诉了扁鹊，扁鹊建议尽早医治，武王身边的人提出异议："大王的病在耳朵的前面，眼睛的下面，未必能治好，搞不好还会让听力受损，视力模糊。"武王将他们的话告诉扁鹊。扁鹊生气地将用来治病的针石扔了，说："您向懂得医术的人求教，又让不懂得医术的人胡乱议论，从中干扰。凭这就可以了解到秦国的内政，如此下去，那么您很快就会亡国了。"

（《秦策二》）

甘茂亡秦且之齐

甘茂是才智之士，却奔走在秦、齐之间，如贫寒的无烛女子一般。他在离秦逃往齐国的途中，恰好遇到苏秦。甘茂用江上处女自比，这样卑下的比喻，赢得了苏秦的同情和惋惜，苏秦帮甘茂游说齐王，让齐王重用甘茂，将他留在了齐国。

甘茂的明智和聪明在于：他非常清楚自己当前的处境，知道自己没钱没势，难以讨人欢心，就极力贬低自己，隐藏自己的锋芒，并表示愿意以自己的体力、脑力和才能来回报对方，这样自然得到了苏秦的好感，获得了他的援助。

甘茂亡秦且之齐①，出关②遇苏子③，曰："君闻夫江上之处女乎？"苏子曰："不闻。"曰："夫江上之处女，有家贫而无烛者，处女相与语，欲去④之。家贫无烛者将去矣，谓处女曰：'妾以无烛，故常先至，扫室布席，何爱⑤余明之照四壁者？幸以赐妾，何妨于处女？妾自以有益于处女，何为去我？'处女相语以为然而留之。今臣不肖⑥，弃逐于秦而出关，愿为足下扫室布席，幸无我逐⑦也。"苏子曰："善。请重公于齐。"

【注释】

①甘茂亡秦且之齐：公元前306年，大臣向寿等人在秦昭王面前诋毁甘茂，甘

茂害怕将有祸事，于是从秦国逃走。且，将。

②关：指函谷关。

③苏子：即苏秦。

④去：赶走。

⑤爱：吝惜。

⑥不肖：不贤，没有才能。

⑦无我逐：无逐我，不要赶我走。

【译文】

甘茂从秦国逃走，打算去齐国。出了函谷关后遇见苏秦，说：“你听说过江上处女的故事吗？”苏秦回答说：“没有听说过。”甘茂继续说道：“江上众多的处女中，有一个家贫而无烛的女子，其他处女在一起商量，想要赶走她。家贫无烛的那个处女即将离开时，对其他处女说：‘我因为没有烛，所以常常先到，一来就打扫房屋，铺好席子，你们何必吝惜照耀在四壁的那点余光呢？大方地赐给我一点光，对你们又有什么妨碍呢？我自认为对你们还有一些好处，为什么非要赶我走呢？处女们商量以后，认为她说得有道理，就把她留了下来。现在我不才，被秦离弃，正要出关，我愿意为你打扫房屋，铺设坐席，希望你不要把我赶走。”苏秦说：“行，我将想办法让齐国重用你。”

乃西说秦王曰：“甘茂，贤人，非恒士[①]也。其居秦累世重矣[②]，自殽塞[③]、溪谷，地形险易尽知之。彼若以齐约[④]韩、魏，反[⑤]以谋秦，是非秦之利也。”秦王曰：“然则奈何？”苏代曰：“不如重其贽[⑥]、厚其禄以迎之。彼来则置之槐谷，终身勿出，天下何从图秦？”秦王曰：“善。”与之上卿[⑦]，以相迎之[⑧]齐，甘茂辞不往。

【注释】

①恒士：普通人。恒，普通、平常。

②累世重矣：指甘茂受到秦惠王、武王、昭王几代君王的重用。

③殽塞：即崤山。

④约：缔约、结交。

⑤反：同“返”。

⑥贽（zhì）：古代人们见面时赠送给对方的礼物。

⑦上卿：官名。

⑧以相迎之：即“以相印迎之”，拿着相印迎接他。

【译文】

苏秦就西去向秦王游说：“甘茂是个贤能的人，不是寻常的人。他在秦国，受到几代君王的重用，由崤山、函谷关直至溪谷，秦国的这些山川要塞、复杂地形，他无不了如指掌。万一他通过齐国，拉拢韩、魏两国，转而对付秦国，这对秦国是没有好处的。”秦王说：“那该怎么办？”苏秦说：“您不如多备些厚礼，许以高位迎接他回国。他要是来了，就把他软禁在槐谷，终其一生不让他出来，诸侯又凭什么图谋秦国呢？”秦王说：“很好。”于是，许甘茂以上卿的高位，拿着丞相的相印到齐国迎接他。甘茂推辞，不肯回去。

苏秦为谓齐王曰：“甘茂，贤人也，今秦与之上卿，以相迎之，茂德[①]王之赐，故不往，愿为王臣。今王何以礼之？王若不留，必不德王。彼以甘茂之贤，得擅用强秦之众，则难图也。”齐王曰：“善。”赐之上卿，命而处之[②]。

【注释】

①德：感恩。

②命而处之：让他在齐国居住。处，居住。

【译文】

苏秦又跑到齐国，对齐王说：“甘茂是个贤能的人。眼下秦王给他上卿的高位，用相印迎接他，但甘茂感激大王的赐予，所以没有前往，情愿做大王您的臣子，现在大王将用什么礼节来对待他呢？大王如果不挽留他，他一定不会感激大王。以甘茂的才能，如果让他统帅强秦的军队，就难以对付了。”齐王说：“好。”于是，赐甘茂上卿的爵位，让他留在了齐国。

（《秦策二》）

秦客卿造谓穰侯

公元前271年，秦相穰侯和客卿造商议，计划攻打齐国，扩大他的封地。客卿造指出，要想强大，必须要借助他人的力量和资源，燕、齐有世仇，相互间怀有深深的敌意，建议动员燕国成为盟友，联合伐齐，使陶邑强大称霸。

秦客卿造①谓穰侯曰："秦封君以陶②，藉君天下③数年矣。攻齐之事成，陶为万乘，长小国，率以朝天子，天下必听，五伯④之事也；攻齐不成，陶为邻恤⑤而莫之据也。故攻齐之于陶也，存亡之机也。"

【注释】

①客卿造：客卿，别国的人在本国做官，职位为卿，以客礼相待。造，客卿的名字。

②陶：穰侯魏冉的封邑之一，在今山东定陶县西北。

③藉君天下：借您控制天下。

④五伯：即春秋称霸的五个诸侯。

⑤邻恤：接近忧患。邻，接近、靠近。

【译文】

秦国客卿造对秦国相国穰侯魏冉说："秦王把陶邑封给您，让您在那控制天下局势已有好几年了。如果您能攻下齐国的话，陶就将是拥有万乘的大国，您就可成为小国之长，率领他们去朝见周天子，天下诸侯无不俯首听命，你就会成为五霸那样的人；如果您不攻打齐国，陶就会成为忧患，没法依靠。所以攻齐，对陶来说，是存亡的关键。”

“君欲成之，何不使人谓燕相国[①]曰：‘圣人不能为时[②]，时至亦弗失。舜虽贤，不遇尧也，不得为天子；汤、武虽贤，不当桀、纣不王。故以舜、汤、武之贤，不遭时不得帝王。今攻齐，此君之大时也已。因天下之力，伐雠国之齐，报惠王之耻[③]，成昭王之功[④]，除万世之害，此燕之长利而君之大名也。《书》[⑤]云：‘树德莫如滋，除害莫如尽。’吴不亡越，越故亡吴；齐不亡燕，燕故亡齐[⑥]。齐亡于燕，吴亡于越，此除疾不尽也。非以此时也，成君之功，除君之害，秦卒[⑦]有他事而从齐，齐、赵合，其雠君必深矣。挟君之雠以诛于燕，后虽悔之，不可得也已。君悉燕兵而疾攻之，天下之从君也，若报父子之仇。诚能亡齐，封君于河南，为万乘，达途于中国，南与陶为邻，世世无患。愿君之专志于攻齐，而无他虑也。”

【注释】

①燕相国，指燕成安君公孙操。

②为时：创造天时。

③惠王之耻：燕昭王时，曾用乐毅打败齐国，得齐地。燕惠王即位后，齐田单击败燕军，燕之前得到的齐地又全部失去。

④昭王之功：指燕昭王用乐毅打败齐国，得到齐国七十多座城池的事。

⑤《书》：指《尚书》。

⑥齐不亡燕，痛故亡齐：指公元前314年，齐宣王乘乱灭燕，后燕昭王复国，派乐毅率军攻齐，几乎灭齐的事。

⑦卒：同“猝”，突然。

【译文】

“你如果想办成这件事，为何不派人对燕相国公孙操说：‘虽然圣人不能创造时机，但时机到了就不会放过。’舜虽然贤能，若没遇上尧，也不会成为天子。商汤王、周武王虽然贤能，若没遇到桀、纣也不会成就王业。所以，即使是贤能的虞舜、商汤和周武王，如果没有碰到恰当的时机，也不可能成为帝王。如今诸侯要攻齐，这是您的大好时机。凭借诸侯的力量，攻打齐国那样的对头，报惠王之前的耻辱，完成燕昭王未尽的功业，除掉国家万年的祸害，这对燕国而言是长远的利益，也是您成名的良好时机。《尚书》说：‘做好事要越多越好，铲除祸害要越彻底越好。’吴国若不灭越国，越国就会灭掉吴国；齐国若不灭燕国，燕国就会灭掉齐国。齐国被燕国灭掉，吴国被越国灭掉，都是因为除害不够彻底的缘故。您如果不乘此时机完成您的功业，除掉您的祸害，一旦秦国发生其他的变故，必然会倒向齐国，齐、秦两国结盟，必然把您看作死敌，和你的仇人一道攻打燕国，到时候后悔，也无济于事了。如果您调动燕国全部的兵力，迅速进军消灭齐国，天下对您的附和，就会像儿子为父亲报仇那样积极。如果真能灭掉齐国，我们将把黄河以南的地方分封给你，您将会拥有万乘之国，疆域直达中原地区，南面与陶为邻，永世没有祸患，希望您一心一意地攻打齐国，不要有其他的顾虑。

（《秦策三》）

范雎至秦

范雎刚从魏国逃走，在秦国没有根基，却得到了秦王的赏识，继而登上历史的舞台，这全是他自己谋划深远、口才杰出的结果。

秦国本身有天险守护：北面有要塞甘泉、谷口，南面有泾、渭两大水系环绕，西面有陇坻、蜀道，东面有函谷关和陇阪。这样的地形地势，易守难攻，所以可放心向外扩张，只是扩张的策略暂时还不明确而已。本来秦国已经在行动上施行远交近攻的蚕食政策，只是没有人明确提出来，收效也不大罢了。范雎到秦后，明确提出了“得寸则王之寸，得尺亦王之尺”，“不如远交而近攻”的外交战略，目标明确，成效显著，秦国一步步吞并诸侯，统一天下，完成霸业。在当时各国关系错综复杂的形势下，提出这个策略，可谓明智。

范雎[①]至秦，王[②]庭迎，谓范雎曰：“寡人宜以身受令久矣，今者义渠之事[③]急，寡人日自请太后。今义渠之事已，寡人乃得以身受命。躬窃闵然[④]不敏，敬执宾主之礼。”范雎辞让。

【注释】

①范雎（jū）：战国时魏国人，著名辩士，因得罪魏相魏齐，被陷害，受笞几乎死去，后被秦国使者所救，改名张禄，入秦国，被秦王所用，成为秦国一代名相。

②王：指秦昭王，公元前306—公元前251年在位。

③义渠之事：指秦昭王出兵伐义渠国的事。义渠，羌族建立的小国。

④闵然：糊涂的样子。

【译文】

范雎来到秦国，秦王亲自到宫殿前的庭院里迎接他。秦王对他说："我早就该亲自前来领受你的教诲了，现在恰好要急于处理义渠国的问题，而我每天又都得亲自向太后问安。现在义渠的事已经处理完了，我这才有机会亲自领受你的教导。我深感自己行动迟缓、愚蠢糊涂，现在请让我向你恭行宾主之礼吧！"范雎表示谦让。

是日见范雎，见者无不变色易容者。秦王屏左右，宫中虚无人。秦王跪[①]而请曰："先生何以幸[②]教寡人？"……

【注释】

①跪：古人一般席地而坐，坐时，让臀部压在脚跟上。谈话中为了表示敬意，就会抬起臀部，直起大腿，即为跪。

②幸：表尊敬的词。

【译文】

这天见到范雎的人，脸上无不惊恐得面容变色。秦昭王屏退左右，宫中只剩下他们两人。秦王挺直腰腿跪着，诚恳地向范雎请教说："先生将会怎样指教我呢？"……

范雎曰："大王之国，北有甘泉、谷口[①]，南带泾、渭[②]，右陇[③]、蜀，左关、阪[④]；战车千乘，奋击百万。以秦卒之勇，车骑之多，以当诸侯，譬若驰韩卢[5]而逐蹇兔也，霸王之业可致。今反闭关而不敢窥兵于山东者，是穰侯[6]为国谋不忠，而大王之计有所失也。”

【注释】

①甘泉：山名。谷口：地名。

②泾、渭：均为水名，在今陕西省中部。

③陇：陇山，在今陕西陇县西北。

④关、阪：函谷关与陇阪，均为当时要塞。

⑤韩卢：韩国出产的善于捕捉猎物的猛犬。蹇（jiǎn）兔：瘸腿的兔子。

⑥穰（rǎng）侯：名魏冉，战国时楚国人，秦昭王母宣太后的弟弟。穰侯和秦昭王不仅有亲属关系而且对昭王有拥立之功，在秦国独揽大权，曾四次担任丞相。

【译文】

范雎说：“大王的国家北面有要塞甘泉、谷口，南面有泾、渭两大水系环绕，西面有陇坻、蜀道，东面有函谷关和陇阪；您拥有战车上千辆，精兵百万。凭着秦国士兵的勇敢，车马的众多，以这样的实力去攻打诸侯，就像是用猛犬追逐跛足的兔子一样，霸业定可建成。如今却反而闭关自守，不敢向东方诸国用兵，这都怪穰侯为国家出谋划策不够尽心尽力，而大王的决策也有失误的地方。”

王曰：“愿闻所失计。”

雎曰：“大王越韩、魏而攻强齐，非计也。少出师则不足以伤齐，多之则害于秦。臣意[1]王之计，欲少出师而悉韩、魏之兵，则不义矣。今见与国[2]之可亲，越人之国而攻，可乎？疏于计矣！昔者，齐人伐楚[3]，战胜，破军杀将，再辟千里，肤寸[4]之地无得者，岂齐不欲地哉，形弗能有也。诸侯见齐之罢露[5]，君臣之不亲，举兵而伐之，主辱军破，为天下笑。所以然者，以其伐楚而肥韩、魏也。此所谓藉贼兵而赍[6]盗食者也。王不如远交而近攻，得寸则王之寸，得尺亦王之尺也。今舍此而远攻，不亦缪乎！”……王曰：“善。”

【注释】

①意：臆测、猜测。

②与国：指韩、魏两国。

③齐人伐楚：公元前286年，齐国攻占了楚国的淮北地区。

④肤寸：长度单位，一指宽为一寸，四指为肤，这里是微小的意思。

⑤罢（pí）露：疲乏羸弱。罢，疲劳、疲惫。

⑥赍（jī）：把东西送人。

【译文】

秦昭王说：“我很想知道我错在哪里？”

范雎说：“大王越过韩、魏两国的国土去攻打强大的齐国，这不是好策略。您派出的士兵少了，就不能损伤齐国；派出的士兵多了，又会对秦国不利。我猜测大王是想少出兵，而让韩、魏两国投入全部军力，这是不恰当的。如今片面认为盟国韩、魏可靠，越过两国去攻齐，能行得通吗？这显然是谋划不周！从前，齐国攻打楚国，取得了胜利，打败了楚军，擒杀了楚国的将领，再次开拓上千里的土地，但最后齐国却连寸土都没有得到，这难道是齐国不想得到土地吗？而是形势不允许啊！诸侯见齐国士卒疲敝，君臣不和睦，于是兴兵攻打齐国，齐王蒙羞出走，部队瓦解，遭到了天下人的耻笑。之所以会落得如此下场，是因为齐国攻打楚国却壮大了韩、魏的势力。这就是人们常说的把武器借给强盗，把粮食资助给小偷啊！我认为大王不如采取交好远国而攻击近国的策略，这样，得寸土就是大王的寸土，得尺地就是大王的尺地，如今舍近而攻远，这不是个错误吗？”……昭王说：“你说得没错。”

（《秦策三》）

郑人谓玉未理者璞

范雎在魏国为官时，曾受到魏齐的迫害，差点丧命。后来范雎逃到秦国，受到秦王的重用，封侯拜相，很是得意。但是过去的遭遇，未免在其心里有了个疙瘩，每每回想起来，怕也不是那么释怀。于是，秦昭王笼络范雎，要求魏王交出魏齐的首级，魏齐闻讯出逃，躲藏在赵国平原君处。范雎当然气愤难平，于是有了本文范雎抨击平原君的一番议论，实则也有公报私仇的意味。

应侯①曰："郑人谓玉未理②者璞③，周人④谓鼠未腊⑤者朴⑥。周人怀⑦璞过郑贾曰：'欲买朴乎？'郑贾曰：'欲之。'出其朴，视之，乃鼠也，因谢⑧不取。今平原君⑨自以贤显名于天下，然降其主父沙丘而臣之⑩，天下之王尚犹尊之，是天下之王不如郑贾之智也，眩于名，不知其实也。"

【注释】

①应侯：秦相范雎。范雎在魏国时，曾受到魏国当权者魏齐的侮辱，后魏齐逃到平原君处，范雎对此不满，于是有了本文的这番话。

②理：给玉石加工。

③璞：指未经加工雕琢的玉石。

④周人：即东周人。

⑤腊：这里是晾干的意思。

⑥朴：这里指晾干的老鼠。

⑦怀：怀揣。

⑧谢：推辞、谢绝。

⑨平原君：即赵胜，赵惠文王的弟弟，受封于东武城（今山东武城西北），号平原君。

⑩降其主父沙丘而臣之：公元前295年，赵国宫廷内斗，大臣们将主父赵武灵王包围在沙丘宫，让他活活饿死，平原君可能有参与，因此说“降其主父沙丘而臣之”。

【译文】

范雎说：“郑国人把未经过加工雕琢的玉称为璞，东周人把没有风干的老鼠肉称为朴。有个东周人怀揣着朴，从一个郑国商人门前经过，问商人：‘你买朴吗？’郑国商人说：‘我要买璞。’东周人拿出朴来，原来是没有风干的老鼠，于是郑国商人谢绝不肯买。如今平原君自认为自己贤能，声名显赫，但是他把他的主父赵武灵王在沙丘加以迫害，各国的君主还是照样那么尊重他。这是各国的君王不比郑国的商人聪明，被平原君的虚名欺骗，而不了解他的实质啊。”

（《秦策三》）

蔡泽见逐于赵

蔡泽能够取代范睢，并不在于他的能力比范睢强，而在于他觉察到了范睢的忧虑，又明白士大夫的个人终极理想是什么，所以能够成功地说服范睢让位。

用人不当，害怕受到牵连，这是范睢的痛处。蔡泽首先描绘了士大夫们的个人理想，先取得范睢的认同，然后列举了商鞅、白起、吴起、文种四人，功成不去，惨遭杀害的故事，分析原因，同时他又举了范蠡这个正面的典型，剖析范睢目前的处境，劝说范睢，国君忌害功臣，应该马上隐退。环环相扣、逻辑严密，终于说动了范睢，达到了他的目的。

蔡泽①见逐于赵，而入韩、魏，遇夺釜鬲②于涂③。闻应侯任郑安平④、王稽⑤皆负重罪，应侯内惭。乃西入秦，将见昭王。使人宣言以感怒应侯曰："燕客蔡泽，天下骏雄弘辩之士也。彼一见秦王，秦王必相之而夺君位。"

【注释】

①蔡泽：燕人，游说之士，曾游说多国，不被任用。后入秦，被秦昭王重用，取代了范睢的相位。

②釜鬲：泛指炊具。釜，古代的蒸锅；鬲，空足鼎。

③涂：同"途"。

④郑安平：魏人，曾领兵攻赵，兵败降赵。

⑤王稽：秦国人，担任河东守，因和诸侯私下往来，被杀。郑安平、王稽均为范雎任命。

【译文】

蔡泽被赵国驱逐，就辗转想逃到韩、魏去，途中又被人抢走了炊具。他听说范雎任用的郑安平、王稽，都获得了大罪，以致使范雎内心惭愧不已。蔡泽便决定往西去秦国，打算拜见秦昭王。他派人事先发出豪言，激怒范雎说："燕客蔡泽是天下最能言善辩的人。只要他一见到秦王，秦王必任他为相，取代你的位置。"

应侯闻之，使人召蔡泽。蔡泽入，则揖应侯。应侯固不快，及见之，又倨。应侯因让之曰："子常宣言欲代我相秦，岂有此乎？"对曰："然。"应侯曰："请闻其说。"蔡泽曰："吁！君何见之晚也。夫四时之序[①]，成功者去。夫人生手足坚强，耳目聪明圣知，岂非士之所愿与？"应侯曰："然。"蔡泽曰："昔者齐桓公九合诸侯，一匡天下，至葵丘之会，有骄矜之色，畔者九国。夫商君为孝公平权衡、正度量、调轻重，决裂阡陌，教民耕战，是以兵动而地广，兵休而国富，故秦无敌于天下，立威诸侯。功已成，遂以车裂。楚地持戟百万，白起率数万之师以与楚战，一战举鄢[②]、郢，再战烧夷陵[③]，南并蜀、汉，又越韩、魏攻强赵，北坑马服[④]，诛屠四十余万之众，流血成川，沸声若雷，使秦业帝。自是之后，赵、楚慑服，不敢攻秦者，白起之势也。身所服者七十余城，功已成矣，赐死于杜邮[⑤]。吴起为楚悼罢无能，废无用，损不急之官，塞私门之请，壹楚国之俗，南攻杨越[⑥]，北并陈、蔡，破横散从，使驰说之士无所开其口。功已成矣，卒支解。大夫种[⑦]为越王垦草[⑧]创邑，辟地殖谷，率四方士，上下之力，以禽劲吴，成霸功，勾践终棓[⑨]而杀之。此四子者，成功而不去，祸至于此。此所谓信而不能诎，往而不能反者也。范蠡知之，超然避世，长为陶朱[⑩]。

【注释】

①四时之序，成功者去：指春生、夏长、秋收、冬藏，一年四季各尽其功，功成而身退，让位于后者。这里用来比喻人也应功成身退，让位给后来的人。

②鄢，今湖北宜城东南十五里。郢：楚都，今湖北江陵北十里。

③夷陵：在今湖北宜昌东南。前278年，秦将白起击败楚军，在此焚烧楚先王墓。

④马服：赵国军事官员的一种，这里指赵国将领赵括。

⑤杜邮：在今陕西咸阳东北十里。

⑥杨越：今两广一带。

⑦大夫种：春秋时越国的大夫。辅佐越王勾践灭吴复国，大功之身，却被勾践赐死。

⑧草：荒地。

⑨棓：作“倍”，通“背”，指背弃。

⑩陶朱：范蠡佐越王勾践灭吴，去到陶邑，改名为朱公，三致千金，世称陶朱公。

【译文】

范雎听说后，就派人召见蔡泽。蔡泽见到范雎后，并未行礼而只是拱了拱手，范雎本来就不高兴，见到他后，又觉得他傲慢无礼。于是责备他说：“你曾经扬言，将取代我秦相的位置，有这回事吗？”蔡译回答说：“有这事。”应侯说：“我倒愿意听听你的意思。”蔡泽说：“唉，您的见识为什么这样迟钝呢！即使是四季的转换，也是本着‘功成身退’的自然法则。人活在世，身体健康，脑子聪慧，难道不是人人都希望的吗？”范雎说：“没错。”蔡泽说：“从前，齐桓公多次召集诸侯，整顿天下的秩序，到葵丘之会时，就有些骄傲自满的表现，于是，许多国家都背叛了他。商君在秦国实行变法，统一度量衡、改革货币，废除井田、重划土地，教民努力耕种和作战，因此一出兵就能扩大土地，战士停下来休息，国家就富有，所以秦国天下无敌，在诸侯之间建立了威信。可是大功告成后，商鞅却受到车裂的酷刑。楚国拥有百万大军，然而秦将白起仅仅率领几万秦兵，一战便攻陷楚都鄢和郢，再战就焚烧了夷陵，南边吞并了蜀、汉，又越过韩、魏攻打强大的赵国，在北边活埋了赵括，消灭了赵军四十余万，血流成河，凄惨哀嚎之声震撼天地，使秦成就了帝业。从此以后，赵、楚两国衰弱下去，不敢与秦抗衡，这都是白起的功劳。白起亲自攻下了七十多座城池，为秦国建立了丰伟战功，却在杜邮被赐死。吴起为楚怀王改革弊政罢免无能的朝臣，裁减了冗官，杜绝请客说情的风气，改良了楚国的风俗，南面攻打杨越，北边吞并陈、蔡，破坏了各国联合对付楚国的行动，使游说之士没有开口的余地。可算是建立了大功，可最后还是被杀掉了。大夫文种替越王勾践开荒拓土，创建城邑，栽种粮食，率领广大部队，同心协力，击败吴国生擒吴王夫差，完成了复国富民的功业，却最后被勾践杀了。他们四人，都是因为功成而不退，就遭受了这样的惨祸。这就是所谓的能伸而不能屈，一条路走到头而不肯回头。只有范蠡深知明哲保身之理，功成悄然离去，成为富有的陶朱公。

“君独不观博者乎？或欲大投[①]，或欲分功，此皆君之所明知也。今君相秦，计不下席[②]，谋不出廊庙，坐制诸侯，利施三川[③]，以实宜阳[④]，决羊肠之险，塞太行之口，又斩范、中行之途[⑤]，栈道千里，通于蜀、汉，使天下皆畏秦。秦之欲得矣，君之功极矣，此亦秦之分功之时也！如是不退，则商君、白公[⑥]、吴起、大夫种是也。君何不以此时归相印，让贤者授之，必有伯夷之廉，长为应侯，世世称孤，而有乔、松[⑦]之寿，孰与以祸终哉！此则君何居焉？”应侯曰：“善。”乃延入坐为上客。

【注释】

①大投：言孤注一掷，下大赌注。分功：分胜利者所获。

②计不下席，谋不出廊庙：在朝廷上出谋划策。席、廊庙，都代指朝堂。

③三川：韩国地名，在今河南境内。

④宜阳：地名，今河南宜阳县西。

⑤斩范、中行之途：截断三晋来往之路。范、中行是晋国的二卿，这里用范、中行代指后来的三晋，即赵、韩、魏。

⑥白公：即白起。

⑦乔、松：乔，王子乔；松，赤松子，两人都是长寿不死的仙人。

【译文】

“你难道没有见过赌博的人吗？有的想孤注一掷，有的想步步取胜，这都是您清楚知道的。如今您当了秦国的相国，只在朝廷上出谋划策，坐着就可辖制诸侯，取得韩国的三川之地，借以加强宜阳的防卫，控制羊肠险道，封闭太行要塞，又切断了三晋的联络，修筑了通往蜀汉之地的千里栈道，使天下诸侯都害怕秦国。秦国目的达到了，您的功勋已无可复加，该是让别人一起分享成果的时候了！此刻如果不及时隐退，那么商君、白起、吴起、大夫文种就是前车之鉴。你何不在这时候归还相印，虚相国之位以待贤人？这样既可博得伯夷那样的廉洁之名，长享富贵，世代相传，而又能和王子乔、赤松子那样长寿，这和日后身遭惨祸，有天壤之别，您应该何去何从呢？”范雎说：“你说得很有道理。”于是请他入座，待为上宾。

（《秦策三》）

秦王欲见顿弱

战国后期，秦国开始强大起来，但楚国幅员辽阔，顿弱就分析说：“横成则秦帝，从成则楚王。”所以，对于秦国来说，存亡的关键就在于破坏合纵。

顿弱对秦王主要说了两件事，一是劝秦王要守孝道。二是希望秦王给他车马费用，好去破坏六国的合纵。顿弱在阐述自己的观点时，一开始就指责了秦王的过失，给秦王当头一棒，引起了秦王的重视，从而对他的计谋存在一定程度的信任，使秦王采纳了他的建议。

秦王[①]欲见顿弱[②]，顿弱曰：“臣之义不参拜，王能使臣无拜即可矣，不即[③]不见也。”秦王许之。于是顿子曰：“天下有有其实而无其名者，有无其实而有其名者，有无其名又无其实者，王知之乎？”王曰：“弗知。”顿子曰：“有其实而无其名者，商人是也。无把铫[④]推耨[⑤]之势，而有积粟之实，此有其实而无其名者也。无其实而有其名者，农夫是也。解冻而耕，暴背而耨，无积粟之实，此无其实而有其名者也。无其名又无其实者，王乃是也。已立为万乘，无孝之名；以千里养，无孝之实。”秦王悖然而怒。

【注释】

①秦王：即嬴政，后来的秦始皇。

②顿弱：秦国的辩士。

③不即：否则。不，同“否”。

④铫（yáo）：耕田器具，大锄头。

⑤耨（nòu）：除草的工具。

【译文】

秦王想召见顿弱，顿弱说：“我有一个坏习惯就是不作参拜之礼，假如大王能免我参拜之礼，就可以相见，不然就不必见面了。”秦王答应了他的要求。于是顿弱见入，说：“天下有有其实而无其名之人，有无其实而有其名之人，有无其名又无其实之人，大王知道吗？”秦王说：“不知道。”顿弱说：“有其实而无其名之人指的是商人。不需要拿起农具，耕种土地，却积粟满仓，这就是有其实而无其名之人。无其实而有其名之人指的是农夫。土地解冻就下田耕种，顶着烈日去锄草，实际上却户无积粟，这就是无其实而有其名之人。无其名又无其实之人指的是大王。身为万乘之尊，却没有孝名，用千里供养，却没有孝的实际。”秦王听了非常生气。

顿弱曰：“山东[①]战国有六，威不掩于山东而掩于母[②]，臣窃为大王不取也。”秦王曰：“山东之建国可兼[③]与？”顿子曰：“韩，天下之咽喉；魏，天下之胸腹。王资臣万金而游，听之韩、魏，入其社稷之臣于秦，即韩、魏从。韩、魏从，而天下可图也。”秦王曰：“寡人之国贫，恐不能给也。”顿子曰：“天下未尝无事也，非从即横也。横成则秦帝，从成即楚王。秦帝，即以天下恭养；楚王，即王虽有万金，弗得私也。”秦王曰：“善。”乃资万金，使东游韩、魏，入其将相。北游于燕、赵而杀李牧[④]。齐王入朝，四国必[⑤]从，顿子之说也。

【注释】

①山东：崤山以东。

②威不掩于山东而掩于母：秦始皇的母亲和嫪毐私通，生有二子。始皇九年，秦始皇杀嫪毐三族和二子，迁太后于萯阳宫。因此说秦王不孝。

③兼：兼并，吞并。

④李牧：赵国名将，擅征战。

⑤必：通"毕"。

【译文】

顿弱说："山东有六个国家，您的赫赫权威不能压制住山东六国，却压倒了自己的母亲，我私下认为，大王这样做不妥。"秦王说："山东的几个国家能兼并吗？"顿弱说："韩国是天下的咽喉，魏国居于天下的胸腹。大王若肯为我提供万金去活动，臣愿东往韩、魏，策动两国执政之臣听命于大王，那么韩、魏就臣服了。韩、魏服从，然后可图天下。"秦王说："我的国家贫穷，恐怕无万金之财以资先生东游韩、魏。"顿弱说："天下从来都是战乱纷纷，不是合纵就是连横。连横成功，则秦国可成就霸业，合纵成功，则楚国称王。秦一旦称帝，就可以用天下来供养。楚国称王，大王纵有万金又有何用？"秦王说："好。"就提供万金，让他往东到韩、魏两国中活动，笼络他们的将相入秦朝拜。顿弱到燕、赵之后，施行反间计，使李牧被杀。后来齐王入秦朝见，燕、赵、魏、韩四国都服从秦国，这都是采纳了顿弱意见的结果啊。

（《秦策四》）

或为六国说秦王

本章主旨在于说明如果一国的力量或地位凸显在诸国之上，会受到诸国的嫉恨。公元前288年，齐、秦并称为帝。苏秦劝齐闵王，凡是称王称霸的，都会成为众矢之的，所以最好取消帝号。齐取消帝号后不久，有说客就向秦进言，说的也是这个道理。

或为六国说秦王曰："土广不足以为安，人众不足以为强。若土广者安，人众者强，则桀、纣之后将存。"

【译文】

有个人从六国利益的角度游说秦王说："国土大，未必会带来安定，人民众多不足以逞强恃能。如果国土大的就安定，人民多的就强盛，那么夏桀、商纣的后代依然能世袭为君。

"昔者，赵氏[①]亦尝强矣。曰，赵强何若？举左案齐，举右案魏，厌案[②]万乘之国二，由[③]千乘之宋也。筑刚平[④]，卫无东野，刍牧薪采莫敢窥东门[⑤]。当是时，卫危于累卵。天下之士相从谋曰：'吾将还其委质[⑥]，而朝于邯郸之君乎！'于是天下有称伐邯郸者，莫令朝行。魏伐邯郸[⑦]，因退为逢泽之遇[⑧]，乘夏车，称夏[⑨]王，朝为天子，天下皆从。齐太公[⑩]闻之，举兵伐魏，壤地两分，国家大危。梁王身抱质执璧，请为陈侯[11]臣，天下乃释梁。

【注释】

①赵氏：赵国。

②厌案：压制。厌：通“压”。

③由：通“犹”，如同。

④刚平：今河北清丰西南。

⑤刍牧薪采莫敢窥东门：卫国人放牧打柴不敢偷看东门。

⑥质：通“贽”，礼物。

⑦魏伐邯郸：公元前354年，魏惠王发兵包围赵国都城邯郸。

⑧逢泽之遇：由魏惠王主持，在魏国逢泽召开的会议。遇，会。

⑨夏：中原地区。

⑩齐太公：即齐威王。

⑪陈侯：齐威王在称王前为陈侯。

【译文】

“从前，赵国曾盛极一时，说起来，赵国如何强大呢？东边威慑齐国，西边压制魏国。除了压倒两个万乘之国，就像支配着千乘的宋国一样。修筑刚平城，使得卫国不能控制东部，卫国人砍柴放牧，不敢从东门进出。这时，卫国岌岌可危。天下游说之士相与谋划说：‘我们是否应该归还礼物，前去朝拜赵国的君王呢？’于是有人说要攻打赵国，晚上提议，第二天早上就付诸行动了。魏惠王出兵包围邯郸，在逢泽这个地方主持诸侯会议，他乘坐中原的车，号称中原的王，率领诸侯朝见周天子。迫于形势，诸侯们都服从他。齐太公听说这事后，出兵攻打魏国，魏国国土被分成两半，濒于危亡。魏王送上礼物，拿上玉璧，向齐侯请罪，表示愿意俯首称臣。诸侯们这才放过魏国。

“郢威王闻之，寝不寐，食不饱，帅天下百姓以与申缚[1]遇于泗水之上，而大败申缚。赵人闻之至枝桑[2]，燕人闻之至格道。格道[3]不通，平际[4]绝。齐战败不胜，谋则不得，使陈毛[5]释剑掫[6]，委南听罪[7]，西说赵，北说燕，内喻其百姓，而天下乃释齐。”

【注释】

①申缚：齐将。

②枝桑：地名，今地不详。

③格道：地名，今地不详。

④平际：交际、交往。

⑤陈毛：齐臣。

⑥掫（zōu）：打更的用具。

⑦听罪：认罪。

【译文】

“楚威王听说齐国打败魏国后，寝食难安，带领各路诸侯和齐将申缚在泗水之上交战，把申缚打得大败。赵人听说，乘势占领枝桑，燕人听说，则出兵攻占了格道，格道不通，交通断绝。齐国作战不能取胜，又想不出其他的办法，只好让陈毛放下武器，屈身到楚国请罪，同时对赵、燕两国好言相求，在国内安抚百姓，天下诸侯这才放过齐国。

“于是夫积薄而为厚，聚少而为多，以同言郢威王于侧牖[1]之间。臣岂以郢威王为政衰谋乱以至于此哉？郢为强，临天下诸侯，故天下谋伐之也。”

【注释】

①侧牖：侧室。

【译文】

“积薄变为厚，积少则成多，各国诸侯一起商量如何对付楚威王，难道是楚威王政治混乱造成这种情况的吗？楚国过分强大，使天下诸侯受到威胁，所以各国才想去攻打它。”

（《秦策四》）

谓秦王

公元前307年，秦军攻占韩国重镇宜阳，秦武王高兴不已。这时楚国出兵援助韩国，秦、楚发生矛盾，有人就为楚国游说秦王，指出秦王个性上的缺陷，要求其应该“胜而不骄、败而不忿”，并说秦、楚之争最后得利的是第三国，建议秦国应当和楚国搞好关系，以免让别国钻了空子。

谓秦王①曰：“臣窃惑王之轻齐、易楚，而卑畜韩②也。臣闻王兵胜而不骄，伯主约而不忿③。胜而不骄，故能服世；约而不忿，故能从邻④。今王广德魏、赵而轻失齐，骄也；战胜宜阳，不恤楚交，忿也。骄忿非伯主之业也，臣窃为大王虑之而不取也。”

【注释】

①秦王：秦武王，秦惠王之子，公元前310—公元前307年在位。

②卑畜韩：卑韩畜，认为韩国卑微如畜，不值得以礼相待。

③约而不忿：生活上节俭，没有怨忿。

④从邻：使邻国服从。从，使……服从。

【译文】

有人对秦武王说：“我感到疑惑的是，大王为什么要轻视齐、楚而小看韩国。我听说，胜而不骄是王者作为，主持盟约而不怨忿是霸主所为。战胜而不骄傲，所以能使诸侯服从；主盟而不怨忿，所以能使盟国顺从。如今大王重视拉拢魏、赵，不惜广施恩德，但却淡薄与齐国的交往，这都是因为骄傲之故。攻克宜阳，就不顾念和楚国的交情，这是愤怒的原因。骄傲和愤怒不是王者和霸主该有的风范，我私下为大王考虑，这种做法是不可取的。”

“《诗》云：‘靡不有初，鲜克有终[①]。’故先王之所重者，唯始与终。何以知其然？昔智伯瑶[②]残[③]范、中行，围逼晋阳[④]，卒为三家[⑤]笑；吴王夫差[⑥]栖越于会稽，胜齐于艾陵[⑦]，为黄池[⑧]之遇，无礼于宋[⑨]，遂与勾践[⑩]禽，死于干隧[⑪]；梁君[⑫]伐楚，胜齐，制赵、韩之兵，驱十二诸侯[⑬]以朝天子于孟津[⑭]，后子死，身布冠而拘于齐。三者非无功也，能始而不能终也。

【注释】

①靡不有初，鲜克有终：引自《诗经》。意思是说做人、做事没有人不肯善始，但很少有人善终。

②智伯瑶：一作知伯，晋国六卿之一。

③残：消灭。

④晋阳：赵国都城，在今山西太原西南。

⑤三家：指韩、赵、魏。

⑥吴王夫差：吴国国君，公元前495—公元前473年在位。

⑦艾陵：在今山东莱芜东北。

⑧黄池：在今河南封丘西南。

⑨无礼于宋：吴王杀掉宋国的大夫，囚禁宋国的妇女。

⑩勾践：越国国君，公元前497—公元前465年在位。

⑪干隧：地名，在今江苏苏州西北。

⑫梁君：梁惠王，公元前369—公元前319年在位。

⑬十二诸侯：分布在泗水流域的小国家。

⑭孟津：地名，在今河南孟津东北。

【译文】

“《诗经》上说：‘做任何事情开头都很好，但少有坚持到最后的。’所以先王看重的就是有始有终。怎么知道是这样呢？从前智伯瑶灭掉范氏、中行氏，又围攻晋阳，最后失败，被韩、赵、魏三家所笑。吴王夫差把越王勾践围困在会稽山上，在艾陵战胜齐国，后来在黄池召集诸侯主持盟会，对宋国没有礼貌，终被勾践制服，死在干隧。梁惠王当年攻打楚国，战胜齐国，使韩、赵屈服，还率领泗水的十二诸侯在孟津朝见周天子，后来太子申战死于马陵，自己素衣布冠被齐国擒住。上述三人当初都建有赫赫战功，但都只有好的开头而不能善终啊！

“今王破宜阳，残三川，而使天下之士不敢言，雍[1]天下之国，徙两周之疆，而世主不敢交；塞阳侯[2]，取黄棘[3]，而韩、楚之兵不敢进。王若能为此尾[4]，则三王不足四，五伯不足六；王若不能为此尾，而有后患，则臣恐诸侯之君，河、济之士，以王为吴、智之事也。”

【注释】

①雍：通“拥”，拥有。

②阳侯：要塞名，在今山东沂水南。

③黄棘：在今河南新野东北。

④尾：结果。

【译文】

“如今大王占领宜阳，横扫三川，使得天下策士惶恐震惧、闭口不言；切断诸侯之间的联系，缩小了两周的疆土，使诸侯不敢交往。还堵塞了阳侯隘口，夺取了黄棘，使韩、楚之兵不敢西进。大王如果能贯彻到底，霸王之业指日可待。大王如果不能善始善终，就会后患无穷。我担心诸侯之君和河、济一带的知名人士会使大王步吴王夫差和智伯瑶的后尘。

“《诗》云：‘行百里者，半于九十。’此言末路之难。今大王皆有骄色，以臣之心观之，天下之事，依世主之心，非楚受兵，必秦也。何以知其然也？秦人援魏以拒楚，楚人援韩以拒秦。四国之兵敌而未能复战也。齐、宋在绳墨之外以为权①，故曰先得齐、宋者伐秦。秦先得齐、宋，则韩氏铄②，韩氏铄，则楚孤而受兵也。楚先得之，则魏氏铄，魏氏铄，则秦孤而受兵矣。若随此计而行之，则两国③者必为天下笑矣。”

【注释】

①权：援助。

②铄：削弱。

③两国：指秦、楚两国。

【译文】

“《诗经》上说：‘走一百里路，即使走了九十里也只算是一半。’指出最后一段道路的艰难。现在大王频频表现出骄傲的情绪，以我的愚见看，天下的事情，照诸侯的想法，不是联合对付楚国，便是合力收拾秦国。怎么知道会是这样呢？秦国援助魏国以抗御楚国，楚国援助韩国以抗御秦国。四国势均力敌，不敢再轻易开战。而宋、齐两国置身四国之外，地位就举足轻重。所以说，先取得齐、宋两国的支持，就可以攻伐秦国。秦先拉拢齐、宋，韩国的力量就会被削弱，韩国削弱了，那么楚国便孤立无援而将遭到打击。假如楚先拉拢齐、宋，魏国就会被削弱，魏国削弱了，秦国就会陷入孤立，而受到攻击。如果按照这个办法去做，秦、楚两国必然有一方将遭受败亡之辱。”

（《秦策五》）

濮阳人吕不韦贾于邯郸

吕不韦的一生是一个传奇。他本来是一个商人，却凭借多年从事商业的经验，在政治场交易和投资，做成了历史上最大一笔买卖，实在令人叫绝。

他以商人的眼光，看到公子异人是一个能够赢得整个未来的上佳投资项目，又注意到华阳夫人在政治上很有势力，但膝下无子。于是，吕不韦凭着一人之力、三寸不烂之舌，通过华阳夫人的弟弟阳泉君，说服华阳夫人，从赵国召回异人。异人回国后，他又多方动员，使秦王最终立异人为太子。吕不韦就这样从一个精明的商人变成了大权在握的政治家。

濮阳[①]人吕不韦[②]贾[③]于邯郸，见秦质子[④]异人[⑤]，归而谓父曰：“耕田之利几倍？”曰：“十倍。”“珠玉之赢[⑥]几倍？”曰：“百倍。”“立国家之主赢几倍？”曰：“无数。”曰：“今力田疾作，不得暖衣余食；今建国立君，泽可以遗世，愿往事之。”

【注释】

①濮阳：卫国都城，在今河南濮阳西南。

②吕不韦：商人，后因帮助秦庄襄王继位，封文信侯。

③贾：做买卖。

④质子：人质。

⑤异人：秦孝文王子，时在赵做人质，后即位为庄襄王。

⑥赢：余利。

【译文】

濮阳人吕不韦到邯郸去做买卖，见到秦国人质公子异人，回去对他的父亲说："种田可获利几倍？"父亲回答："十倍。""做珠宝生意可获利几倍？"父亲回答："一百倍。""拥立一国的国君，可获利几倍？"父亲回答："这就无法计量了。"吕不韦说："如今努力耕种，还是不能衣食无忧。如果拥君立国，利益可以留传后世。我想前往做这件事。"

秦子异人质于赵，处于扅城①。故往说之曰："子傒②有承国之业，又有母在中③。今子无母于中，外托于不可知之国，一日倍约④，身为粪土。今子听吾计事⑤，求归，可以有秦国。吾为子使秦，必来请子。"

【注释】

①扅（yí）城：即聊城，今山东聊城西北十五里。

②子傒（xī）：异人同父异母的弟弟。

③在中：在宫中。

④倍约：背弃约定。倍，通"背"。

⑤计事：计谋。

【译文】

秦国公子异人在赵国做人质，住在扅城这个地方。吕不韦就对异人说："子傒具有继承君位的资质，又有母亲在宫中支持。现在您宫中没有支持您的母亲，自身又居于祸福难测的敌国，一旦秦、赵背弃盟约，公子您的性命就将难以保全。现在您听从我的安排，要求回去，可以拥有秦国的王位。我先为您到秦国活动，必定接您回国。"

乃说秦王后[①]弟阳泉君曰："君之罪至死，君知之乎？君之门下无不居高尊位，太子[②]门下无贵者。君之府藏珍珠宝玉，君之骏马盈外厩，美女充后庭。王之春秋高[③]，一日[④]山陵崩[⑤]，太子用事[⑥]，君危于累卵而不寿于朝生[⑦]。说有可以一切，而使君富贵千万岁，其宁于太山[⑧]四维，必无危亡之患矣。"阳泉君避席[⑨]，请闻其说。不韦曰："王年高矣，王后无子，子傒有承国之业，士仓又辅之。王一日山陵崩，子傒立，士仓[⑩]用事，王后之门必生蓬蒿。子异人贤材也，弃在于赵，无母于内，引领[⑪]西望，而愿一得归。王后诚请而立之，是子异人无国而有国，王后无子而有子也。"阳泉君曰："然。"入说王后，王后乃请赵而归之。

【注释】

①秦王后：指华阳夫人。

②太子：指子傒。

③王之春秋高：指孝文王年事已高。王，指孝文王。

④一日：一旦。

⑤山陵崩：比喻秦王去世，这是一种避讳的说法。

⑥用事：治理国事。

⑦朝生：指朝生夕落的槿花。

⑧太山：即泰山，在今山东泰安。

⑨避席：离开座位，表示恭敬。

⑩士仓：秦臣。

⑪引领：伸长脖子。

【译文】

于是吕不韦前去游说王后华阳夫人的弟弟阳泉君说："您犯下死罪，您知道吗？您门下的宾客都占据高官尊位，太子门下反而没有有地位的人。您的仓库储藏着许多珍珠宝玉，马棚饲养了无数骏马，后宫美女众多。秦王年事已高，一旦驾崩，太子继位，你就非常危险了，恐怕性命也将不保。我倒是有一个办法可以让您富贵千万年，地位比泰山还稳固，没有危亡的祸患。”阳泉君赶忙离开座位施礼，说：“我愿意听听你的高见。”吕不韦说：“秦王年事已高，华阳夫人却无子嗣。子傒拥有继承王位的条件，又有社仓在旁辅佐。秦王一旦驾崩，子傒继位，社仓掌权，王后的门庭必然萧条冷落。现在在赵国为质的公子异人德才兼备，可惜在宫中没有母亲支持他，他伸长脖子向西边遥望，极想回到秦国来。王后倘若能立异人为太子，那么公子异人就相当于无国而有国，而王后就是无子却有子了。”阳泉君说：“你说的有道理。”就进宫说服王后，王后就向赵国提出请求，让公子异人回到秦国。

赵未之遣，不韦说赵曰：“子异人，秦之宠子也，无母于中，王后欲取而子之。使秦而欲屠赵，不顾一子以留计①，是抱空质②也。若使子异人归而得立，赵厚送遣之，是不敢倍德畔③施，是自为德讲。秦王老矣，一日晏驾④，虽有子异人，不足以结秦。”赵乃遣之。

注释：

①留计：延缓攻打赵国的计划。

②抱空质：抱着一个无用的人质。

③畔：通“叛”，背叛。

④晏驾：天子死，这是避讳的说法。

【译文】

赵国还未放行，吕不韦又去游说赵王：“公子异人是秦王宠爱的儿子，只因在宫中没有母亲照顾，现在王后想让他做儿子。假使秦国真想消灭赵国，也不会因为一个儿子的缘故而延误灭赵大计，那您不就是空留一个不起作用的人质了吗？但是如果您能让公子异人回国继位为王，赵国再用厚礼送他，他一定不会忘记赵国的恩情，这是以礼相待的做法。如今孝文王已经老迈，一旦驾崩，赵国虽仍有异人为质，却没有办法拉拢与秦国的关系了。”于是赵国就送异人回到秦国。

异人至，不韦使楚服而见。王后悦其状，高其知[①]，曰：“吾楚人也。”而自子之。乃变其名曰楚。王使子诵[②]，子曰：“少弃捐在外，尝无师傅所教学，不习[③]于诵。”王罢之，乃留止。间曰：“陛下尝轫车[④]于赵矣，赵之豪杰得知名者不少。今大王反国，皆西面而望。大王无一介之使以存之，臣恐其皆有怨心，使边境早闭晚开。”王以为然，奇其计。王后劝立之。王乃召相，令之曰：“寡人子莫若楚。”立以为太子。

【注释】

①高其知：认为异人很聪明。知，通“智”。

②诵：吟诵读书。

③习：熟悉。

④轫（rèn）车：停车，指为质的事。轫，阻止车轮滚动的木头。

【译文】

异人回国后，吕不韦让他穿上楚国的服装去拜见原为楚国人的华阳夫人。华阳夫人喜欢他的打扮，认为他很聪明，说：‘我是楚国人。”于是把他认作自己的儿子，并替他改名为“楚”。秦王让异人诵读念过的书。异人说：“我从小被抛弃在外，没有师傅教导传习，不懂得念书。”秦王只好作罢，就把他留了下来。吕不韦乘秦王空闲时对秦王说：“陛下曾经在赵国羁留，赵国的豪杰之士和您关系好的不在少数。如今大王回国为君，他们都满怀希望向着西方惦念着您。可是大王却连一个使臣都未曾遣派过去抚慰他们。我担心他们会抱怨，使边城局势不稳。希望大王能将边境的城门早闭晚开，防患于未然。”秦王觉得他说得有道理，是个有才能的人。华阳夫人乘机劝秦王立异人为太子。秦王就召见丞相，对他说：“我的儿子中最有才能的就是子楚了。”于是立异人为太子。

子楚立，以不韦为相，号曰文信侯，食蓝田[1]十二县。王后为华阳太后，诸侯皆致秦邑。

【注释】

①蓝田：今陕西蓝田西十一里。

【译文】

子楚继位，任命吕不韦为相，封他为“文信侯”，将蓝田十二县作为他的食邑。王后号为华阳太后，各国诸侯闻讯都向华阳太后进献土地。

（《秦策五》）

文信侯欲攻赵以广河间

秦王政将河间分封给文信侯吕不韦，吕不韦计划与燕国结盟攻打赵国，扩大他的封地。于是派将军张唐前往燕国担任相国。张唐之前攻赵时，曾杀死许多赵国人，他害怕前往燕国的路上，途经赵国时遭到赵人报复，因此推脱不愿意去，惹得吕不韦很不高兴。这时，年仅十二岁却才智过人的甘罗，毛遂自荐愿意去说服张唐。

甘罗指明利害，张唐改变了主意，同意去燕国为相。接着，甘罗又先张唐一步抵达赵国探路，劝说赵王“割五城以广河间”，赵国发兵攻燕，取得上谷郡三十六县，分秦十分之一，秦国不用兵而得地。

文信侯①欲攻赵以广河间②，使刚成君蔡泽事燕三年，而燕太子③质于秦。文信侯因请张唐④相燕，欲与燕共伐赵，以广河间之地。张唐辞曰：“燕者必径于赵，赵人得唐者，受百里之地。”文信侯去而不快。少庶子甘罗⑤曰：“君侯何不快甚也？”文信侯曰：“吾令刚成君蔡泽事燕三年，而燕太子已入质矣。今吾自请张卿⑥相燕而不肯行。”甘罗曰：“臣请行之。”文信侯叱去，曰：“我自行之而不肯，汝安能行之也？”甘罗曰：“夫项橐⑦生七岁而为孔子师，今臣生十二岁于兹矣，君其试臣，奚以遽言叱⑧也！”

【注释】

①文信侯：即秦相吕不韦。

②广河间：河间为吕不韦的封地，广河间，即为扩大封地。

③燕太子：即燕太子丹。

④张唐：秦将军，曾率兵攻打魏、赵等国。

⑤少庶子：官名，君侯的近臣。甘罗：吕不韦的家臣，秦大臣甘茂之孙。

⑥张卿：即张唐。卿为尊称。

⑦项橐（tuó）：传说中的神童，七岁能为孔子之师。

⑧奚以遽言叱：为什么要急着呵斥呢？奚，何；遽，急忙。

【译文】

文信侯吕不韦打算攻打赵国，以扩张他在河间的封地，他派刚成君蔡泽到燕国为官，三年后，燕太子丹入秦做了人质。文信侯又请张唐到燕国做相国，想和燕国联合伐赵，以扩大他在河间的封地。张唐推辞说："到燕国去，必须途经赵国，赵人有抓到我的人，将得到百里之地的赏赐。"文信侯很不高兴地令他离开了。少庶子甘罗问："君侯怎么如此不高兴呢？"文信侯说："我派刚成君蔡泽到燕国做了三年的工作，才使得燕太子丹到秦国做人质。现在我亲自请张唐到燕国为相，他却推辞不肯去。"甘罗说："我有办法让他动身。"文信侯呵斥道："走开！我亲自叫他去他都不愿意，你还能有什么办法呢？"甘罗说："项橐七岁就能成为孔子的老师，如今我已经十二岁了，您就让我试一下，为什么这样轻易呵斥我呢！"

甘罗见张唐曰："卿之功孰与武安君[①]？"唐曰："武安君战胜攻取，不知其数，攻城堕[②]邑，不知其数。臣之功不如武安君也。"甘罗曰："卿明知功之不如武安君欤？"曰："知之。""应侯之用秦也，孰与文信侯专[③]？"曰："应侯不如文信侯专。"曰："卿明知为不如文信侯专欤？"曰："知之。”甘罗曰：“应侯欲伐赵，武安君难之，去咸阳[4]七里，绞而杀之。今文信侯自请卿相燕，而卿不肯行，臣不知卿所死之处矣。”唐曰：“请因孺子[5]而行。”令库具车，厩具[6]马，府具币[7]，行有日矣。甘罗谓文信侯曰：“借臣车五乘，请为张唐先报赵。”

【注释】

①武安君：秦将白起。

②堕：通“隳”，毁坏，引申为攻陷。

③专：专权。

④咸阳：秦都，今陕西咸阳市东北。

⑤孺子：这里指甘罗。

⑥具：准备。

⑦币：钱财。

【译文】

甘罗去见张唐，问他：“您觉得您的功劳和武安君相比怎么样？”张唐说：“武安君所建战功不计其数，攻下城邑不计其数，我的功劳当然比不上他。”甘罗说：“您真的认为自己的功劳比不上武安君吗？”张唐答道：“是的。”甘罗又问：“当年执掌秦政的应侯范雎与今日的文信侯相吕不韦比，谁的权势更大？”张唐答道：“应侯比不上文信侯。”甘罗问：“您真的认为应侯不如文信侯的权势大吗？”张唐回答说：“是的。”甘罗说：“当年应侯想攻打赵国，武安君却认为有难度而不肯接受任务，结果被逐出咸阳，在咸阳七里外，绞刑处死。现在文信侯亲自请您到燕国为相，而您却推辞不肯，我不知道你将会死在哪里啊！”张唐说：“请你转告文信侯，我愿意接受这一使命。”于是叫人准备车马和盘缠，定下了行期。甘罗于是对文信侯说：“请为我准备五辆车子，我要先去赵国为张唐通报赵王一声。”

见赵王，赵王郊迎。谓赵王[1]曰：“闻燕太子丹之入秦与？”曰：“闻之。”“闻张唐之相燕与？”曰：“闻之。”“燕太子丹入秦者，燕不欺秦也。张唐相燕者，秦不欺燕也。秦、燕不相欺，则伐赵，危矣。燕、秦所以不相欺者，无异故[2]，欲攻赵而广河间也。今王赍[3]臣五城以广河间，请归燕太子，与强赵攻弱燕。”赵王立割五城以广河间，归燕太子。赵攻燕，得上谷[4]三十六县，与秦什一[5]。

【注释】

①赵王：赵悼襄王。

②异故：别的缘故。

③赍（jī）：赠送。

④上谷：郡名，今河北怀来一带。

⑤什一：十分之一。

【译文】

甘罗去见赵王，赵王亲自到城外迎接。甘罗对赵王说：“大王听到燕太子丹入秦为人质的消息了吗？”赵王答道：“听说了。”甘罗问：“您听说张唐要到燕国为相的事了吗？”赵王答道：“听说了。”甘罗说：“燕派太子丹到秦国做人质，表明燕国不敢欺蒙秦国。秦国派张唐到燕国为相，表明秦国不敢欺蒙燕国。秦、燕互不相欺，赵国的处境就危险了。燕、秦两国互不欺骗，没有别的原因，不过是想攻打赵国，扩大河间的地盘。如今大王若能送给我五座城邑以扩大河间的地盘，我就将使秦遣还燕太子丹，等秦、燕断交后，再转而让秦国和赵国联合攻打燕国。”赵王当即割五城给秦，以扩大河间的地盘，秦国也打发太子丹归燕。赵国发兵攻燕，取得上谷郡三十六县，分给秦国十分之一的土地。

（《秦策五》）

四国为一

燕、荆、吴、代四国结成联盟，预谋攻打秦国，紧急时刻，秦王召集自己的智囊团，商议应对策略。正当大家束手无策时，姚贾毛遂自荐，愿意前往四国，游说诸王，阻止四国攻秦。

姚贾的出使圆满成功，秦王对姚贾升官加爵。然而，这招来了重臣韩非的妒忌，他在秦王面前挑唆，说姚贾不过是魏国守门人的儿子，地位卑贱，并且还是“梁之大盗，赵之逐臣”，身份背景很可疑，不应该委以重任。姚贾针对韩非的诋毁，提出了一个君主用人的标准：明君用人，不会求全责备，轻易听信别人对他的诽谤，而会着重看他是否有才干，能否为国家效力；而对于那些自吹自擂、徒有虚名的人，明君不会被其迷惑。姚贾的言论说服了秦王，韩非搬起石头，砸了自己的脚，秦王对姚贾更加信任，韩非被秦王所杀。

四国[①]为一，将以攻秦。秦王[②]召群臣宾客六十人而问焉，曰：“四国之一，将以图秦，寡人屈于内[③]，而百姓靡于外，为之奈何？”群臣莫对。姚贾[④]对曰：“贾愿出使四国，必绝其谋而安其兵。”乃资车百乘，金千斤，衣[⑤]以其衣，冠以其冠，带以其剑。姚贾辞行，绝其谋，止其兵，与之为交以报秦。秦王大悦，贾封千户，以为上卿。

【注释】

①四国：指的是荆、吴、燕、代四国。荆即楚。

②秦王：即秦始皇嬴政。

③屈于内：于内屈，国内的财力匮乏。

④姚贾：魏人，始皇时在秦为官。

⑤衣：动词，穿上。

【译文】

燕、荆、吴、代四国结成联盟，准备攻秦。秦王召集大臣和宾客六十多人，向他们问计，说："当前四国联合，想要攻打秦国，而我国内部财力困窘，外部则兵力耗损，该如何应对眼下的状况？"群臣个个沉默无人应答。这时姚贾站出来说："臣愿出使四国，打消他们攻秦的念头，阻止战争的发生。"秦王于是为他准备了百辆车，黄金千斤，并让姚贾穿上自己的衣服，戴上自己的帽子，佩上自己的宝剑。姚贾辞别秦王，出访四国，果然打消了四国攻秦的念头，阻止了战争的发生，并和他们建立了友好的关系。秦王非常高兴，封姚贾为千胡侯，并任命他为上卿。

韩非①短之，曰："贾以珍珠重宝南使荆、吴②，北使燕、代之间三年，四国之交未必合也，而珍珠重宝尽于内，是贾以王之权、国之宝，外自交于诸侯，愿王察之。且梁监门子，尝盗于梁，臣于赵而逐。取③世监门子，梁之大盗，赵之逐臣，与同知④社稷之计，非所以厉群臣也。"

【注释】

①韩非：秦臣，法家思想的代表人物。

②吴：此指越，越灭吴，故此以吴代越。

③取：录用。

④知：执掌。

【译文】

韩非诽谤他说："姚贾带上珍贵的物品，往南出访了荆、吴，往北出访了燕、代，三年时间，他未必将四国真正拉拢，却耗尽了珍宝财物，恐怕他是利用大王的权势、国家的珍宝，在和四国相勾结，希望大王明察。更何况他是大梁守门人的儿子，在大梁时犯有盗窃罪，在赵国又曾被驱逐出境。现在大王您让守门人的儿子、魏国的小偷、赵国的逐臣参与国家的大政方针，恐怕不是鼓励群臣之道。"

王召姚贾而问曰："吾闻子以寡人财交于诸侯，有诸[①]？"对曰："有之。"王曰："有何面目复见寡人？"对曰："曾参[②]孝其亲，天下愿以为子；子胥[③]忠于君，天下愿以为臣；贞女工巧，天下愿以为妃[④]。今贾忠王而王不知也，贾不归四国，尚焉之[⑤]？使贾不忠于君，四国之王尚焉用贾之身？桀听谗而诛其良将，纣闻谗而杀其忠臣，至身死国亡。今王听谗，则无忠臣矣。"

【注释】

①有诸：有这回事吗？

②曾参：孔子的弟子，以孝著称。

③子胥：即伍员，忠于吴，最后却被吴王夫差诛杀。

④妃：这里是配偶的意思。

⑤尚焉之：还能去哪儿？之，到……去。

【译文】

秦王叫来姚贾问道："我听说你带着我的珍宝财物和诸侯交往，有这回事吗？"姚贾回答："有这回事。"秦王说："你有何脸面再来见我？"姚贾回答说："曾参很孝顺他的父母，天下的人都希望他能做自己的儿子；伍子胥忠诚于他的君王，天下的君王都希望他能做自己的臣子；女子善于刺绣织布，男人们都希望她能做自己的老婆。如今我对大王尽忠却得不到信任，我不到四国，还能去哪儿？如果我对自己的君王不忠诚，四国的君王又怎么会信任并任命我呢？夏桀听信谗言杀掉了他的良将，商纣听信谗言而杀掉他的忠臣，最后他们都身死国亡。如今大王听信谗言，您不会再有忠臣了。”

王曰：“子监门子，梁之大盗，赵之逐臣。”姚贾曰：“太公望[①]，齐之逐夫，朝歌之废屠，子良之逐臣，棘津[②]之雠不庸[③]，文王[④]用之而王[⑤]。管仲[⑥]，其鄙之贾人[⑦]也，南阳[⑧]之弊幽[⑨]，鲁之免囚[⑩]，桓公用之而伯。百里奚，虞之乞人，传卖以五羊之皮，穆公[⑪]相之而朝西戎。文公[⑫]用中山盗[⑬]，而胜于城濮[⑭]。此四士者，皆有诟丑，大诽天下，明主用之，知其可与立功。使若卞随、务光[⑮]、申屠狄[⑯]，人主岂得其用哉！故明主不取其污，不听其非，察其为己用。故可以存社稷者，虽有外诽者不听；虽有高世之名，无咫尺之功[⑰]者不赏。是以群臣莫敢以虚愿望于上。”

【注释】

①太公望：姜尚，周开国功臣，后封于齐。

②棘津：在今山东日照境内。

③雠不庸：雠，同“售”，出售。庸，受雇佣，出卖劳力。雠不庸，无人雇用的佣工。

④文王：即周文王姬昌。

⑤王（wàng）：动词，称王。

⑥管仲：齐国大臣，辅佐齐桓公称霸。

⑦贾人：商人。

⑧南阳：地名，在今山东泰山以南，汶水以北一带。

⑨弊幽：归隐不为人知。

⑩鲁之免囚：齐国内乱，管仲奉公子纠之命赴鲁，保护公子小白（齐桓公）入齐，公子纠被杀，管仲请囚以谢罪。

⑪穆公：秦穆公，公元前？——公元前621年在位，谥号穆，春秋五霸之一。

⑫文公：晋文公，公元前？——公元前628年在位，春秋五霸之一。

⑬中山盗：即晋文公的侍从里凫须。

⑭城濮：在今山东鄄城西南临濮集。

⑮卞随、务光：商朝隐士，不愿接受商汤的让位。

⑯申屠狄：商纣时人，见纣昏庸，无望自杀。

⑰咫尺之功：形容功劳小。八寸为一咫。

【译文】

秦王说："你是守门人的儿子，魏国的小偷，赵国驱逐的臣子，是这样吗？"姚贾说："太公姜尚在东海之滨被他的老婆抛弃，在朝歌做屠夫时，他卖的牛肉无人问津，还是子良的逐臣，在棘津打工时，没有人愿意雇用他，然而文王任用他却成就了王业。管仲曾是齐国边远地区的小商贩，在南阳无人知晓，又是鲁国赦免的囚犯，然而齐桓公任用他便称霸诸侯。百里奚曾经是虞国的乞丐，据说他被人用五张羊皮就转卖了，然而秦穆公任用他，竟然使得西戎各国前来朝拜。晋文公任用中山的小偷，却在城濮之战中战胜了楚国。这四个人，都有令人耻辱的事情，都遭受过天下的诽谤，然而明君依然任用了他们，因为知道他们可以为国立功。如果是卞随、务光、申屠狄那样的隐士，君主还怎么任用他们呢？所以英明的君主不看他们的污点，不听信他人对他们的诽谤，只考虑他们是否能为己所用。只要能使国家安定，就不听外界对他的诽谤；哪怕有很大的名气，如果没有建立功劳，也不加以赏赐，因而群臣就不会存有无功受禄的非分之想。"

秦王曰："然。"乃复使姚贾而诛韩非。

【译文】

秦王说："是这样。"于是继续任用姚贾而杀掉了韩非。

（《秦策五》）

第四章

齐策

靖郭君将城薛

靖郭君决定在薛地修筑城防工事，这一举动引起了邻国齐国的猜疑和忧虑，靖郭君身边的门客纷纷前来劝阻。靖郭君起初不听这些劝言，后来一位门客用“海大鱼”的比喻巧妙地说服了靖郭君，使他放弃了原来的打算。

靖郭君[①]将城薛[②]，客多以谏。靖郭君谓谒者[③]无为客通[④]。齐人有请者曰：“臣请三言而已矣，益[⑤]一言，臣请烹！”靖郭君因见之。客趋[⑥]而进曰：“海大鱼。”因反走[⑦]。君曰：“客有于此。”客曰：“鄙臣不敢以死为戏。”君曰：“亡[⑧]，更[⑨]言之。”对曰：“君不闻大鱼乎？网不能止，钩不能牵，荡[⑩]而失水，则蝼蚁得意焉。今夫齐，亦君之水也。君长有齐阴[⑪]，奚以薛为！失齐，虽隆薛之城到于天，犹之无益也。”君曰：“善。”乃辍城薛。

【注释】

①靖郭君：即齐国大臣田婴，靖郭君是他的封号。

②将城薛：将要修筑薛地的城墙。薛，靖郭君的封邑；城，这里是动词用法，修筑城墙。

③谒者：主管传达、通报的小吏。

④无为客通：不为纳谏的人通报。

⑤益：增加。

⑥趋：小步快走。

⑦反走：往回跑。走，跑的意思。

⑧亡：同“无”，不。

⑨更：再。

⑩荡：放。

⑪阴：同“荫（yìn）”庇护。

【译文】

靖郭君即将修筑薛的城墙，许多门客纷纷劝阻。靖郭君对负责通报的小吏说，不要给前来纳谏的门客通报。有一位齐国的门客请求接见，说：“我只说三个字，若多说一个字，就情愿受烹煮之刑。”靖郭君于是接见了他。门客快步地走到靖郭君面前说：“海大鱼。”说完转身就跑。靖郭君说：“你还是留下来把话说完吧。”这位门客说：“我不敢拿我的性命开玩笑。”靖郭君说：“我不怪罪于你，你继续说下去。”门客说道：“大王，您有听说过海大鱼吗？这种鱼用渔网捕不到它，用鱼钩钩不住它，但是一旦它离开了水，就连小小的蚂蚁也可以戏弄它。如今齐国对您来说就像水。如果您有齐国的庇佑，那么小小的薛地又有什么用呢；相反，如果您没有了齐国的庇佑，即使把薛地的城墙修得天一样高，仍然是没有用处的！”靖郭君听了称赞道：“你说得对。”于是就停止修筑薛的城墙。

（《齐策一》）

邯郸之难

公元前354年，魏国派大将庞涓率兵攻打赵国，围困赵国都城邯郸。齐国派田忌、孙膑出兵救赵，大败魏于桂陵。

“围魏救赵”一役，成了军事战略上的经典案例，被载入许多兵法书中。它的指导思想是攻其所必救，趋利避害、机动歼敌。这篇讲述的是“围魏救赵”的前奏。

魏军骁勇善战，不把齐军放在眼里。面对强悍的劲敌，齐军没有正面与其交锋，而是利用迂回的策略，乘着赵、魏相争互相消耗的时机，攻其薄弱的地方。在魏军的归途中，乘着魏军南北奔袭疲敝之际，实施截击，在桂陵预先占据有利地形，等到魏军到来，一举歼敌，以最小的付出换取了最大的利益。

邯郸之难①，赵求救于齐。田侯②召大臣而谋曰：“救赵孰与③勿救？”邹子④曰：“不如勿救。”段干纶⑤曰：“弗救，则我不利。”田侯曰：“何哉？”“夫魏氏兼⑥邯郸，其于齐何利哉！”田侯曰：“善。”乃起兵，曰：“军于邯郸之郊。”段干纶曰：“臣之求利且⑦不利者，非此也。夫救邯郸，军于其郊，是赵不拔而魏全也。故不如南攻襄陵⑧以弊魏，邯郸拔而承魏之弊，是赵破而魏弱也。”田侯曰：“善。”乃起兵南攻襄陵。七月，邯郸拔。齐因乘魏之弊，大破之桂陵⑨。

【注释】

①邯郸之难：指魏国攻打赵国都城邯郸一事。

②田侯：即齐威王，公元前356—公元前320年在位。

③孰与：何如。

④邹子：即邹忌，齐国大臣，封在下邳，号成侯。

⑤段干纶：齐国大臣。

⑥兼：兼并，吞并。

⑦且，抑或。

⑧襄陵：魏邑，宋襄公葬在这里，故名襄陵，在今河南睢县西一里。

⑨桂陵：齐国地名，在今河南长垣北。

【译文】

赵国都城邯郸被魏军围困，赵国向齐国求救。齐王召集众大臣共同商议此事，他问道："救赵还是不救赵？"邹忌回答说："不如不救。"段干纶说："不救赵的话会对我们不利。"齐王问："这是为什么？"段干纶回答说："如果魏国吞并了邯郸城，这对我们齐国有什么好处呢？"齐王听了，说道："好。"于是出兵救赵，下令："在邯郸城外驻军。"段干纶说："我所说的救赵有利或不利，并非指出兵驻守邯郸。救援邯郸，如果在邯郸城外驻军，那么会造成邯郸未被攻下而魏国兵力无损的局面。所以还不如向南出兵攻打魏国的襄陵，使魏军南北奔波疲于奔命。如果邯郸城被魏军攻克，这时候我军就趁魏军疲乏之际出兵，必然削弱魏国。这样一来，邯郸虽然被魏军攻占，赵国残破，但是魏军又被我军攻击而削弱了兵力。"齐王听了说："好主意。"于是出兵南下攻打襄陵，同年七月，邯郸城被魏军占领，齐军趁魏军疲劳之际出兵进攻，在桂陵大败魏军。

（《齐策一》）

邹忌修八尺有余

战国时期，人才是群雄争霸的关键。本篇着重阐述治国时，接受批评、广开言路的重要性。

齐相邹忌身高八尺，容貌俊美，但比起城北的徐公则稍逊一筹，这是连邹忌自己都不得不承认的事实。然而邹忌的妻妾和访客却说邹忌比徐公美，十分耐人寻味。邹忌寻思其中的根由，受到启发，于是向齐威王纳谏，告知事情的始末，指出“王之蔽甚矣”。齐威王听后，接受了邹忌的意见，广开言路，对能指出时弊，提出批评意见的人，分别给予上、中、下三等不同的赏赐。人们纷纷进谏，以至政治清明，各国来朝。

邹忌修八尺有余①，身体昳丽②，朝服衣冠③，窥镜④，谓其妻曰：“我孰⑤与城北徐公美？”其妻曰：“君美甚。徐公何能及君也！”城北徐公，齐国之美丽者也。忌不自信，而复问其妾曰：“吾孰与徐公美？”妾曰：“徐公何能及君也！”旦日⑥，客从外来，与坐谈，问之客曰：“吾与徐公孰美？”客曰：“徐公不若君之美也！”

【注释】

①修八尺有余：修，长，这里指身高；八尺，一尺约为23.1厘米，八尺约1.85米左右。

②昳(yì)丽：神采焕发，光艳美丽。

③朝服衣冠：早晨穿戴好衣服。服，动词，穿戴。

④窥镜：照镜子。

⑤孰：谁。

⑥旦日：第二天。

【译文】

邹忌身高八尺多，容貌俊美，神采焕发。有一天早晨，他穿戴好衣帽，看着镜子，问他的妻子："你看我和城北的徐公比起来，谁更好看？"他妻子说："当然是您好看了，徐公怎么比得上您呢？"城北的徐公是齐国出名的美男子。邹忌不相信这是真的，又去问他的小妾，说："我和徐公谁更好看？"小妾说："徐公怎么比得上您呢？"第二天，有位客人来拜访邹忌，邹忌跟他坐着闲谈，他又问客人，说："我和徐公谁更好看？"客人回答说："徐公当然不如您好看！"

明日[①]，徐公来，孰[②]视之，自以为不如；窥镜而自视，又弗如远甚[③]。暮寝[④]而思之，曰："吾妻之美我[⑤]者[⑥]，私[⑦]我也；妾之美我者，畏我也；客之美我者，欲有求于我也。"

【注释】

①明日：又过了一天。

②孰：这里是仔细的意思，同"熟"。

③弗如远甚：远不如。

④寝：躺着。

⑤美我：认为我美。

⑥者：……的原因。

⑦私：偏爱。

【译文】

又过了一天，徐公来到邹忌家。邹忌仔细打量他，觉得自己不如徐公俊美，他对着镜子仔细端详，更加觉得自己远不如徐公。晚上他躺在床上反复考虑这件事，醒悟道：“我的妻子说我好看，是因为她偏爱我；小妾说我好看，是因为她畏惧我；客人说我好看，是因为他有求于我啊！”

于是入朝见威王曰：“臣诚知不如徐公美，臣之妻私臣，臣之妾畏臣，臣之客欲有求于臣，皆以美于徐公。今齐地方千里，百二十城。宫妇①左右②，莫不私王；朝廷之臣，莫不畏王；四境之内③，莫不有求于王。由此观之，王之蔽④甚矣！”王曰：“善。”乃下令：“群臣吏民能面刺⑤寡人之过者，受上赏！上书谏寡人者，受中赏！能谤议于市朝⑥，闻⑦寡人之耳者，受下赏！”

【注释】

①宫妇：宫里的妃子。

②左右：国君的近臣。

③四境之内：全国范围之内（的人）。谤议：指责议论。

④蔽：被动用法，被蒙蔽。市朝：市井。

⑤面刺：当面指责。

⑥谤议于市朝：在公众场合议论（国君的过错）。谤议，议论；市朝，公众场合，朝市。

⑦闻：使动用法，使……听到。

【译文】

于是邹忌入朝觐见齐威王，对他说：“我自知确实不如徐公好看，但是我的妻子偏爱我，我的小妾畏惧我，我的客人有求于我，所以他们都说我比徐公好看。如今齐国的土地方圆千里，有一百二十个城邑，大王宫中的妃嫔和身边的侍从，没有不偏爱大王的，朝中的大臣没有不畏惧大王的，齐国上下的百姓没有不想求助于大王的。由此可见，大王被蒙蔽得真是太厉害了！”齐威王称赞道：“是啊，你说得对。”于是颁布命令：“无论是朝中大臣、小吏或是百姓，凡是能当面指责我的过错的，受上等赏赐；能上书劝谏我的，受中等赏赐；能在公开场合批评议论我的，只要我听见了，受下等赏赐。”

令初下，群臣进谏，门庭若市；数月之后，时时①而间②进；期年③之后，虽欲言，无可进者。燕、赵、韩、魏闻之，皆朝于齐④。此所谓战胜于朝廷⑤。

【注释】

①时时：有时，不时。

②间：间或，偶尔。

③期年：一年。

④朝于齐：到齐国来朝见。

⑤战胜于朝廷：意思是内政修明，不需用兵就能战胜其他国家。

【译文】

诏令刚刚颁布的时候，大臣们都来进谏，宫廷内外像集市一样热闹。过了几个月，断断续续还有人来谏言上奏。一年之后，人们即使想要进言，也没什么可说的了。燕、赵、韩、魏等国听说这件事，都来齐国朝见。这就是通常所说的，战胜于别的国家，在于自己国家的内政修明啊。

（《齐策一》）

秦假道韩、魏以攻齐

公元前314年，燕国爆发内乱，齐国乘机攻燕，诸侯纷纷出兵救援，秦国就是其中之一。

齐国攻燕的统帅是匡章，秦国救燕之师近前，匡章受命迎战。交战期间，多人在齐王面前诋毁匡章，说他带兵降秦，齐王始终不为所动，相信匡章的品行不致如此。齐王如此信任匡章的依据是：匡章孝父，必不会背君。可见，齐王是一个知人善任的君主，没有被谣言迷惑，丧失判断力。

秦假道韩、魏以攻齐，齐威王①使章子②将而应③之，与秦交和④而舍⑤。使者数相往来，章子为变其徽章⑥，以杂秦军。候者⑦言章子以齐入秦，威王不应。顷之间，候者复言章子以齐兵降秦，威王不应。而此者三。有司请曰："言章子之败者，异人而同辞，王何不发将而击之？"王曰："此不叛寡人明矣，曷为击之！"

【注释】

①齐威王：即齐宣王。

②章子：齐国名将匡章。

③应：击，迎战。

④交和：两军相对，军门称为和。

⑤舍：屯驻。

⑥徽章：包括旗帜和士卒衣服的标志。

⑦候者：探子、侦察兵。

【译文】

秦国向韩、魏两国借道攻打齐国，齐威王派匡章为将，率兵应战，匡章与秦军对峙，双方的使臣多次来往，于是匡章把兵士衣服上的标志换成了秦军的标志，然后混入秦军。这时齐国的探子回去对齐王说匡章率领士兵投靠了秦国。齐威王听了之后没有理睬。不久之后，又有一个探子回来报告，说匡章率领齐军已经投靠了秦国，齐威王听了之后仍旧不理睬。如此重复三次之后，一个大臣就请求齐威王说："说匡章背叛齐国投靠秦国的人，都异口同声，为什么大王不派兵攻打他呢？"齐威王回答说："匡章绝不会背叛我，我为什么要派兵去攻打他呢？"

顷间①，言齐兵大胜，秦军大败，于是秦王②拜西藩之臣③而谢于齐。左右曰："何以知之？"曰："章子之母启得罪其父，其父杀之而埋马栈④之下。吾使章子将也，勉之曰：'夫子之强，全兵而还，必更葬将军之母。'对曰：'臣非不能更葬先妾⑤也。臣之母启得罪臣之父，臣之父未教而死。夫不得父之教而更葬母，是欺死父也，故不敢。'夫为人子而不欺死父，岂为人臣欺生君哉？"

【注释】

①顷间：过了一会儿。

②秦王：秦惠文王。

③西藩之臣：西面的臣子。

④马栈：马棚。

⑤先妾：先父的妻子。

【译文】

不久，传来捷报，齐军大获全胜，秦军大败溃退。于是秦王只好自称西藩之臣，派使者前往齐国谢罪请和，这时齐威王身边的人问道：“大王您是怎么知道匡章绝对不会背叛您投靠秦国的呢？”齐威王回答说：“匡章的母亲启得罪了他的父亲，而被他的父亲杀死埋在马棚下面。当我任命匡章为将军的时候，我曾鼓励他说：‘你的能力很强，等你率领军队胜利凯旋之时，我答应你一定重新安葬你的母亲。’当时匡章说：‘我不是不能重新安葬先母，只是因为我的先母得罪了先父，先父没有留下什么吩咐就去世了。我没有得到父亲的允许就擅自改葬母亲，岂不是等于背弃亡父的在天之灵吗？所以我才不敢为亡母改葬的。’由此可见，他作为人子不敢欺辱死去的父亲，难道作为人臣还会欺辱活着的君王吗？”

（《齐策一》）

秦伐魏

公元前298年，秦国攻打魏国，魏国告急。魏国大臣陈轸准备联合三晋以及齐国一起对抗强大的秦国，其中的关键就是说服齐闵王。

陈轸首先从齐闵王的角度展开游说，分析当下的形势，然后用其他诸侯国亡国的惨相警醒齐闵王，最后指出齐国虽然暂时安然无事，也不过是因为位置远近的关系，秦国一旦夺取了魏国的绛和安邑，强秦的利刃必将伸向齐国。齐国如果不联合其他诸侯国一起抗衡秦国，齐国就会有大祸患。句句在理，句句击中要害。最后齐闵王采纳了陈轸的意见，派出精兵联合三晋，在绛、安邑的西边，加强防御，与魏国站在了同一条战线上。

秦伐魏，陈轸①合三晋而东，谓齐王②曰："古之王者之伐也，欲以正③天下而立功名，以为后世也。今齐、楚、燕、赵、韩、梁六国之递甚也，不足以立功名，适足以强秦而自弱也，非山东之上计也。能危山东者，强秦也。不忧强秦而递相罢④弱，而两归其国于秦，此臣之所以为山东之患。天下为秦相割，秦曾不出刀；天下为秦相烹，秦曾不出薪。何秦之智而山东之愚耶？愿大王之察也。"

【注释】

①陈轸：齐人，游说之士，当时在魏为官。

②齐王：齐闵王。

③正：治理、整治。

④罢：疲劳，疲惫。

【译文】

秦国攻打魏国，陈轸联合韩、赵、魏三国，东去齐国，对齐闵王说："古代王者兴兵征伐，都是为了匡扶天下建立功名，以便能够造福后世流芳千古。如今齐、楚、燕、赵、韩、魏这六国，彼此互相侵略征伐，不但不能建立功名，反而使秦国强大而本国衰弱，这绝不是山东诸国的好策略。能够灭亡山东诸国的，只有强大的秦国。如今六国不但不忧心强大的秦国，反而互相削弱，最后必然会两败俱伤，被秦国消灭，这是我为山东诸国做得不恰当的地方。秦国不费吹灰之力，天下诸侯就互相割让领土给他；秦国连柴火都不用准备，天下诸侯就把对方相互烹煮了。如此看来，秦国是多么聪明，而山东诸国却又是多么的愚蠢，希望大王能明白其中道理。

"古之五帝、三王、五伯[①]之伐也，伐不道者；今秦之伐天下不然，必欲反之，主必死辱，民必死虏。今韩、梁之目未尝[②]干，而齐民独不也，非齐亲而韩、梁疏也，齐远秦而韩、梁近。今齐将近矣！今秦欲攻梁绛[③]、安邑[④]，秦得绛、安邑以东下河，必表里河而东攻齐，举[⑤]齐属之海，南面而孤楚、韩、梁，北向而孤燕、赵，齐无所出其计矣。愿王熟虑之！"

【注释】

①五帝、三王、五伯：泛指理想中的明君。

②尝：曾经。

③绛，即魏国地名，在今山西曲沃西南的侯马镇。

④安邑，魏国故都，在今山西夏县西北。

⑤举：攻占。

【译文】

古代五帝、三王、五伯兴兵讨伐的都是无道的国家，但是现在秦国征伐天下却恰好相反，这样做的结果是使得别国的君主受到屈辱，百姓被杀掠。现在韩、梁两国百姓的眼泪还没有干，而齐国人民侥幸还没有遭到秦国的践踏，这并不是由于齐国和秦国的关系友好，韩、魏两国与秦国关系恶劣，而是因为齐国距离秦国比较远，韩、魏两国距离秦国比较近。如今齐国将要和秦国靠近了。秦国正准备攻打梁国的绛县和安邑，一旦秦国攻占了这两座城，再继续往东沿着黄河进兵，就一定会向东攻打齐国，占领齐国领地，直到东海边沿，接着再向南方进军，使韩、魏、楚国陷于孤立，向北进攻使得燕赵两国孤立。这样一来齐国就没有别的办法，无计可施了。希望大王慎重考虑。

“今三晋已合矣，复为兄弟，约而出锐师以戍梁绛、安邑，此万世之计也。齐非急以锐师合三晋，必有后忧。三晋合，秦必不敢攻梁，必南攻楚。楚、秦构难，三晋怒齐不与己，必东攻齐。此臣之所谓齐必有大忧，不如急以兵合于三晋。”

【译文】

“如今韩国、魏国、赵国已经联合，结为兄弟之邦，而且相约共同派精兵保卫魏国的绛县和安邑，这都是长久之计。齐国如果不赶紧派出精兵联合这三个国家，那么齐国必定后患无穷。韩、赵、魏三国联合以后，秦国必定不敢轻易攻打魏国，而会南下攻打楚国。楚国和秦国短兵相接，到那时候，韩、赵、魏三国由于愤恨齐国的不支援，必然会出兵向东攻打齐国，这就是我说的齐国的后患，因此齐国应该赶紧出兵联合韩、赵、魏三国。”

齐王敬诺，果以兵合于三晋。

【译文】

齐王说："好。"果然出兵联合这三国。

（《齐策一》）

苏秦为赵合从说齐宣王

齐国是战国时期的强国，实力雄厚，曾一度能够与秦国相抗衡，具有举足轻重的战略地位。苏秦要想实现合纵，就必须说服齐王。

苏秦的游说并不是简单的说理，以理服人，而是在说理之外，以情动人。苏秦着力描述齐国的富庶与强大，引起齐王的好感，然后用关心的口气游说齐王：你这么强大，完全没有必要听命于秦国。有了前面的铺垫，齐王很是受用，自然很快听从了苏秦的意见。

苏秦为赵合从说齐宣王曰："齐南有太山，东有琅邪①，西有清河②，北有渤海，此所谓四塞之国也。齐地方二千里，带甲数十万，粟如丘山。齐车之良，五家之兵③，疾如锥矢，战如雷电，解如风雨。即有军役，未尝倍太山、绝清河、涉渤海也。临淄④之中七万户，臣窃度之，下户三男子，三七二十一万，不待发于远县，而临淄之卒固以二十一万矣。临淄甚富而实，其民无不吹竽、鼓瑟、击筑、弹琴、斗鸡、走犬⑤、六博⑥、踏鞠⑦者。临淄之途，车毂击，人肩摩，连衽⑧成帷，举袂⑨成幕，挥汗成雨，家敦而富，志高而扬。夫以大王之贤与齐之强，天下不能当，今乃西面事秦，窃为大王羞之！"

【注释】

①琅邪：山名，在今山东诸城东南。

②清河：济水，齐、赵两国边境分界的河。

③五家之兵：即五国之兵。

④临淄：齐国都城，在今山东淄博。

⑤走犬：一种田猎活动。

⑥六博：古代棋戏之一。

⑦踏鞠：即蹴鞠，古代类似足球的运动，以皮做成，用毛充实。

⑧衽：衣襟。

⑨袂：衣袖。

【译文】

苏秦为了赵国合纵的事情去游说齐宣王，说：“齐国的南面有泰山，东面有琅邪山，西面有清河，北面有渤海，是四面都有要塞的国度。齐国方圆两千里，有精兵几十万，粮食堆积如山。将士战车精良，又有五国军队的支援，行动像箭一样快，攻击敌人像闪电一样迅猛，解散时就像风雨一样说停就停，十分快速。即使发生对外的战争，也没有调集过泰山、清河、渤海之滨的兵力。单是首都临淄城中，就有七万户人家，平均每户有三名男子，这样算下来就有二十一万，根本不必调集远方的兵力，光是临淄就能组建二十一万的大军。临淄非常富庶而充实，百姓中没有不会吹竽、鼓瑟、击筑、弹琴、斗鸡、走犬、六博、踢球的。临淄的街道上，车水马龙，车轮的轴互相撞击，百姓的肩膀互相摩擦，人们把衣襟连起来就可以形成帷帐，把衣袖举起来就可以成为幔幕，擦一把汗就可以形成雨。家家户户都非常富裕，人人心胸远大而心情愉快。凭大王的贤明和齐国的富强，天下没有谁能够相比，如今齐国却向西做秦国的附庸，我实在是替大王感到羞耻。”

“且夫韩、魏之所以畏秦者，以与秦接界也。兵出而相当，不至十日而战胜存亡之机决矣。韩、魏战而胜秦，则兵半折，四境不守；战而不胜，以亡随其后，是故韩、魏之所以重与秦战而轻为之臣也。

【译文】

况且韩、魏两国之所以惧怕秦国，是因为他们跟秦国接壤。秦国出兵攻打韩、魏，不到十天就可以决定胜负。假如韩、魏能够战胜秦国，那韩、魏两国的兵力必然也会损失一半，四面的边境也就无法防守；假如韩、魏战而不胜，就会走到灭亡的边缘。所以韩、魏不敢轻易向秦国开战，只能忍气吞声向秦表示屈服啊。

“今秦攻齐则不然，倍韩、魏之地，过卫阳晋[①]之道，径亢父[②]之险，车不得方轨[③]，马不得并行，百人守险，千人不能过也。秦虽欲深入，则狼顾，恐韩、魏之议其后也。是故恫疑虚猲[④]，高跃而不敢进，则秦不能害齐，亦已明矣。夫不深料秦之不奈我何也，而欲西面事秦，是群臣之计过也。今无臣事秦之名，而有强国之实，臣固愿大王之少留计。”

【注释】

①阳晋：卫地，在今山东郓城西。

②亢父：齐地，在今山东济宁南五十里。

③方轨：指两车并行。

④猲：同“喝”，恫吓，吓唬。

【译文】

“现在秦国攻打齐国却不是这样，秦兵背后是韩、魏的国土，同时必须经过卫国阳晋的要道，通过亢父的险关，这些地方车马都不能并行，只要有一百人守住天险，那么即使有一千人来也无法通过。秦军虽然想深入，但是又必须顾及到后方，担心韩、魏两国从后面袭击。所以秦兵攻打齐国也只是虚张声势，实际上迟疑不定，不敢轻易进攻。秦国不敢危害齐国，是很明显的事。大王如今不好好想想这些原因，反而想向西屈服于秦国，这是大臣们的计谋错了。现在齐国并没有向秦国称臣的名声，而能得到强国的地位，我希望大王能够稍微思量一下。”

齐王曰：“寡人不敏，今主君以赵王之教诏之，敬奉社稷以从。”

【译文】

齐王听后说：“是我愚钝啊，如今你把赵王的教诲告诉我，我愿意恭敬地把国家托付给你。”

（《齐策一》）

韩、齐为与国

公元前314年，各诸侯国之间，战事连绵。此时，燕国爆发内乱，局势混乱。田臣思大喜，认为这是“天以燕赐我也”，此时攻燕，别国不会干涉，建议宣王立即出兵。孟轲也认为“机不可失，时不再来”。宣王于是向燕出兵，很快扫平了燕国。

韩、齐为与国。张仪以秦、魏伐韩。齐王曰：“韩，吾与国也。秦伐之，吾将救之。”田臣思①曰：“王之谋过矣，不如听之。子哙与子之②国，百姓不戴，诸侯弗与。秦伐韩，楚、赵必救之，是天以燕赐我也。”王曰：“善。”乃许韩使者而遣之。

【注释】

①田臣思：即齐国大臣田忌。

②子哙（kuài）：即燕王哙。子之：燕王哙的相国。

【译文】

韩、齐两国为同盟国。张仪联合秦、魏攻打韩国。齐王说：“韩国是我的同盟国，现在秦国攻打它，我就要派兵支援。”大臣田忌说：“大王的打算错了，不如任由他们去吧。燕王哙传位给子之，百姓并不拥戴，各诸侯也不赞成。如今秦军攻打韩国，楚、赵两国必然会去救援，那么他们都陷入战争之中，此时正是上天把燕国赐予我们齐国啊！”齐王听了说：“太好了。”于是答应了韩国使臣的要求，并打发他回去。

韩自以得交于齐，遂与秦战。楚、赵果遽起兵而救韩，齐因起兵攻燕，三十日而举燕国。

【译文】

韩国自认为与齐国建立了盟交，就大胆地与秦国开战。果然楚、赵两国马上派兵援救韩国。这时，齐国趁机大举进攻燕国，仅仅用了三十天就攻占了燕国。

（《齐策二》）

昭阳为楚伐魏

公元前323年，楚国大将昭阳率兵攻打魏国，与魏军在襄陵交战，楚军获胜。襄陵之战得胜后，昭阳又立即率兵进攻齐国。陈轸受齐王所托，劝说昭阳罢兵，使齐国免遭此兵祸。

陈轸在劝说昭阳时谈到了一个“画蛇添足”的寓言，这个寓言后来广为流传，旨在告诫人们，办事应掌握分寸，见好就收，避免劳而无功。

昭阳①为楚伐魏，覆军杀将得八城，移兵②而攻齐。陈轸③为齐王使，见昭阳，再拜贺战胜，起而问：“楚之法，覆军杀将，其官爵何也？”昭阳曰：“官为上柱国④，爵为上执圭⑤。”陈轸曰：“异贵于此者何也？”曰：“唯令尹⑥耳。”陈轸曰：“令尹贵矣！王非置两令尹也，臣窃为公譬可也。楚有祠者⑦，赐其舍人⑧卮酒。舍人相谓曰：‘数人饮之不足，一人饮之有余。请画地为蛇，先成者饮酒。’一人蛇先成，引酒且饮之，乃左手持卮，右手画蛇，曰：‘吾能为之足。’未成，一人之蛇成，夺其卮曰：‘蛇固无足，子安能为之足？’遂饮其酒。为蛇足者，终亡其酒。今君相楚而攻魏，破军杀将得八城，不弱⑨兵，欲攻齐，齐畏公甚。公以是为名亦足矣，官之上非可重也。战无不胜而不知止者，身且死，爵且后归，犹为蛇足也。”昭阳以为然，解军而去。

【注释】

①昭阳：楚国将领。

②移兵：调动军队。

③陈轸：齐国人，说客，当时在秦为官。

④上柱国：即大司马，楚国最高武官。

⑤上执圭：楚国的最高爵位。圭，一种贵重玉器。

⑥令尹：楚国最高官职，执掌军政大权。

⑦祠者：祭祀的人。

⑧舍人：身边的侍从人员。卮（zhī）：泛指酒杯。

⑨弱：使……削弱。

【译文】

楚国将军昭阳率兵攻打魏国，打败魏军，杀了魏国将领，占领了八座城池，接着又调军去攻打齐国。陈轸受齐王派遣，去见昭阳，他拜了两拜，祝贺昭阳打了胜仗，然后起身问昭阳："按照你们楚国的制度，灭敌杀将能加封什么样的官爵？"昭阳回答说："可以官至大司马，爵封上执圭。"陈轸又问："还有比这更显贵的官爵吗？"昭阳说："那就只有令尹了。"陈轸说："令尹确实是最显贵的爵位了，但是楚王应该不会设置两个令尹。我给你打个比方吧。楚国有一个举办祭祀的人，祭祀完毕后把两杯酒赐给了他的随从。这些随从商量说：'这点酒几个人肯定不够喝，但是一个人喝又有多的。不如我们在地上画蛇吧，谁最先画好谁就喝这些酒。'有一个随从很快就画好了，取过酒杯就准备喝。他左手拿着酒杯，右手仍在继续画着，还说：'我还可以给蛇画上脚呢。'蛇脚还没有画完，这时候另外一个随从画好了，就抢过酒杯，说：'蛇本来没有脚，你怎么能添上脚呢。'说完就把酒喝掉了。而给蛇画脚的那个人最终失去了他应得的酒。如今您辅佐楚王攻打魏国，破敌杀将，又夺取了八座城池，兵力没有受到什么损耗，又调兵攻打齐国，齐国都非常害怕。就凭这些威望，将军你都可以扬名天下了，而在官位上再没有可加封的了。如果战无不胜却又不懂得适可而止的话，只会招来杀身之祸，您的官职也不再为您所有，这正像画蛇添足一样啊。"昭阳觉得他的话很有道理，就撤军回国了。

（《齐策二》）

孟尝君将入秦

秦昭王送泾阳君到齐国为人质，想要见孟尝君，孟尝君得知后，就打算到秦国去。门客们纷纷劝阻，他都听不进去。无奈之下，苏秦只好亲自出马劝驾。

苏秦清楚，直接劝诫孟尝君不会起作用，所以他采取了迂回战术，先讲了一个土偶和桃梗的故事，借此来打动孟尝君。土偶和桃梗做的木偶，虽然都是人偶，但是土偶被水冲散后最多依然化为土，而桃梗做的木偶随波逐流，下场就不得而知。如今，孟尝君要到秦国去，犹如随波逐流的木偶，脱离了自己的权势范围，没有根基，命运只能被秦国操控。苏秦的故事生动形象，具有很强的说服力。孟尝君联系到自己的情况，终于心悦诚服地取消了前往秦国的计划。

孟尝君①将入秦，止者千数而弗听。苏秦欲止之，孟尝曰：“人事者，吾已尽知之矣；吾所未闻者，独鬼事耳。”苏秦曰：“臣之来也，固不敢言人事也，固且②以鬼事见君。”

【注释】

①孟尝君：即田文，靖郭君田婴的儿子，这时在齐国任相国。

②固且：姑且。

【译文】

孟尝君准备西入秦国，劝阻的人很多，但他一概不听。苏秦也想劝他，孟尝君却说："人世的事情，我通通都知道了；我没有听说过的，只有鬼怪之事了。"苏秦说："我这次来，并不敢谈人事，而是专门和您讨论鬼神的事。"

孟尝君见之。谓孟尝君曰："今者臣来，过于淄[①]上，有土偶人[②]与桃梗[③]相与语。桃梗谓土偶人曰：'子，西岸之土也，埏[④]子以为人，至岁月[⑤]，降雨[⑥]下，淄水至，则汝残矣。'土偶曰：'不然。吾西岸之土也，吾残则复西岸耳。今子，东国之桃梗也，刻削子以为人，降雨下，淄水至，流子而去，则子漂漂者将何如耳。'今秦，四塞之国[⑦]，譬若虎口，而君入之，则臣不知君所出矣。"孟尝君乃止。

【注释】

①淄：水名，源出今山东莱芜东北，由淄河口入海。

②土偶人：用泥土捏成的人。

③桃梗：用桃木刻成的人像。

④埏（shān）：用水调和揉制。

⑤八月：此指周历八月，相当于夏历六月，为雨季。

⑥降雨：大雨。降，通"洚"。

⑦四塞之国：四面都有要塞的国家。

【译文】

孟尝君于是就接见了他。苏秦对他说："我这次来，路经淄水，听见一个土偶人和木偶人的谈话。木偶人对土偶人说：'你是西岸的泥土捏制成的，到八月的时候，天降大雨，淄水冲来，你就会被雨水冲得残而不全了。'土偶人说：'不是这样的。我是西岸的土，即使残缺了不过仍然回到西岸而已。而你是东方的桃木雕刻而成，天降大雨，淄水横流，你随波而去，不知哪里才是你的归宿。’现在秦国是一个四面都有关塞的强国，如同虎口，而君上你现在要进入秦国，我不知道君上能否安然而出。”孟尝君听说后就取消了行程。

（《齐策三》）

孟尝君在薛

齐国大权一度由孟尝君掌控，齐闵王一直对此心怀不满，刚一即位，就找了一个理由打发孟尝君回到封地薛邑。楚国与薛邑接壤，见孟尝君失势，想要从中分得利益，于是立即派兵攻打薛邑。

淳于髡受孟尝君礼待，见孟尝君有难，有心帮他，于是用“清庙在薛”来打动齐闵王，出兵救薛。祭祖在古代备受重视，乃“国之大事，在祀与戎”，通过祭祀，寄托了人们对先祖的怀念和崇德报功的心情。宗庙被毁，则大不敬。齐闵王因此不得不派兵增援薛邑。

孟尝君在薛，荆人攻之。淳于髡①为齐使于荆，还反，过薛。孟尝君令人体②貌而亲郊迎之。谓淳于髡曰：“荆人攻薛，夫子弗忧，文无以复侍③矣。”淳于髡曰：“敬闻命矣。”

【注释】

①淳于髡（kūn）：齐人，复姓淳于，齐国赘婿，在齐为官，多次出使诸侯。

②体：通“礼”，礼貌。

③无以复侍：不能再伺候，形容时机紧迫。

【译文】

孟尝君住在他的封地薛邑时，楚国人出兵进攻薛邑。淳于髡为齐国出使到楚国，任务完成，返回齐国时，经过薛邑。孟尝君亲自率领手下到郊外以礼相迎，孟尝君对淳于髡说："楚人攻打薛邑，你若不为此担忧，薛邑一旦危亡，恐怕我就不能再侍奉您了。"淳于髡说："我明白了。"

至于齐，毕报[①]，王[②]曰："何见于荆？"对曰："荆甚固，而薛亦不量其力。"王曰："何谓也？"对曰："薛不量其力而为先王[③]立清庙，荆固而攻之，清庙[④]必危。故曰薛不量力而荆亦甚固。"齐王和其颜色曰："譆[⑤]！先君之庙在焉。"疾兴兵救之。

【注释】

①毕报：即报毕，汇报完毕。

②王：指齐闵王。

③先王：指齐威王。

④清庙：宗庙。

⑤譆（xī）：表示惊讶的叹词。

【译文】

淳于髡返回齐都，向齐闵王汇报完出使楚国的情况。汇报结束后，齐闵王问他："您在楚国有什么见闻？"淳于髡说："楚国十分强大稳固，而薛邑也实在是太自不量力了。"齐闵王忙问："这是什么意思？"淳于髡说："薛邑自不量力，偏偏要给先王建立宗庙，楚国很强大稳固，一旦它想进攻薛邑，先王的宗庙就一定很危险。所以我才说楚国十分强大稳固，而薛邑也实在是太自不量力了。"齐闵王听说后，显露出紧张的神色，说："啊！先王的宗庙在薛邑呀！"于是，迅速派兵救援薛邑。

颠蹶[①]之请，望拜之谒，虽得则薄矣。善说者，陈其势，言其方[②]，人之急也，若自在隘窘之中，岂用强力哉？

【注释】

①颠蹶：慌忙奔走的样子。

②方：方略。

【译文】

辛辛苦苦地四处奔走请求，情真意切地去拜望，这样虽然可以得到别人的援助，可是终究是情不深，谊不厚。而善于游说的人，能认清形势，善于想出解决办法，当别人有急难时，就好像自己也处在困难危急中一样，难道用得着强力吗？

（《齐策三》）

孟尝君有舍人而弗悦

孟尝君鄙弃自己的门客，想要驱逐他。鲁仲连劝说孟尝君，金无足赤，人无完人，每个人都有优点，也有缺点，不必因为他人有某一方面的缺点而完全加以否定，鄙弃他，而应该全面地对他加以评估，合理地任用他。即使不用，也不要抛弃他，给自己留下隐患。

孟尝君有舍人[①]而弗悦，欲逐之。鲁连[②]谓孟尝君曰：“猿猕猴错木据水[③]，则不若鱼鳖；历险乘危，则骐骥[④]不如狐狸。曹沬[⑤]之奋三尺之剑，一军[⑥]不能当；使曹沬释其三尺之剑，而操铫耨[⑦]，与农夫居垄亩[⑧]之中，则不若农夫。故物舍其所长，之其所短[⑨]，尧[⑩]亦有所不及矣。今使人而不能，则谓之不肖；教人而不能，则谓之拙。拙则罢之，不肖[⑪]则弃之。使人有弃逐，不相与处，而来害相报者，岂非世之立教首也哉！”孟尝君曰：“善。”乃弗逐。

【注释】

①舍人：古代豪门贵族家里的门客。

②鲁连：即鲁仲连，齐国人，游侠义士，善于出谋划策，排难解纷，终身不肯出来为官。

③错木据水：离开树木居住在水上。错，通“措”，离开；据，居住。

④骐骥：千里马。

⑤曹沫：一作曹刿（guì），春秋时鲁国人，曾逼齐桓公归还齐国侵占的鲁国土地。

⑥一军：一万二千五百人。

⑦铫（yáo）耨（nòu）：均为古代除草用的农具。

⑧垄（lǒng）亩：田亩。垄，田中高处。

⑨之其所短：用其所短。之，用。

⑩尧：传说中古代的圣君。

⑪不肖：没有才能。

【译文】

孟尝君不喜欢自己的一个门客，想把他赶走。鲁仲连对他说："猿猴如果离开树木到了水里，就比不上鱼鳖；如果是经历险境，攀登危岩，良马就赶不上狐狸。从前鲁将曹沫举起三尺长剑，一整支军队都不能抵挡；但是假如让曹沫放下他的三尺长剑，拿着耕田的器具，和农夫一样在田里耕作，那他肯定还不如一个农夫。因此，一个人如果舍弃他的长处，反而使用他的短处，即使他是像尧舜那样的圣人，也有不如普通人的地方。现在您派他去做他不擅长做的事，没有做到，就说他没有才能；教他但他没有学会，就说他笨拙。您认为笨拙的人，就想要罢免，觉得没有才能的人，便想遗弃。让人遭受被遗弃的命运，不能好好相处，将来他很可能会回头加害于你，向你报复。这难道是治理国家，教化百姓的方法吗？"孟尝君听了说："你的话很有道理。"于是就没有赶走这个门客。

（《齐策三》）

齐欲伐魏

本章中，淳于髡用狗兔相逐，最后两败俱伤，农夫从中得利的故事，劝诫齐威王：矛盾的双方始终相持不下，只会两败俱伤，最后让第三方坐收渔利。齐国和魏国兵戎相见，相持不下，最后恐怕会让楚国得利。生动而形象的比喻，展示了当下的利害关系，也展示出淳于髡过人的胆识和高超的语言艺术。

齐欲伐魏，淳于髡谓齐王①曰："韩子卢②者，天下之疾犬也。东郭逡③者，海内之狡兔④也。韩子卢逐东郭逡，环山者三，腾山者五，兔极于前，犬废⑤于后，犬兔俱罢，各死其处。田父见之，无劳倦之苦，而擅其功。今齐、魏久相持，以顿其兵，弊其众，臣恐强秦、大楚承其后，有田父之功。"齐王惧，谢将休士⑥也。

【注释】

①齐王：即齐威王。

②韩子卢：韩国的黑犬，名卢。

③东郭逡：东郭山上的兔子。逡，同"俊"，兔子的名字。

④狡兔：敏捷的兔子。

⑤废：疲倦。

⑥谢将休士：辞去领兵的将领，休养士兵。

【译文】

齐国想讨伐魏国，淳于髡就对齐威王说："韩国的黑犬卢是天下跑得最快的狗，东郭山上的兔子逡是四海之内极其敏捷的兔子。黑犬卢追逐东郭兔子逡，两者绕着山跑了三圈，在这座山上翻越了五次。兔子筋疲力尽地在前面奔跑，黑犬疲惫不堪地在后面追着，犬和兔都疲惫至极，最后分别死在了停下的地方。农夫看见了，没有费一点力气就轻松抓获了它们。现在齐与魏长期对峙，士兵和百姓都会为此疲弊。我害怕强大的秦国和楚国会乘虚而入，坐收农夫之利呀。"齐威王听后感到害怕，下令撤回了攻魏的军队。

（《齐策三》）

齐人有冯谖者

冯谖和孟尝君的故事千古流传，古往今来有识之士人人皆知。这篇文章写冯谖生活无着，投靠孟尝君，刚开始并未受到孟尝君的重视，冯谖三歌长铗，这才引起孟尝君的注意，自己受到善待，老母也得到赡养。

孟尝君要收债，冯谖挺身而出，并获得了孟尝君可便宜行事的口头承诺。到薛地后，冯谖本应收债报恩的，但他矫命焚券，一文钱也没收回来。虽然竭力解释，孟尝始终不悦。后来孟尝君被夺权，回到薛地，当地百姓百里相迎，这才明白冯谖“市义”的苦心。可见，冯谖是一位高瞻远瞩、才能过人的谋士。

齐人有冯谖①者，贫乏不能自存，使人属孟尝君，愿寄食门下。孟尝君曰：“客何好？”曰：“客无好也。”曰：“客何能？”曰：“客无能也。”孟尝君笑而受之曰：“诺。”左右以君贱之也，食以草具②。

【注释】

①冯谖（xuān）：战国时齐国人，为孟尝君门下的食客，其貌不扬，却是个高瞻远瞩、颇具深远眼光的怪才。

②食以草具：以草具食，把粗糙的食物给他吃。草具，指代粗糙的食物；食，吃。

【译文】

齐国有个名叫冯谖的人，家境贫困难以养活自己，于是就托人请求孟尝君，愿意在他门下当一名食客。孟尝君就问他：“你有什么爱好吗？”冯谖说：“没什么爱好。”孟尝君又问：“你有什么特长吗？”冯谖说：“没有什么特长。”孟尝君笑了笑，接纳了他：“好的。”孟尝君身边的人看到主人不太重视冯谖，就随便拿些粗劣的饭食给他吃。

居有顷，倚柱弹其剑。歌曰：“长铗[①]归来乎！食无鱼。”左右以告。孟尝君曰：“食之，比门下之客。”居有顷，复弹其铗，歌曰：“长铗归来乎！出无车。”左右皆笑之，以告。孟尝君曰：“为之驾，比门下之车客。”于是乘其车，揭[②]其剑，过[③]其友曰：“孟尝君客我。”后有顷，复弹其剑铗，歌曰：“长铗归来乎！无以为家[④]。”左右皆恶之，以为贪而不知足。孟尝君问：“冯公有亲乎？”对曰：“有老母。”孟尝君使人给其食用，无使乏。于是冯谖不复歌。

【注释】

①铗（jiá）：这里指剑。

②揭：高举。

③过：拜见、拜访。

④无以为家：没有可用来养家的。

【译文】

过了不久，冯谖背靠柱子，弹剑歌唱道：“长剑呀，我们还是回去吧，这里吃饭没有鱼啊。”随从们把这事告诉孟尝君。孟尝君吩咐说：“那就给他中等门客的待遇，让他吃鱼吧。”住了没多久，冯谖又弹着剑唱道：“长剑呀，我们还是回去吧，这里出门没有车坐。”孟尝君说：“那就给他配车，享受车客的待遇。”于是冯谖驾着车举着剑去拜访他的朋友们，夸耀说：“孟尝君尊我为上客。”这样过了一段日子，冯谖又弹着剑唱道：“长剑呀，咱们还是回去吧，这里没有可以养家的办法。”周围的人都厌恶他，认为他贪得无厌。孟尝君问他："你有亲属吗？"冯谖答道："我还有位老母亲。"孟尝君于是派人给他母亲送去家用，不让她短缺，而冯谖也就从此不再唱歌了。

后孟尝君出记[①]，问门下诸客："谁习计会，能为文收责[②]于薛者乎？"冯谖署[③]曰："能。"孟尝君怪之，曰："此谁也？"左右曰："乃歌夫'长铗归来'者也。"孟尝君笑曰："客果有能也，吾负之，未尝见也。"请而见之，谢曰："文倦于事，愦[④]于忧，而性懧[⑤]愚，沉于国家之事，开罪[⑥]于先生。先生不羞，乃有意欲为收责于薛乎？"冯谖曰："愿之。"于是约车治装，载券契而行，辞曰："责毕收，以何市而反[⑦]？"孟尝君曰："视吾家所寡有者。"

【注释】

①记：布告。一说指账册。

②责：同"债"。

③署：签名。

④愦：昏乱。

⑤懧（nuò）：同"懦"，懦弱。

⑥开罪：得罪。

⑦反：同"返"。

【译文】

后来，孟尝君贴出了一则告示，咨询门客们："请问哪一位通晓会计业务，能替我到薛邑收债呢？"冯谖报名说："我可以去。"孟尝君觉得很诧异，问左右随从："这是谁呀？"随从们答道："就是那个唱'长剑呀，我们还是回去吧'的人。"孟尝君笑道："他果然有才能，我真对不起他，还从来没有接见过他呢。"于是请他来相见，道歉说："我每日为各种事务困扰，心身俱疲，被忧愁弄得神昏意乱，而我又生来懦弱笨拙，陷入国事的忙碌中，以致怠慢了先生。先生不怪我，还愿意替我到薛邑收债吗？”冯谖说：“愿意效劳。”于是孟尝君替他备好车马行囊，让他载着债券出发。辞别时，冯谖问：“收完债后，买些什么东西回来？”孟尝君回答：“先生看着办吧，买点缺少的东西就行。”

驱而之薛，使吏召诸民当偿者悉来合券。券遍合，起矫命，以责赐诸民，因烧其券，民称万岁。

【译文】

冯谖赶着马车来到薛邑，派差役把欠债的百姓都叫来核对债券，全部核对完后，冯谖站了起来，假传孟尝君的命令，免除这些百姓的债务，并烧掉了债券，百姓感激得欢呼万岁。

长驱到齐，晨而求见。孟尝君怪其疾也，衣冠而见之，曰：“责毕收乎？来何疾也！”曰：“收毕矣。”“以何市而反？”冯谖曰：“君云‘视吾家所寡有者’。臣窃计，君宫中积珍宝，狗马实外厩，美人充下陈[①]。君家所寡有者，以义耳！窃以为君市义。”孟尝君曰：“市义奈何？”曰：“今君有区区之薛，不拊[②]爱子其民，因而贾利[③]之。臣窃矫君命，以责赐诸民，因烧其券，民称万岁。乃臣所以为君市义也。”孟尝君不说[④]，曰：“诺。先生休矣[⑤]！”

【注释】

①下陈：堂下的庭院，一说指后宫。

②拊：同“抚”，抚爱。

③贾（gǔ）利：用商人的手段向百姓谋取利益。

④说：同“悦”，高兴。

⑤休矣：罢了，得了。

【译文】

冯谖又马不停蹄地返回齐国都城临淄，一大早就去拜见孟尝君。孟尝君很奇怪他回来得这么快，穿戴好衣帽出来接见他，问道："债收完了吗？你怎么回来得这么快？"冯谖答道："都收完了。"孟尝君又问："先生买回了些什么东西？"冯谖说："您说'买点缺少的东西就行'，臣就考虑着，宫中珠宝堆积，狗马充满了畜圈，美女住满了后宫。您家中所缺少的，就只有仁义了，因此臣自作主张为您买了仁义回来。"孟尝君问道："你买仁义是怎么回事？"冯谖答道："您的封地只是小小的薛邑，您不好好体恤薛邑的子民，反而像商人一样在他们身上谋取利益。臣已擅自假传您的命令，将所有的债款都赏给了百姓，并焚毁了债券，百姓莫不高呼万岁，这就是臣替您买回来的仁义呀！"孟尝君听后很不高兴，说："我知道了，先生下去休息吧。"

后期年，齐王[①]谓孟尝君曰："寡人不敢以先王之臣为臣。"孟尝君就国[②]于薛，未至百里，民扶老携幼，迎君道中。孟尝君顾谓冯谖："先生所为文市义者，乃今日见之。"

【注释】

①齐王：指齐闵王。

②就国：回到自己的封地。

【译文】

一年以后，齐闵王对孟尝君说："我不敢让先王的旧臣作我的臣子。"孟尝君只好回到自己的封地薛邑，距离薛邑还有一百里路时，当地百姓扶老携幼，早已在路旁等候迎接孟尝君。孟尝君回头对冯谖说："这就是先生为我买回来的'义'吧，今天我总算看到了。"

（《齐策四》）

孟尝君为从

齐国打算和韩、魏两国联合对付秦国，孟尝君派公孙弘先入秦探听虚实。

秦昭王本来就对孟尝君敢和他为难而心存不满，公孙弘到了后，难免就想羞辱他。而公孙弘则大胆向秦王进言，提出孟尝君虽然封地小，门下却有贤人无数，那是一股强大的隐形力量。公孙弘的话，让秦昭王不敢小觑，从而表示不再和孟尝君计较。公孙弘也不负使命，在强秦面前保全了小国的尊严。

孟尝君为从，公孙弘①谓孟尝君曰："君不以使人先观秦王②？意者③秦王帝王之主也，君恐不得为臣，奚暇从以难之？意者秦王不肖之主也，君从以难之，未晚。"孟尝君曰："善，愿因请公往矣。"

【注释】

①公孙私：齐人。

②秦王：指秦昭王。

③意者：猜想可能是。

【译文】

孟尝君想要组织合纵，齐国人公孙弘对孟尝君说："您不如先派人了解清楚秦王的情况。如果秦王是那种贤明的君主，那么您做臣子恐怕也不能够，哪里还有条件组织合纵，与秦国对抗呢？如果秦王是平庸无能的君主，那么您再组织合纵与其对抗，也不晚呀！”孟尝君说：“你说的对，那就请您跑一趟吧。”

公孙弘敬诺，以车十乘之秦。昭王闻之，而欲愧之以辞。公孙弘见，昭王曰：“薛公之地，大小几何？”公孙弘对曰：“百里。”昭王笑而曰：“寡人地数千里，犹未敢以有难[①]也。今孟尝君之地方百里，而因[②]欲难寡人，犹可乎？”公孙弘对曰：“孟尝君好人[③]，大王不好人。”昭王曰：“孟尝君之好人也，奚如？”公孙弘曰：“义不臣乎天子，不友乎诸侯，得志不惭[④]为人主，不得志不肯为人臣，如此者三人；而治可为管、商[⑤]之师，说义听行，能致其[⑥]如此者五人；万乘之严主也，辱其使者，退而自刎，必以其血洿[⑦]其衣，如臣者十人。”昭王笑而谢之，曰：“客胡为若此，寡人直与客论耳！寡人善孟尝君，欲客之必谕寡人之志也！”公孙弘曰：“敬诺。”

【注释】

①有难：为难，即为敌。

②因：还，尚且。

③好人：这里可理解为喜欢贤人、尊重人才。

④不惭：不愧。

⑤管、商：即管仲、商鞅，齐、秦两国著名的政治家。

⑥能致其：后面应该有“主霸王”，能够使得他们的君主称霸称王。

⑦洿：同“污”，污染。

【译文】

公孙弘同意了，他带着十辆车出使秦国。秦昭王听说公孙弘来到秦国，就想用言语侮辱孟尝君一番，试探他有什么反应。公孙弘拜见昭王，昭王说：“薛公的封地有多大呢？”公孙弘答道：“方圆一百里。”昭王笑了笑，说：

“我有方圆千里的土地，尚且不敢与别人对抗。现在，孟尝君的封地不过一百里，就想和我作对，这可能吗？”公孙弘说：“孟尝君尊重贤士，大王不重视贤士。”秦昭王说：“孟尝君尊重贤士，是怎么做的？”公孙弘说：“他们不愿做天子的臣子，也不愿和诸侯成为朋友，得志时，做君主也当之无愧，不得志时，也不愿屈身成为别人的臣子，能这样做的人有三个。治国之才，可做管仲、商鞅的老师，他的主张，君主很愿意执行，他能使君主成就霸业，像这样的人，有五个。万乘大国的君主，侮辱了他的使节，使节当场自杀，不惜血染衣裳，像我这样的人有十个。”昭王笑着向他道歉道：“您不必如此，我只不过和您说说而已。我敬佩孟尝君，希望您在孟尝君面前转告我的心意。”公孙弘说：“好。”

公孙弘可谓不侵矣。昭王，大国也。孟尝，千乘也。立千乘之义而不可凌，可谓足使矣。

【译文】

公孙弘可以说是不辱使命的人了。秦昭王是大国的君王，孟尝君是千乘之主，公孙弘维护了千乘小国的立场不受凌辱，可以算是很出色的使节了。

（《齐策四》）

齐王使使者问赵威后

齐威王派使者向赵威后传达自己的问候信，书信还没来得及拆开，赵威后便向齐国来的使臣问起齐国的收成如何，百姓过得如何，齐王身体如何。连发三问，引起了使臣的不满。因为赵威后把收成和百姓放在前，把齐王倒放在后，使臣认为这是对齐王的不尊敬，是“先贱而后尊贵者”。赵威后指出，民是国之根本，君乃末，岂有舍本而先问末之理？表达了赵威后以民为根本，民为重，君为轻的思想，义正词严，掷地有声，可见赵威后是一位非常有头脑的政治家。

赵威后后来又提到钟离子、叶阳子、北宫氏之女的事，还认为於陵仲子应该被杀，表明赵威后对治国用人有自己独到的见解，她愿意优待抚恤百姓、为民做表率的人，容不得不肯为国家效力的人。

齐王①使使者问赵威后②，书未发③，威后问使者曰：“岁④亦无恙耶？民亦无恙耶？王亦无恙耶？”使者不说，曰：“臣奉使使威后，今不问王而先问岁与民，岂先贱而后尊贵者乎？”威后曰：“不然。苟无岁，何以有民？苟无民，何以有君？故有舍本而问末者耶？”

【注释】

①齐王：这里是指齐襄王，齐闵王之子，公元前283—公元前265年在位。

②赵威后：赵惠文王妻。赵惠文王驾崩后，子孝成王继位，因年幼由赵威后摄政。

③书未发：书信没有开启。发，打开，拆开。

④岁：年成。

【译文】

齐襄王派使者问候赵威后，齐襄王给赵威后的信还没打开，赵威后就问使者："齐国今年的收成好吗？齐国的老百姓过得好吗？齐王可好？"使者听了不太高兴，说："我是齐王派到这里来的，现在您不先问齐王如何，反倒先问收成和老百姓怎么样，这岂不是把卑贱的放在前边而把尊贵的放在后边吗？"赵威后说："不能这么说。如果没有好的收成，百姓怎么可能过得好呢？如果百姓过得不好，又哪里来的国君呢？哪有不问根本而先去问末梢的呢？"

乃进而问之曰："齐有处士[①]曰钟离子，无恙耶？是其为人也，有粮者亦食[②]，无粮者亦食；有衣者亦衣[③]，无衣者亦衣。是助王养其民者也，何以至今不业[④]也？叶阳子无恙乎？是其为人，哀鳏寡[⑤]，恤孤独[⑥]，振困穷，补不足，是助王息其民者也，何以至今不业也？北宫之女婴兒子无恙耶？彻其环瑱[⑦]，至老不嫁，以养父母，是皆率民而出于孝情[⑧]者也，胡为至今不朝[⑨]也？此二士弗业，一女不朝，何以王齐国，子万民乎？於陵[⑩]子仲[⑪]尚存乎？是其为人也，上不臣于王，下不治其家，中不索交[⑫]诸侯。此率民而出于无用者，何为至今不杀乎？"

【注释】

①处士：隐士。

②食（sì）：动词，拿食物给人吃。

③有衣者亦衣：有衣服的人能够穿上衣服。衣，前一个"衣"为名词，指衣

服；后一个“衣”为动词，拿衣服给人穿。

④不业：不使人成就功业。

⑤鳏（guān）寡：老而无妻的男人叫鳏夫，老而无夫的叫做寡妇。

⑥孤独：老而无子曰孤，幼而无父曰独。

⑦彻其环瑱：除去首饰。彻：通“撤”，除去；环瑱：泛指首饰。

⑧孝情：孝心。

⑨不朝：不上朝。

⑩於（wū）陵：地名，在今山东邹平西南。

⑪子仲：齐国隐士，陈氏，又称陈仲子。于陵，

⑫索交：结交。

【译文】

于是赵威后又进一步问齐国的使者：“齐国有一个叫钟离子的隐士，他现在还好吗？我听说这个人，有粮食的人，他给他们饭吃，没粮食的人，他也给他们饭吃；有衣服的人，他给他们衣服穿，没衣服的人，他也给他们衣服穿。这是在帮助齐王抚养齐国的百姓，为什么齐王至今不给他官职呢？叶阳子还好吗？他的为人处世，怜悯、抚恤鳏寡孤独，救济生活穷困、缺衣少食的人。这是在帮助齐王使百姓能够得到安宁，为什么至今不让他为官成就功业呢？北宫家的女儿婴兒子还好吗？她除去首饰到老也不嫁人，为的就是奉养父母，这是在给百姓做行孝的表率啊，为什么至今还不让她朝见君主给她封号呢？这两位贤士不能使得他们为国效力，一个孝女不让她朝见给她封号，齐王这样如何统治齐国、做万民的父母呢？於陵的子仲还活着吗？他的为人呀，对上，不向君王称臣，对下，不治理自己的家，为中，又不谋求与诸侯交好，这是引导百姓成为无所事事的人，为什么齐王至今还不杀他？”

（《齐策四》）

齐人见田骈

当面指出别人的错误，比较伤人面子。文中这位齐国人，想劝诫田骈，但是又不能直说，所以用邻家之女不嫁的事迂回指责他，对外说是不为官，却拿着为官的俸禄，家里聚集着门客，可谓说一套，做一套，言行不一。

齐人见田骈①曰："闻先生高议，设为不宦，而愿为役。"

田骈曰："子何闻之？"

对曰："臣闻之邻人之女。"

田骈曰："何谓也？"

对曰："臣邻人之女，设为不嫁，行年三十而有七子，不嫁则不嫁，然嫁过毕矣。今先生设为不宦，訾②养千钟③，徒百人，不宦则然矣，而富过毕矣。"田子辞。

【注释】

①田骈：战国时，齐国有名的学者，学黄老之术。

②訾（zī）：同"资"，资财。

③钟：古代量器，六斛四斗为一钟。

【译文】

有个齐国人去拜见学者田骈说："听说您高谈阔论，不愿为官，我愿意听候您的差遣。”

田骈说：“你从哪里听说这事的？”

此人回答说：“我从邻居女儿那里听说的。”

田骈问：“你这话是什么意思？”

此人回答：“我邻居家的女儿说是不愿意出嫁，可到了三十岁，却有七个儿子，虽然确实没嫁，可孩子的数量却远超出嫁的人。如今先生说不愿为官，却有俸禄千钟，随从上百名，确实没有做官，可生活富裕的程度却远远超过做官的人。”田骈辞谢。

（《齐策四》）

苏秦谓齐王

公元前288年，齐、秦两国势均力敌，突出于其他诸侯国之上，相约共同称帝。当时，苏秦在燕为官，燕昭王发誓报仇，于是派苏秦出使齐国，游说齐闵王出兵攻宋，一来用兵祸削弱齐国的力量；二来引发其他诸侯国对齐国的猜忌与妒恨，破坏齐国和各国的关系，使齐国孤立，从而为燕破齐创造战机。齐、秦两国本来暗中约定共同伐赵而后瓜分其地，齐闵王经苏秦劝说后，放弃帝号，背约南下攻宋，得罪秦国，又与其他诸侯国有嫌隙，可谓一举多失。

苏秦谓齐王曰："齐、秦立为两帝①，王以天下为尊秦乎？且尊齐乎？"王曰："尊秦。""释帝则天下爱齐乎？且爱秦乎？"王曰："爱齐而憎秦。""两帝立，约伐赵②，孰与伐宋之利也？"王曰："伐宋利。"对曰："夫约然与秦为帝，而天下独尊秦而轻齐；齐释帝，则天下爱齐而憎秦；伐赵不如伐宋之利。故臣愿王明释帝，以就天下；倍③约傧④秦，勿使争重；而王以其间举宋。夫有宋则卫之阳城⑤危；有淮北⑥则楚之东国⑦危；有济西⑧则赵之河东⑨危；有阴⑩、平陆⑪则梁门⑫不启。故释帝而贰之以伐宋之事，则国重而名尊，燕、楚以形服，天下不敢不听，此汤、武之举也。敬秦以为名，而后使天下憎之，此所谓以卑易尊者也！愿王之熟虑之也！"

【注释】

①两帝：指齐称东帝，秦称西帝。

②两帝立，约伐赵：指齐、秦两国称帝，相约共同伐赵而分其地。

③倍：同“背”，背离，违背。

④傧同“摈”，摈弃。

⑤阳城：作“阳地”，指今河南濮阳之地。

⑥淮北：淮水之北。

⑦东国：指楚国的东部地区。

⑧济西：济水以西之地，在今山东菏泽、鄄械、寿张一带。

⑨河东：赵国边邑，在今山东脑清。

⑩阴：即陶，在今山东定陶西北。

⑪平陆：今山东汶上北。

⑫梁门：魏国都城大梁之门。

【译文】

苏秦对齐王说：“齐国和秦国分别称为东帝、西帝以后，大王认为天下将尊重秦国还是尊重齐国呢？”齐王说：“尊重秦国。”苏秦说：“如果您放弃帝号，那么各诸侯国将亲近齐国还是亲近秦国呢？”齐王说：“亲近齐国而憎恨秦国。”苏秦说：“齐、秦两国称帝，相约共同进攻赵国，这与进攻宋国相比，哪个更有利呢？”齐王说：“进攻宋国更有利。”苏秦说：“约定就是这样，齐国与秦国相约共同称帝，可是诸侯却尊重秦国而轻视齐国；但是如果齐国放弃帝号，那么诸侯将亲近齐国而憎恨秦国；进攻赵国不如进攻宋国有利。所以臣希望大王能公开表示放弃帝号，齐国亲近诸侯；与秦国解除前约，离弃秦国，不与秦国争权；大王可乘此时机吞并宋国。占据了宋国，那么卫国的阳城就会危险了；随之占据淮水之北，那么楚国的东地就危险了；占据了济水以西的地方，那么赵国的河东就危险了；占据了阴地、平陆，那么魏国都城大梁就只好闭门严防死守。所以，您放弃帝号，背弃与秦国的盟约，进攻宋国，那么齐国就可以声名显赫，燕国、楚国就会因为局势的改变而臣服齐国，天下诸侯也不敢不听从齐国的号令，这是像商汤、周武王那样的伟业啊！放弃帝号名义上是尊重秦国，但实际上会使诸侯憎恨秦国，这就是所谓“以卑易尊”的策略！希望大王仔细考虑这件事。”

（《齐策四》）

苏秦说齐闵王

苏秦向齐闵王阐述立国做人之道，举了一个商鞅破魏的例子。魏国士兵能征善战，魏王觊觎秦国，秦王为此寝食难安。商鞅挺身而出，献计献策。魏国曾经一度国力强盛，拥有土地千里、甲士三十万，但是受商鞅蛊惑，着天子仪制，引发天下诸侯共怒，爆发了齐、魏马陵之战。这场交战，魏惠王赔了太子，折辱了气节，还丢失了大片土地。一大强国，就这样由盛转衰。苏秦用这个事例，劝诫齐闵王，用兵不可没有休止，也不可突出于诸侯之上。真正善于用兵的人，能够拔城于尊俎之间，折冲于衽席之上。

苏秦说齐闵王曰："臣之所闻，攻战之道非师①者，虽有百万之军，北之堂上；虽有阖闾、吴起②之将，禽③之户内；千丈之城，拔之尊俎④之间；百尺之冲，折之衽席⑤之上。故钟鼓竽瑟之音不绝，地可广而欲可成；和乐倡优侏儒⑥之笑不乏，诸侯可同日而致也。故名配天地不为尊，利制海内不为厚⑦。故夫善为王业者，在劳天下而自佚，乱天下而自安。佚治在我，劳乱在天下，则王之道也。锐兵来则拒之，患至则趋⑧之，使诸侯无成谋⑨，则其国无宿忧⑩矣。何以知其然矣？"

【注释】

①非师：不用兵。

②阖闾、吴起：春秋时，吴王阖闾善于用兵，因此将他和名将吴起并举。

③禽：通“擒”。

④尊俎（zǔ）：这里借指宴会。尊是盛酒的器具，俎是盛肉的器具。

⑤衽席：卧席。

⑥倡优侏儒：歌舞杂技艺人。

⑦厚：富厚，富有。

⑧趋：快步走。

⑨无成谋：图我之谋不成。

⑩宿忧：积累的忧虑。

【译文】

苏秦对齐闵王说：“据我所知，攻战之道不在于用兵，即使有百万大军，也可以败之于朝堂之上；即使遭遇阖闾、吴起那样的将帅，也可以在室内擒获他；即使有千丈的城池，也可以在宴饮之间摧毁它；即使有百尺高的攻城器具，也可以在坐席之上摧折它。所以，钟、鼓、竽、瑟演奏的音乐在朝堂不绝于耳，国土一样可以扩展，想做的事情照样可以成功；歌舞杂技艺人的表演不休止，各国诸侯也可以在同一天前来朝拜。因此名号与天地相等并不算尊贵，财力富甲天下也不算富有。因此，善于建立王业的人，能使诸侯劳顿而自己闲逸，能使诸侯国混乱而本国安宁。闲逸与安宁的是我方，劳顿与混乱在他国，这就是建立王业的办法。精兵来攻就抵抗它，遭遇祸患就转移它，这样一来，国家没有隔夜之忧。怎么知道就会这样呢？”

“昔者魏王[①]拥土千里，带甲三十六万，其强而拔邯郸，西围定阳[②]，又从十二诸侯朝天子[③]以西谋秦。秦王[④]恐之，寝不安席，食不甘味，令于境内，尽堞中[⑤]为战具，竟[⑥]为守备，为死士置将，以待魏氏。”

【注释】

①魏王：即魏惠王。

②定阳：位于秦、魏两国边界的交界处，在今陕西洛川北。

③从十二诸侯朝天子：指公元前344年，魏惠王在逢泽召集泗水流域的一些小国会盟，会后，魏率诸侯犲周。

④秦王：即秦孝公，后追称为“秦王”。

⑤堞（dié）中：城中。堞，城上齿状的矮墙。

⑥竟：同“境”。

【译文】

“从前魏国拥有领土上千里，带甲的士兵三十六万，倚仗自己国力的强大，攻取了赵国首都邯郸，向西围攻定阳，又结集泗水流域的十二个诸侯朝拜周天子，图谋对付秦国。秦王知道后对此忧心忡忡，寝不安席，食不知味，命令全国积极修缮战守的器具，境内严加防守，同时招募死士，广布重兵，防范魏国来袭。”

“卫鞅谋于秦王曰：‘夫魏氏其功大而令行于天下，有十二诸侯而朝天子，其与必众，故以一秦而敌大魏，恐不如。王何不使臣见魏王，则臣请必北魏[1]矣。’秦王许诺。”

【注释】

①北魏：败魏。

【译文】

“卫鞅向秦王献计说：‘魏国功劳大，因而号令得以施行天下，又能邀集十二诸侯朝见天子，诸侯都拥护他。现在以秦国之力，恐怕还不能与强大的魏国抗衡，大王何不派我作为使者去见魏王，臣就有办法挫败魏国。’秦王答应了他的请求。”

"卫鞅见魏王曰：'大王之功大矣，令行于天下矣。今大王之所从十二诸侯，非宋、卫也，则邹、鲁、陈、蔡，此固大王之所以鞭箠[①]使也，不足以王天下。大王不若北取燕，东伐齐，则赵必从矣；西取秦，南伐楚，则韩必从矣。大王有伐齐、楚心，而从天下之志，则王业见矣。大王不如先行王服，然后图齐、楚。'魏王说于卫鞅之言也，故身广公宫，制丹衣，柱建旌九斿[②]，从七星之旟[③]，此天子之位也，而魏王处之。于是齐、楚怒，诸侯奔齐，齐人伐魏，杀其太子，覆其十万之军[④]。魏王大恐，跣[⑤]行按兵于国而东次于齐，然后天下乃舍之。当是时，秦王垂拱受西河之外[⑥]，而不以德魏王。"

【注释】

①箠（chuí）：马鞭子。

②斿（liú）：缀在旗上的飘带。

③七星之旟（yú）：画有朱雀七星的旗。

④覆其十万之军：指公元前314年，魏、齐马陵之战，齐军大败魏军，魏国太子申被杀。

⑤跣：光着脚。

⑥西河之外：今陕西大荔、宜川一带。西距黄河，东依洛水。

【译文】

"卫鞅去见魏王说：'我听说大王劳苦功高，可以号令天下。可如今大王率领的十二个诸侯，不是宋、卫，就是邹、鲁、陈、蔡这样的小国，大王本来就可以随意驱使这些小国，然而大王凭这些力量并不足以称王天下。大王不如向北攻打燕国，向东讨伐齐国，那么赵国就会归附魏国。再向西进攻打秦国，向南攻取楚国，那么韩国就会望风臣服。大王有讨伐齐、楚的心愿，又有让天下归附的雄心大志，那么实现王业的日子就不远了。大王不如先穿戴天子的衣冠，再讨伐齐、楚。'魏王听信了卫鞅的话，于是将其宫室、衣冠、车旗等都按照王者的规格来配置。位居天子的人能够享受到的，魏王都享受到了。

对魏王的妄自尊大、越礼不轨，齐、楚两国君主大怒，各国诸侯也纷纷投向齐国。齐国出兵攻打魏国，杀掉魏太子，歼灭魏军十万之众。魏惠王非常害怕，光着脚逃回国内下令立即收兵，又向东同齐讲和，诸侯这才停止战争。此时，秦王也乘机取得魏国河西地区的大片土地，并不感激魏惠王。”

“故卫鞅之始与秦王计也，谋约不下席，言于尊俎之间，谋成于堂上，而魏将①以禽于齐矣；冲橹未施，而西河之外入于秦矣。此臣之所谓北之堂上，禽将户内，拔城于尊俎之间，折冲席上者也。”

【注释】

①魏将：指庞涓。

【译文】

“所以，这是卫鞅和秦王当初就商量好的计策。在酒席宴饮之间定好计谋，在庙堂之上定好策略，让魏国将士被齐国活捉；攻城的武器都还来不及使用，魏国西河之外的土地就都归属于秦国。这就是我所说的败敌于庙堂之上，擒获敌将于室内，摧毁城池于宴饮之间，摧折攻城器具在坐席之上的策略。”

（《齐策五》）

田单将攻狄

一个带兵作战的指挥员，除了谋略和胆识之外，还要善于激励士气，鼓舞战士决战决胜的勇气。做决策时要果断，不犹豫，不迟疑，对掌控战局充满信心。

吃苦在先，享乐在后，胜不骄，败不馁，这是一位优秀的指挥员应具备的素质。攻狄之战，田单起初居功自傲，意志消沉，连攻数月都无法攻克。后经鲁仲连批评与提醒，幡然悔悟，重整旗鼓，鼓舞士气，终于拿下狄城。

田单①将攻狄②，往见鲁仲子③。仲子曰："将军攻狄，不能下也。"田单曰："臣以五里之城，七里之郭，破亡余卒，破万乘之燕，复齐墟，攻狄而不下，何也？"上车弗谢④而去，遂攻狄，三月而不克之也。

【注释】

①田单：战国时齐国人。公元前284年，燕军破齐，田单率兵坚守即墨，用火牛阵大破燕军，收复失地，对齐有大功。

②狄：齐国地名，在今山东高苑县西北。

③鲁仲子：即鲁仲连，齐国谋士。

④谢：告辞。

【译文】

田单计划攻打狄城，他去拜见鲁仲连，鲁仲连说："将军这次去攻打狄城，不能攻下。"田单说："我曾经凭借五里的内城，七里的外城，率领残兵败将，打败了万辆战车的燕国，收复了齐国的失地，你却说我攻不下狄城，这是为什么呢？"说完田单就登上车不辞而别了。随后，田单领兵进攻狄城，连攻三个月，始终没有攻克。

齐婴儿谣曰："大冠若箕，修剑拄[①]颐，攻狄不能下，垒枯丘[②]。"田单乃惧，问鲁仲子曰："先生谓单不能下狄，请闻其说。"鲁仲子曰："将军之在即墨[③]，坐而织蒉[④]，立则丈插[⑤]，为士卒倡曰：'可往矣，宗庙亡矣，魂魄惝[⑥]矣，归于何党矣。'当此之时，将军有死之心，而士卒无生之气，闻若言，莫不挥泣奋臂而欲战，此所以破燕也。当今将军东有夜邑[⑦]之奉，西有菑上之虞[⑧]，黄金横带而驰乎淄、渑[⑨]之间，有生之乐，无死之心，所以不胜者也。"田单曰："单有心，先生志之矣。"明日，乃厉气循城[⑩]，立于矢石之所，及援枹[⑪]鼓之，狄人乃下。

【注释】

①拄：支着。

②垒枯丘：应为"垒枯骨成丘"。

③即墨：在今山东平度东南。

④织蒉：编织草筐。蒉，草筐。

⑤丈插：这里是指用臿挖土。丈，通"仗"，凭，用。插，同"臿"，一种挖土器具。

⑥惝：怅惘，这里是没了魂魄的意思。

⑦夜邑：在今山东掖县。

⑧菑：通"淄"，水名。虞：通"娱"，娱乐。

⑨淄、渑：均为水名，在今山东淄博附近。

⑩厉气循城：犹言鼓舞士气，在攻城军队中巡视。

⑪桴：鼓槌。

【译文】

齐国的孩子们唱着一首歌谣说："高高的官帽像簸箕，长长的宝剑支在腮下，狄城不能攻下，白骨堆积成山没有办法。"田单听了有些害怕，便去请教鲁仲连，说："先生说我攻不下狄城，我想听听原因。"鲁仲连说："将军您从前困守即墨时，坐下去可以编织草筐，站起来能使用铁锹铲土，身先士卒，还教导士兵们：'我们已经没有退路，国家也即将灭亡，但是如果我们的魂魄不在，又有何处可以安生呢？不如勇敢地杀上战场。'那时，将军有决死的雄心，士卒们无苟且之意，听了您的号召，士卒们没有一个不挥泪振臂高呼，想要奋勇杀敌。这就是当初您能够战胜燕国的原因。而现在，将军你在东可收纳夜邑封地丰厚的租税，在西可以在淄水之上尽情地娱乐，您腰间系着黄金的带钩，驱车驰骋在淄水、渑水之间，现在您享尽人生的乐趣，而没有战死的决心，这就是您攻不下狄城的原因。"田单说："我有决死之心，先生您就看着吧！"第二天，田单就鼓舞士气，巡视城防，并站在能被敌军弓箭和石块击中的地方，擂鼓进军，狄城终于被攻下了。

（《齐策六》）

齐闵王之遇杀

本篇描写了一个奇女子——君王后。君王后年轻时，勇于冲破旧礼教自主择夫。父亲与其断绝父女关系，但她依然遵行孝义，赡养父亲。她有谋略，能主持本国的内政外交，妥善经营，让强国不敢来犯。捶破玉连环的举动，显现出她的过人智慧。总而言之，她是一个一人之力胜过百万之兵的巾帼英雄。

齐闵王之遇杀，其子法章变姓名，为莒①太史家庸夫。太史敫②女，奇法章之状貌，以为非常人，怜而常窃衣食之，与私焉。莒中及齐亡臣相聚，求闵王子，欲立之。法章乃自言于莒。共立法章为襄王。

【注释】

①莒：齐国地名，在今山东莒县南。

②太史敫（jiǎo）：战国时齐人。

【译文】

齐闵王被杀害后，他的儿子法章改名换姓，逃到莒地太史敫家做仆人。太史敫的女儿见法章的相貌不凡，认为他不是普通人，很怜爱他，常常偷偷地送衣服和食物给他，并和他私通。后来，莒城的人以及从齐都逃到莒地的臣子聚在一起，商量要寻找闵王的儿子，立他为王。法章就向莒城的人表明自己是太子，于是大家拥立他为襄王。

襄王立，以太史敫氏女为王后，生子建。太史敫曰："女无媒而嫁者，非吾种也，污吾世矣。"终身不睹。君王后贤，不以不睹之故，失人子之礼也。

【译文】

襄王即位，将太史敫家的女儿立为王后，生下一子即太子建。太史敫说："我的女儿没有媒妁之言就私自出嫁，不是我的后代，她污辱了我的世族。"太史敫于是终身不肯见君王后。君王后很贤惠，不因父亲不见她就免除做女儿的礼节。

襄王卒，子建立为齐王。君王后事秦谨，与诸侯信，以故建立四十有余年不受兵。

【译文】

齐襄王死后，他的儿子建被立为齐王。君王后对待秦国小心谨慎，和诸侯交往也很守信用，因而君王后在世，齐王建在位的四十多年里，齐国都没有遭受战祸。

秦始皇[①]尝使使者遗君王后玉连环，曰："齐多知，而解此环不？"君王后以示群臣，群臣不知解。君王后引椎椎[②]破之，谢秦使曰："谨以解矣。"

【注释】

①秦始皇：别本有作"秦昭王"。

②椎（chuí）：前面的"椎"为名词，敲击的工具；后一个"椎"为动词，捶击。

【译文】

秦始皇曾派使臣给君王后送去一副玉连环，说："齐国聪明人很多，能解开这个玉连环吗？"君王后把玉连环拿给群臣看，群臣中没有人知道怎样解开。于是，君王后用一把槌子把它敲破，告诉秦王的使臣说："用这种方法就解开了。"

及君王后病且卒，诫建曰："群臣之可用者某。"建曰："请书之。"君王后曰："善。"取笔牍受言。君王后曰："老妇已亡矣！"

【译文】

君王后病危将死的时候，告诫齐王建说："群臣中可以重用某某。"齐王建说："请让我写下他们的名字。"君王后说："好。"齐王建就让人取过笔和木简准备记下君王后的遗言。君王后说："我已经忘记了。"

君王后死，后后胜相齐，多受秦间金玉，使宾客入秦，皆为变辞，劝王朝秦，不修攻战之备。

【译文】

君王后死后，后胜做了齐国的相国，他收受了许多秦国间谍贿赂的黄金美玉，他派到秦国去的宾客，回来时说的都是变诈的言辞，劝齐王建去秦朝见，不考虑修整战备。

（《齐策六》）

齐王建入朝于秦

秦王平定天下的征途中，仅剩齐国。被灭各国的残余力量企图集结各方力量重建合纵，对抗强秦。他们提出，所有力量中，齐国地方数千里，披甲士兵数十万，若以齐国为核心，集合三晋的残余势力从河东攻秦，直入秦的临晋关；集合楚国的残余势力从南阳直插秦的武关，三方势力共同作用，必能一举灭秦。可惜齐王建鼠目寸光，一看天下大势已去，早已意志消沉，加上相国后胜的怂恿，合纵的计划灰飞烟灭，齐国的大好河山也白白送给了秦国。

齐王建入朝于秦，雍门司马①前曰："所为立王者，为社稷耶？为王立王耶？"王曰："为社稷。"司马曰："为社稷立王，王何以去社稷而入秦？"齐王还车而反。

【注释】

①雍门司马：齐国都城临淄雍门掌兵之官。雍门，齐国都城门名。司马，武官，位居将军之下。

【译文】

齐王建到秦国去朝见秦王，齐都临淄城门的司马横拦住齐王，对他说："我们是为国家立王，还是为大王您个人立王？"齐王回答说："为国家立王。"司马说："既然是为国家而立王，那么大王您为何抛弃国家而要到秦国去呢？”齐王听后，掉转头，回宫去了。

即墨大夫与雍门司马谏而听之，则以为可与为谋，即入见齐王曰：“齐地方数千里，带甲数百万。夫三晋大夫皆不便秦，而在阿、鄄[①]之间者百数，王收而与之百万之众，使收三晋之故地，即临晋之关[②]可以入矣。鄢、郢大夫不欲为秦，而在城南下者百数，主收而与之百万之师，使收楚故地，即武关[③]可以入矣。如此，则齐威可立，秦国可亡。夫舍南面之称制，乃西面而事秦，为大王不取也。”

【注释】

①阿、鄄（juàn）：阿，在今山东阳谷东五十里。鄄，在今山东鄄城北二十里。

②临晋之关：临晋关，即蒲津关，在今陕西大荔县朝邑西二十里

③武关：在今陕西丹凤东南。

【译文】

即墨大夫听说齐王听从了临淄城门司马官劝谏的事情后，认为可以与齐王共谋，于是进宫拜见齐王，说：“齐国国土方圆数千里，拥有雄兵数十万，赵、魏、韩三国的臣子们都不愿为秦国效力，而在阿城、鄄城两地之间聚集，有数百人。大王如果能把这些人招揽过来，给他们百万雄兵，让他们收复故国的失地，然后可以命他们进攻秦国东边的临晋关。楚国鄢、郢的臣子们不愿意屈身奉秦，在齐国的南城聚集，有数百人。大王如果将他们招揽过来，给他们百万的士兵，让他们收复楚国的失地，然后就可以命他们进攻秦国南边的武关了。这样一来，齐国就可以建立强大的威势，还可以灭掉秦国。大王您舍弃称王的机会，却甘愿听命于秦国，我认为大王这样做实在是太不值得了。”

齐王不听。秦使陈驰[①]诱齐王内之，约与五百里之地。齐王不听即墨大夫而听陈驰，遂入秦，处[②]之共[③]松柏之间，饿而死。先是齐为之歌曰：“松邪！柏邪！住建共者，客[④]耶！”

【注释】

①陈驰：齐国入仕秦国的人。

②处：处置，这里是指软禁。

③共：今河南辉县东北九里。

④客：齐入秦之客，即陈驰。

【译文】

齐王没有听从即墨大夫的意见。秦王派说客陈驰诱使齐王入秦，许诺给他五百里的土地。齐王不采纳即墨大夫的建议，却听从陈驰的诱骗，到了秦国后，秦王把他软禁在边远的共邑，居住在荒僻的松柏之间，最终活活饿死。在这以前，齐国人作了一首歌谣：“松树啊！柏树啊！让齐王死在共邑的，就是那些能言善辩诡诈的说客啊！”

（《齐策六》）

第五章

楚策

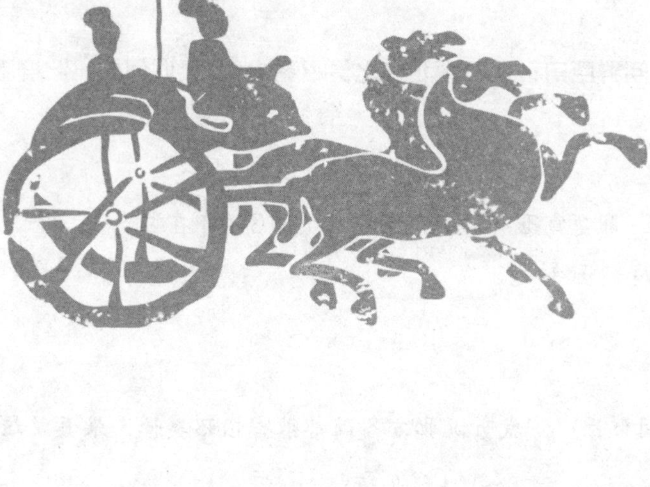

荆宣王问群臣

“狐假虎威”的故事不是表现狐狸的聪明，而在于揭露它的狡猾：狐狸本身并没有什么了不起，不过是借用强大的势力作为自己的靠山来欺骗老虎和其他动物。这则寓言故事告诫世人不要被表面的假象蒙蔽了，要洞穿事物的表象看本质。

春秋战国时期，楚国国君器重昭奚恤，授以兵权，楚国任何事务无论大小都必须经过昭奚恤的批准。昭奚恤手握重权，难免露出骄纵之态，对北方诸国虎视眈眈，因为北方诸国比较忌惮强大的楚国，对待昭奚恤也小心谨慎。

江乙想要动摇昭奚恤的地位，于是通过狐假虎威的寓言故事告诉楚王，昭奚恤并没有什么了不起，北方各国之所以忌惮他，不过是因为他背后有楚王的威势。

荆宣王[①]问群臣曰：“吾闻北方之畏昭奚恤[②]，果诚何如？”群臣莫对。

【注释】

①荆宣王：即楚宣王，公元前369—公元前340年在位。

②昭奚恤：楚国令尹。

【译文】

楚宣王问群臣：“我听说北方各国都很害怕昭奚恤，果真是这样吗？”

群臣无人应答。

江乙[1]对曰："虎求百兽而食之，得狐。狐曰：'子无敢食我也。天帝使我长百兽，今子食我，是逆天帝命也。子以我为不信，吾为子先行，子随我后，观百兽之见我而敢不走[2]乎？'虎以为然，故遂与之行。兽见之皆走。虎不知兽畏己而走也，以为畏狐也。今王之地方五千里，带甲百万，而专属之昭奚恤；故北方之畏奚恤也，其实畏王之甲兵也，犹百兽之畏虎也。"

【注释】

①江乙：魏国人，后在楚国做官。

②走：逃跑。

【译文】

江乙回答说："老虎捕捉各种野兽吃，抓到一只狐狸。狐狸对老虎说：'你才不敢吃我呢。上天派我来统领群兽，现在如果你吃了我，就违背了上天的命令。如果你不相信我的话，我走在前面，你跟在我后面，看看群兽见了我，有敢不逃跑的吗？'老虎觉得狐狸说得很有道理，就和它一起走。果然野兽见了它们，都赶紧逃跑了。老虎不明白野兽是因为害怕自己才逃跑的，还以为它们真的是害怕狐狸。如今大王您的国土方圆五千里，拥有精兵百万，都交由昭奚恤统率；所以，北方各国害怕昭奚恤，其实是害怕大王的军队，这就像野兽害怕老虎一样。"

（《楚策一》）

江乙为魏使于楚

人们因为自身的立场和视角不同，看待事物的结果会有很大的区别。因此，要想思虑周全，做出正确的判断，就得集思广益，听取不同的意见。江乙告诫楚王的就是这个意思，正所谓“兼听则明，偏信则暗”，全面地了解事情的真相才能更好地治理国家。

江乙为魏使于楚，谓楚王曰：“臣入竟[1]，闻楚之俗，不蔽[2]人之善，不言[3]人之恶，诚有之乎？”王曰：“诚有之。”江乙曰：“然则白公之乱[4]得无遂[5]乎？诚如是，臣等之罪免矣。”楚王曰：“何也？”江乙曰：“州侯[6]相楚，贵甚矣而主断[7]，左右皆曰‘无有’，如出一口矣。”

【注释】

①竟：通“境”，境内。

②蔽：掩盖，遮蔽。

③言：此处为动词用法，说，谈论。

④白公之乱：指楚惠王时，白公在楚国杀令尹，劫持楚王，制造的祸乱。白公，即白胜，楚天子建之子。

⑤遂：成功，顺利。

⑥州侯：楚国得宠的大臣，州是他的封邑，地在今湖北洪湖东北。

⑦主断：专断、专制。

【译文】

江乙为魏国出使楚国，他对楚宣王说："我刚进楚国境内，听说楚国有一种风俗，是不掩盖别人的优点，不议论别人的缺点，真有这样的事吗？"楚宣王说："确实有这回事。"江乙说："那么，像白公那样的祸乱怎么能不成功呢？果真是这样，我们的罪过也就能够免除了。"楚王说："为什么？"江乙说："州侯出任楚相的时候，地位尊贵，独断专行，大王您左右的近臣都说他'州侯并没有专权的事'，听起来就像从一个人口嘴里说出来的话一样！"

（《楚策一》）

楚王问于范环

春秋战国时期，各诸侯为了在残酷的斗争中生存下来或者取得优势地位，往往在其他诸侯国中安插或扶植利于自己的力量，并借助这股力量使自己的国获得利益。本篇就是这样一个实例。范环认为甘茂是个贤明且有才干的人，如果支持他让他在秦国得势，担任秦相，就会对楚国不利。所以不如支持公孙郝，因为公孙郝不仅是秦王的亲信，而且是个庸才，不会助秦国强大，也不会威胁到楚国的发展。

楚王[①]问于范环[②]曰："寡人欲置相于秦，孰可？"对曰："臣不足以知之。"王曰："吾相甘茂可乎？"范环对曰："不可。"王曰："何也？"曰："夫史举[③]，上蔡[④]之监门也，大不知事君，小不知处室，以苛廉[⑤]闻于世，甘茂事之顺焉。故惠王之明，武王之察，张仪之好谮[⑥]，甘茂事之，取十官而无罪。茂，诚贤者也，然而不可相秦。秦之有贤相也，非楚国之利也。且王尝用召滑[⑦]于越而纳句章[⑧]，昧[⑨]之难，越乱，故楚南塞瀨胡[⑩]而野江东。计王之功，所以能如此者，越乱而楚治也。今王以用之于越矣，而忘之于秦，臣以为王钜速忘矣。王若欲置相于秦乎？若公孙郝[⑪]者可。夫公孙郝之于秦王，亲也。少与之同衣，长与之同车，被王衣以听事，真大王之相已。王相之，楚国之大利也。"

【注释】

①楚王：即楚怀王。

②范环：楚臣。

③史举：甘茂的老师。

④上蔡：应为下蔡，今安徽凤台。

⑤苛廉：过于廉洁。

⑥谮：进谗言，说人坏话。

⑦召滑：指楚臣召滑。

⑧句章：越国地名，在今浙江余姚东南。

⑨昧：越国地名，今地不详。

⑩濑胡：应作“厉门”，是通往岭南的要道。

⑪公孙郝：秦昭王的亲信大臣。

【译文】

楚怀王问范环说：“我想推荐一个人到秦国担任相国，你看谁可以？”范环回答说：“我对此难以回答。”楚王说：“我推荐甘茂去，你看可以吗？”范环回答说：“不可以。”楚王问：“为什么？”范环回答说：“史举是下蔡看守城门的小吏，性格怪僻，大的方面不懂得治国事君，小的方面不懂得做事治家，但却以对人苛刻著称，唯独甘茂能和他融洽相处。以秦惠王的英明，秦武王的洞察，张仪那样好进谗言，甘茂在他们手下办事，顺利地一连升官十次而未曾获罪，甘茂确实是一个贤能的人。然而您不能派他去担任秦相。因为秦国一旦有贤才担任相国，就会对楚国不利。更何况大王曾用召滑到越国做事，得了越地句章。昧地爆发祸乱，因为越国这场乱事，所以楚国能控制越国南边的厉门并在江东设郡。计算大王的功劳，您之所以能有这样的业绩，是因为越国遭受了内乱，而楚国政治清明的缘故。这种做法，大王曾在越国使用并收到了成效，却忘记在秦国使用，我不理解大王何以遗忘得这么快啊。您若要问推荐谁往秦国担任相国恰当，那么公孙郝就是最适当的人选。公孙郝和秦王是亲戚，小时候和秦王穿一套衣服，长大了和秦王一同乘车，穿着秦王的衣服上朝听政，他可真是大王理想中的秦相啊。大王您推荐他担任秦相，这对楚国大有好处。”

（《楚策一》）

楚襄王为太子之时

楚怀王去世，楚国国内无君，在齐国做人质的太子请求回国继位。齐国乘机要挟，要他用东地五百里作为条件才肯放他回国。太子的师傅慎子权衡利弊，劝说太子暂且答应了齐国的要求。

太子回国继承王位，即楚襄王。齐国派人前来索地，襄王召集群臣问计，子良、昭常、景鲤分别提出："与而复攻之"、"不可与"和向秦国求救三种不同的解决方案。而慎子建议三种方案都采用，三管齐下，终于将一场危机化解，保全了东地。

楚襄王为太子之时，质于齐。怀王薨，太子辞于齐王[①]而归，齐王隘[②]之："予我东地[③]五百里，乃归子。子不予我，不得归。"太子曰："臣有傅，请追[④]而问傅。"傅慎子[⑤]曰："献之地，所以为身也。爱地不送死父，不义。臣故曰献之便。"太子入，致命齐王曰："敬献地五百里。"齐王归楚太子。

【注释】

①齐王：即齐闵王。

②隘：拦阻。

③东地：即东国，楚国淮北靠近齐国的地方。

④追：当做“退”。

⑤傅慎子：太子的老师慎子。

【译文】

楚襄王做太子的时候，被送到齐国做人质。他的父亲楚怀王死后，太子就向齐王请辞，要求回楚国去，齐王不同意，说：“你只有把东地五百里割让给我，我才放你回去。否则，就不可能放你回去。”太子说：“我有位老师，请让我回去跟他商议。”太子的老师慎子说：“为了你自己，你还是答应献出这块地吧。如果你因爱惜这块地而不为父亲送葬，这是不道义的。所以我认为献地对你有利。”太子答复齐王说：“我愿意献出东地五百里。”齐王这才放太子回楚国。

太子归，即位为王。齐使车五十乘，来取东地于楚。楚王告慎子曰：“齐使来求东地，为之奈何？”慎子曰：“王明日朝群臣，皆令献其计。”

【译文】

太子回到楚国，登基称王。齐王派战车五十辆，前来向楚国索取五百里东地，楚王告诉慎子说：“齐国派使臣来索取东地，我们该怎么办？”慎子说：“大王明天召见群臣，让他们都来献计献策吧。”

上柱国子良入见。王曰：“寡人之得求反，王坟墓、复群臣、归社稷也，以东地五百里许齐。齐今使来求地，为之奈何？”子良曰：“王不可不与也。王身出玉声，许强万乘之齐而不与，则不信，后不可以约结诸侯。请与而复攻之。与之信，攻之武，臣故曰与之。”

【译文】

上柱国子良入宫拜见楚王。楚王问："我之所以能到楚国见到先王的坟墓，又能和群臣再次见面，主持国政，是因为我答应将东地五百里割让给齐国。如今齐国派使臣来索地，我该怎么办呢？"子良答道："大王不能不给，您金口玉言，既然亲口答应了强大的齐国却又反悔，就是不讲信用，以后就很难再与其他诸侯打交道了。请先答应给予再攻打。献出东地是守信用，攻打是不示弱。所以我认为应该割地给齐国。"

子良出，昭常入见。王曰："齐使来求东地五百里，为之奈何？"昭常曰："不可与也。万乘者，以地大为万乘。今去东地五百里，是去战国之半也，有万乘之号而无千乘之用也，不可。臣故曰勿与。常请守之。"

【译文】

子良走后，昭常前来拜见楚王。楚王问："齐国派使臣来索要东地五百里，该怎么办？"昭常答道："不能给。楚国号称万乘大国，就是因为国土辽阔。现在如果割东地五百里给齐国，就等于割去了国家的一半，这样一来，楚国就只是徒有万乘的虚名而无其实了，不能这样。所以我说不能给。我愿意坚守东地。"

昭常出，景鲤入见。王曰："齐使来求东地五百里，为之奈何？"景鲤曰："不可与也。虽然，楚不能独守。王身出玉声，许万乘之强齐也。而不与，负不义天下。楚亦不能独守，臣请西索救①于秦。"

【注释】

①索救：求救。

【译文】

昭常出宫后，景鲤拜见楚王。楚王问："齐国派使臣来索要东地五百里，该怎么办才好？"景鲤说："不能给。但是楚国也不能独自防守，大王既然亲口答应强齐，现在又反悔，不想给地，这会在天下诸侯面前违背大义。楚国既然不能独自防守，我愿西行向秦国求救。"

景鲤出，慎子入，王以三大夫计告慎子曰："子良见寡人曰：'不可不与也，与而复攻之。'常见寡人曰：'不可与也，常请守之。'鲤见寡人曰：'不可与也，虽然，楚不能独守也，臣请索救于秦。'寡人谁用于三子之计？"慎子对曰："王皆用之。"王怫然①作色曰："何谓也？"慎子曰："臣请效其说，而王且见其诚然也。王发上柱国子良车五十乘，而北献地五百里于齐。发子良之明日，遣昭常为大司马，令往守东地。遣昭常之明日，遣景鲤车五十乘，西索救于秦。"王曰："善。"乃遣子良北献地于齐。遣子良之明日，立昭常为大司马，使守东地，又遣景鲤西索救于秦。

【注释】

①怫（fú）然：不高兴、愤怒的样子。

【译文】

景鲤出宫后，慎子进去参见楚王。楚王把三位大臣出的主意告诉慎子，说："子良对我说：'不能不给，给了以后再出兵去攻打齐国。'昭常对我说：'不能给，我愿去守卫东地。'景鲤说：'不能给，如果楚国不能独自防守，我愿去向秦国求救。'我不知道他们三个人出的主意，到底用谁的好？"慎子答道："大王全都采用吧。"楚王很不高兴地说："你这是什么意思？"慎子说："大王请听我解释，就会明白确实应该如此。大王您先派上柱国子良带车五十辆，向北前往齐国献东地五百里；子良出发的第二天，大王再任命昭常为大司马，让他去守卫东地；在昭常出发的第二天，大王再派景鲤带车五十辆，往西去向秦国求救。”楚王说：“很好。”于是派子良到齐国献地，第二日，又立昭常为大司马，派他去守卫东地，另外又派景鲤往西向秦求救。

子良至齐，齐使人以甲受东地。昭常应齐使曰：“我典主[①]东地，且与死生。悉五尺至六十[②]，三十余万，弊甲钝兵，愿承下尘。”齐王谓子良曰：“大夫来献地，今常守之，何如？”子良曰：“臣身受命弊邑之王，是常矫[③]也。王攻之。”齐王大兴兵攻东地，伐昭常。未涉疆，秦以五十万临齐右壤。曰：“夫隘楚太子弗出，不仁；又欲夺之东地五百里，不义。其缩甲[④]则可，不然，则愿待战。”

【注释】

①典主：管理、守卫。

②五尺至六十：指老幼都被征发。五尺，代指儿童。六十，代指老人。

③矫：假装，假托。

④缩甲：退兵，收兵。

【译文】

子良到了齐国，齐国派人率领军队前去接收东地。昭常对齐国使臣说：“我是负责防守东地的大司马，要与东地共存亡。我已调动了此地老幼三十多万人参战，虽然我们的铠甲破旧，武器不利，但也愿意奉陪到底。”齐王问子良：“你来献地，昭常却在那里防守，这是怎么回事？”子良说：“我是受敝国君主之命前来献地的，一定是昭常假传王命，大王可以去攻打他。”齐王于是发兵进攻东地，讨伐昭常。齐军还未进入东地边界，秦国已派五十万大军进逼齐国的西境。秦将说：“你们扣押楚太子，不让他回国是不仁，又想抢夺楚国的东地五百里，这是不义。你们退兵也就算了，否则让我们决一死战。”

齐王恐焉，乃请子良南道楚，西使秦，解齐患。士卒不用，东地复全。

【译文】

齐王害怕了，就请子良往南到楚国，往西到秦国，解除齐国的灾难。楚国没有使用一兵一卒就保全了东地。

（《楚策二》）

苏子谓楚王

自古以来，推举贤能都是一件利国利民的好事，但是在权力由统治者个人掌控的封建社会，真正做到任人唯贤并不是一件容易的事情。那些心怀贪念，利用职权牟利的人，担心刚正不阿的人会影响自己的地位和前途，并不愿意举荐他们。苏子对楚王说的这番话，不过是一个美好的愿望而已。

苏子谓楚王曰："仁人之于民也，爱之以心，事之以善言。孝子之于亲也，爱之以心，事之以财。忠臣之于君也，必进贤人以辅之。今王之大臣父兄，好伤贤以为资[①]，厚赋敛诸臣百姓，使王见疾[②]于民，非忠臣也。大臣播王之过于百姓，多赂诸侯以王之地，是故退王之所爱，亦非忠臣也，是以国危。臣愿无听群臣之相恶也，慎[③]大臣父兄，用民之所善，节身之嗜欲，以百姓[④]。

【注释】

①以为资：作为凭借。资，凭借。

②疾：怨恨。

③慎：谨慎。

④以百姓：此处猜测应为"以安百姓"。

【译文】

苏子对楚王说："真正仁爱的君主对百姓，总是真心实意地去爱他们，用善意的言辞为他们办事。真正孝顺的子女对父母，总是用真心敬爱他们，用财物侍奉他们。忠臣对君主，一定推荐贤能的人辅佐他。而如今，大王的大臣父兄们，喜欢中伤贤能之人，并以此作为提高自己的资本，他们对百姓加重赋税，使大王受到百姓的怨恨，这可不是忠臣啊。大臣把大王的过错向百姓散播，又把大王的领土割让给众诸侯，因此也排斥受到大王重视的人，像他们这样的人，也不是忠臣，这是国家的隐患。我希望您不听任群臣的互相攻击，慎用大臣父兄，要多用那些百姓喜欢和亲近的人，节制私欲，以天下百姓为重。

"人臣莫难于无妒而进贤。为主死易，垂沙之事[①]，死者以千数。为主辱易，自令尹以下，事王者以千数。至于无妒而进贤，未见一人也。故明主之察其臣也，必知其无妒而进贤也。贤臣之事其主也，亦必无妒而进贤。夫进贤之难者，贤者用且使己废，贵且使己贱，故人难之[②]。"

【注释】

①垂沙之事：指公元前301年，秦和齐、韩、魏共同伐楚，杀死楚将，占领垂沙的事。垂沙，在今河南唐河西南，位于秦、楚边境。

②难之：以之为难，认为这件事做起来很难。

【译文】

"作为臣子，最难能可贵的是不忌妒而愿意为君王推荐贤才。为君主奉献生命并不难，垂沙之战，牺牲的将士数以千计。为君主忍辱也容易，令尹以下，能为大王效劳的人有几千人。至于能不妒忌而推荐贤才的，没有见到一人。所以贤明的君主考察他的臣子，一定要看他能否不妒忌而举荐贤才。贤臣为他的君主效劳，一定要做到不妒忌而能推荐贤才。为君主推荐贤才之所以难以做到，就是因为贤才受重用会使自己不那么重要，贤才受尊崇会使自己的地位降低，所以人们难以这样做。”

（《楚策三》）

五国伐秦

公元前318年，楚、赵、魏、韩、燕五国联合攻打秦国，但形势非常不利，魏、楚两国想暗地里结交秦国，求得自保，从中抽身。于是魏国派遣大臣惠施出使楚国，商议这件事。楚国的谋臣杜赫向昭阳君进谏，提出最好拒绝惠施的提议，然后私下里单独去找秦国谈判，先于魏国一步与秦国搞好关系。杜赫的这个计策非常巧妙，它让本来处于被动和不利情况下的楚国，争取到主动权，摆脱了孤立无援的困境。

五国伐秦①，魏欲和，使惠施②之楚。楚将入之秦③而使行和。

【注释】

①五国伐秦：指公元前318年，三晋与楚、燕共五个诸侯国联合攻打秦国。

②惠施：当时为魏相。

③入之秦：使之入秦，派他去秦国。

【译文】

楚、赵、魏、韩、燕五国联合伐秦不利，魏国想媾和，派惠施到楚国商议此事。楚国准备把惠施送到秦国去讲和。

杜赫[1]谓昭阳曰："凡为伐秦者楚也。今施以魏来，而公入之秦，是明楚之伐[2]而信魏之和[3]也。公不如无听惠施，而阴使人以讲德秦。"昭子曰："善。"因谓惠施曰："凡为攻秦者魏也，今子从楚为和，楚得其利，魏受其怨。子归，吾将使人因魏而和。"

【注释】

①杜赫：楚臣，游说之士。

②明楚之伐：明白楚国主战。

③信魏之和：相信魏国主和。

【译文】

杜赫对昭阳君说："这次五国攻打秦国，楚国是主谋。现在惠施奉魏王之命前来，如果你把他送到秦国，正好说明楚国主张攻秦而让秦相信魏国是主张讲和的。您不要听从惠施的建议，而暗中派人偷偷和秦国和谈。"昭阳说："这个主意不错。"于是对惠施说："主张攻秦的是魏国，如今你跟在楚国后面讲和，楚国得利，魏国会受到秦国怨恨。你还是先回去，我将派人联系魏国，让魏国主持和议。"

惠子反，魏王[1]不说。杜赫谓昭阳曰："魏为子先战，折[2]兵之半，谒病[3]不听，请和不得，魏折而入齐、秦，子何以救之？东有越累[4]，北无晋[5]，而交未定于齐、秦，是楚孤也，不如速和。"昭子曰："善。"因令人谒和于魏。

【注释】

①魏王：指魏襄王。

②折：折损。

③病：这里是指军队陷入困境的意思。

④累：拖累，麻烦。

⑤北无晋：此晋指魏。

【译文】

惠施返回魏国，魏襄王很不高兴。杜赫对昭阳说："魏国听了楚国的意见冲在前面，兵力损失了一半，现在告诉你处境艰难，前来求助不得，求和又不成功，如果魏国转而倒向齐国和秦国，那么你用什么办法来挽救呢？当下，越人在楚国东边制造麻烦，北边又失去魏国这个盟国，和齐、秦的邦交也不稳定，楚将受到孤立，不如赶快议和。"昭阳说："好。"于是派人告诉魏国，愿意与秦国讲和。

（《楚策三》）

魏王遗楚王美人

郑袖是楚王最宠爱的妃子，她看见魏国新进贡来的美人非常漂亮，心里很嫉妒，于是就想用计谋迫害她。

郑袖虽然外貌美丽，然而内心歹毒如蛇蝎。对新进宫的美人，她假装与其交好，对其关心备至。在骗取了美人的信任之后，郑袖背地里又去楚王面前说美人的坏话，使楚王厌弃她。如此两面三刀，心机深沉的美女，就是后世所说的“蛇蝎美人”吧。

魏王①遗楚王美人，楚王②说③之。夫人郑袖知王之说新人也，甚爱新人。衣服玩好，择其所喜而为之；宫室卧具，择其所善而为之。爱之甚于王。王曰：“妇人所以事夫者，色也；而妒者，其情也。今郑袖④知寡人之说新人也，其爱之甚于寡人，此孝子之所以事亲，忠臣之所以事君也。”

【注释】

①魏王：不确切指谁，一说为魏襄王，一说为魏哀王。

②楚王：即楚怀王，公元前328—公元前299年在位。

③说：同“悦”，高兴。

④郑袖：楚怀王夫人。

【译文】

魏王给楚王送来一位美人，楚王很喜欢她。他的夫人郑袖听说楚王非常宠爱这位美人后，也装作非常喜欢这位美人。一切服饰珍玩，都挑美人喜欢的给她送去；住室和卧具，也都按美人的喜好来置办。表面看来，郑袖喜欢这位美人比楚王还多些。楚王称赞她说："女人都是用美丽的容颜来侍奉、取悦丈夫，而有妒忌心也是人之常情。但如今郑袖明知我喜欢新来的美人，她不但不嫉妒，怜爱的程度居然胜过我，这简直像孝子侍奉父母、忠臣侍奉君主一样啊！"

郑袖知王以己为不妒也，因谓新人曰："王爱子美矣。虽然，恶[①]子之鼻。子为见王，则必掩[②]子鼻。"新人见王，因掩其鼻。王谓郑袖曰："夫新人见寡人，则掩其鼻，何也？"郑袖曰："妾知也。"王曰："虽恶必言之。"郑袖曰："其似恶闻君王之臭[③]也。"王曰："悍哉！"令劓[④]之，无使逆命。

【注释】

①恶：厌恶。

②掩：遮掩。

③臭：气味。

④劓（yì）：割去鼻子。

【译文】

郑袖察觉楚王认为自己没有嫉妒心了，就对新来的美人说："大王喜欢你的美貌，可是却不喜欢你的鼻子。你如果再见大王，务必要捂住你的鼻子。"新来的美人再见楚王的时候，果真捂住了自己的鼻子。楚王问郑袖："新来的美人每次见到我，都捂着她的鼻子，不知是什么缘故？"郑袖说：

“我知道原因。”楚王说：“即使是很难听的话，你也务必告诉我。”郑袖说：“她好像是讨厌闻到大王身上的味道吧。”楚王听说，非常生气：“太大胆了！”于是下令割掉美人的鼻子，不得违抗。

（《楚策四》）

庄辛谓楚襄王

楚襄王时期，楚国的辉煌不再，国家连续遭受磨难，百姓苦不堪言。庄辛站出来，指责楚襄王说，问题的根源在楚襄王罔顾朝纲，生活淫靡，远贤臣、近奸佞，以致招来秦军的进犯，使国家陷于困境。庄辛的劝谏，旁征博引，用小事作引子，由小及大，层层递进，有理有据，最终说服了楚襄王。自此，楚襄王从一个昏君，变成一个及时挽救大局，重振国威，抗衡于秦国的明君。

庄辛①谓楚襄王曰："……王独不见夫蜻蛉②乎？六足四翼，飞翔乎天地之间，俯啄蚊虻而食之，仰承甘露而饮之，自以为无患，与人无争也。不知夫五尺童子，方将调饴胶丝，加己乎四仞③之上，而下为蝼蚁食也。"

【注释】

①庄辛：楚庄王的后代。

②蜻蛉（qīnglíng）：即蜻蜓。

③仞：长度单位，八尺为一仞。

【译文】

庄辛对楚襄王说："……大王难道没有见过蜻蜓吗？它有六只脚，两对翅膀，在天地之间飞翔，俯身捕食蚊虻，抬头吸吮甘露，自认为没有什么祸患，和人也没有争端。它哪里知道，五尺来高的小孩子，正用涂满糖浆的丝网，要把它从两三丈高的地方粘下来，丢给蝼蛄和蚂蚁吃啊。”

“蜻蛉其小者也，黄雀因是以。俯噣[①]白粒[②]，仰栖茂树，鼓翅奋翼，自以为无患，与人无争也。不知夫公子王孙，左挟弹[③]，右摄丸，将加己乎十仞之上，以其颈为招。昼游乎茂树，夕调乎酸咸，倏忽之间[④]，坠于公子之手。”

【注释】

①噣：同“啄”。

②白粒：米粒。

③弹：这里是名词用法，弹弓。

④倏忽：顷刻。

【译文】

“蜻蜓是小的动物，但黄雀也是这样啊。它也是俯身啄食白米粒，仰头飞到茂密的树丛中栖息，张开翅膀，奋力飞翔，自以为没有祸患，跟人也没有争端。它哪里知道，那些王孙公子左手拿着弹弓，右手捏着弹丸，准备从七八丈的高空把它打下来，正拿它的脖子做箭靶子。它白天还在茂密的树间嬉戏，晚上已被撒上作料，做成菜肴，不过是一转眼的工夫，就死在那些王孙公子的手里了。”

“夫黄雀其小者也，黄鹄[①]因是以。游于江海，淹乎大沼，俯噣鳝鲤，仰啮菱衡[②]，奋其六翮[③]而凌清风，飘摇乎高翔，自以为无患，与人无争也。不知夫射者，方将修其碆卢[④]，治其矰缴[⑤]，将加己乎百仞之上。被礛磻[⑥]，引[⑦]微缴，折清风而抎[⑧]矣。故昼游乎江河，夕调乎鼎鼐[⑨]。”

【注释】

①黄鹄(hú)：天鹅。

②衡：同“荇(xìng)”，水草。

③翮(hé)：鸟翅上的长羽毛。

④碆(bō)卢：弓箭。碆，石制的箭头。卢，黑色的弓。

⑤矰缴(zēngzhuó)：系在箭尾的细绳，方便收回箭。

⑥礛磻(jiānbō)：锐利的箭。

⑦引：拖着。

⑧抎：同“陨”，陨落。

⑨鼐(nài)：大鼎，古代用来烧煮食物的一种炊具。

【译文】

“黄雀还算是小的，天鹅也差不多。它在江河湖海中遨游，在湖泊沼泽里栖息，低头捕食鱼类，仰头嚼着菱角和荇菜，奋翅振羽，乘着清风在高空中飞翔，也是自以为不会有祸患，和人也没有争端。它哪里知道猎人正在修理弓箭，系好拴箭的丝绳，要从七八十丈的高空把它射杀下来。它中了箭，拖着细细的丝绳，逆风一头从高空中栽落下来。它白天还在江河中嬉戏，晚上就已被煮在鼎里。”

“夫黄鹄其小者也，蔡圣侯①之事因是以。南游乎高陂②，北陵③乎巫山④，饮茹溪⑤之流，食湘波⑥之鱼，左抱幼妾，右拥嬖女，与之驰骋乎高蔡⑦之中，而不以国家为事。不知夫子发⑧方受命乎宣王⑨，系己以朱丝而见之⑩也。”

【注释】

①蔡圣侯：蔡国末代君主。

②陂：同“坡”。

③陵：攀登。

④巫山：山名，在今重庆巫山东。

⑤茹溪：水名，巫山中的溪流。

⑥湘波：即湘水，发源于广西，流经湖南，最后注入洞庭湖。

⑦高蔡：在今河南上蔡。

⑧子发：楚国将领。

⑨宣王：指楚宣王，公元前369—公元前340年在位。

⑩见之：使之见。之，指蔡圣侯。

【译文】

“天鹅还算是小的，而蔡圣侯也是这样啊。他往南游高陂，往北攀登巫山，饮马茹溪，食鱼湘江，左手抱着年轻的妃子，右手搂着宠爱的美人，和她们一起驾着车在高蔡一带游乐，不把国事放在心上。他哪里知道，楚国的大将子发已经接受楚宣王的命令，正要用红绳子绑他去见楚宣王了。”

“蔡圣侯之事其小者也，君王之事因是以。左州侯，右夏侯，辇从鄢陵君与寿陵君[①]，饭封禄之粟，而载方府[②]之金，与之驰骋乎云梦之中，而不以天下国家为事。不知夫穰侯方受命乎秦王[③]，填黾塞[④]之内，而投己乎黾塞之外。”

【注释】

①州侯、夏侯、鄢陵君、寿陵君：均为楚襄王的宠臣。

②方府：楚国收藏宝物的地方。

③秦王：指秦昭王。

④黾塞：即平靖关，在今河南信阳东南。

【译文】

“蔡圣侯的事还算是小的，大王的事也是这样啊。大王的左边有州侯，右边有夏侯，车后跟着鄢陵君和寿陵君，吃的是封地的粮食，车上载着的是国库里的银子，和他们一起驾车在云梦之地游猎玩乐，不把国事放在心上。大王哪里知道，穰侯此刻正奉秦王的命令，准备夺取楚国黾塞以南的地方，而要把大王赶到黾塞以北去啊。”

襄王闻之，颜色变作，身体战栗。于是乃以执圭而授之，封之为阳陵君，与[①]淮北之地也。

【注释】

①与：通“举”，攻取。

【译文】

楚襄王听了这番话，脸色大变，害怕得身体发抖。于是把执圭的爵位授给庄辛，并封他为阳陵君，将淮河以北的地方交给他管理。

（《楚策四》）

有献不死之药于荆王者

世上本没有不死之药，有的只是相信可以不死的人。君王权倾朝野，难免眷恋帝王的富贵荣华，所以不惜花费巨大的人力、物力寻找长生的秘诀。中射之士为了证明世界上并没有什么不死之药，就把药抢过来自己吃了，并且诡辩说，楚王若是杀了他，不死之药就变成了必死之药。楚王无奈，只好放了他。中射之士钻的是语言的空子，不但向楚王点明了求仙无益，金丹的虚妄，还为自己挽回了一条命。

有献不死之药于荆王者，谒者操以入。中射之士问曰："可食乎？"曰："可。"因夺而食之。王怒，使人杀中射之士。

【译文】

有人向楚王进献长生不死的仙药，传达官拿着它进入宫中。中射之士问道："这药可以吃吗？"传达官回答说："可以。"于是，中射之士把药抢过来吃了。楚王很生气，命人去杀了中射之士。

中射之士使人说王曰："臣问谒者，谒者曰可食，臣故食之，是臣无罪，而罪在谒者也。且客献不死之药，臣食之而王杀臣，是死药也。王杀无罪之臣，而明人之欺王。”王乃不杀。

【译文】

中射之士托人对楚王说：“我问过传达官，传达官说可以吃，我才把仙药吃掉的，可见我并没有过错，犯错的应该是传达官。更何况来人进献的是不死的仙药，我吃了，大王将我杀掉，那不是说明这个药并不能使人永生不死吗？大王杀掉无罪的我，不是证明大王被人蒙蔽了吗？”楚王便没有杀他。

（《楚策四》）

天下合从

这个故事发生在五国合纵攻打秦国之时。当时，秦国独大，眼看着其他各国就要一个个被秦蚕食殆尽。各国为求生存，只能联合起来对抗强秦。

本文中出现的春申君，正是楚国的令尹，名动天下的战国四公子之一。他主张让临武君统帅各国的军队。此举遭到了赵国使者魏加的反对，因为武临君曾经是秦的手下败将，恐怕不能担此重任。然而春申君一意孤行，还是按照自己的意愿去做了，结果这场轰轰烈烈的伐秦之战最终以失败告终，楚国也因此陷入更加被动的境地。

天下合从。赵使魏加①见楚春申君②曰："君有将乎？"曰："有矣，仆欲将临武君③。"魏加曰："臣少之时好射，臣愿以射譬之，可乎？"春申君曰："可。"

【注释】

①魏加：赵国大臣。

②春申君：黄歇的封号。他是楚考烈王的相，被封在吴（今江苏苏州）。

③临武君：赵国将领庞煖（xuān）。

【译文】

天下各国合纵攻秦。赵国派使臣魏加去见楚国的春申君，问他："您决定用谁做将领了吗？"春申君回答说："已经有了人选了。我想用临武君做将领。"魏加说："我年轻的时候喜欢射箭，我希望用射箭来比喻，可以吗？"春申君说："可以。"

加曰："异日者，更羸①与魏王处京台之下，仰见飞鸟。更羸谓魏王曰：'臣为王引弓虚发而下鸟②。'魏王曰：'然则射可至此乎？'更羸曰：'可。'有间，雁从东方来，更羸以虚发而下之。魏王曰：'然则射③可至此乎？'更羸曰：'此孽④也。'王曰：'先生何以知之？'对曰：'其飞徐而鸣悲。飞徐者，故疮⑤痛也；鸣悲者，久失群也。故疮未息而惊心未忘也。闻弦音，引而高飞，故疮裂而陨也。'今临武君尝为秦孽，不可为拒秦之将也。"

【注释】

①更羸(léi)：假托的人名，善射箭。

②下鸟：使鸟掉下来。

③射：射击的技巧。

④孽：病，这里指有隐伤。

⑤故疮：原来的伤口。疮，同"创"，创伤，创口。

【译文】

魏加说："某一天，更羸和魏王一起站在京台的下面，抬头看见飞鸟，更羸对魏王说：'我愿为大王拉满空弓，假装射箭，就把天上的鸟儿吓得自己掉下来。'魏王说：'射箭的技巧竟然可以达到如此出神入化的地步吗？'更羸说：'可以。'不久，一只雁从东边飞来，更羸拉弓虚弹了一下就使它吓得掉了下来。魏王问：‘射箭的技巧真的可以达到如此神妙的程度吗？’更羸答道：‘这是因为它本来就受伤了。’魏王问：‘你是怎么知道的？’更羸答道：‘因为它飞得很慢，叫声又非常悲哀。飞得慢，是因为它的旧伤疼痛；叫声悲哀，是因为它离群已久，旧伤未愈，而心中的惊恐之意难以忘怀。听到弓弦的声音就奋力高飞，使得旧伤迸裂，就掉了下来。如今的临武君，曾被秦军打败过，恐怕会成为“惊弓之鸟”，不能胜任抗秦的统帅啊！”

（《楚策四》）

汗明见春申君

这个故事旨在说明一个道理，那就是“世间千里马常有，而伯乐不常有。”汗明在和春申君的交谈中，描述老骥伏枥的悲惨状况，阐述纵使是千里马，没被伯乐发现也是枉然，满腔悲愤无以宣泄；但是如果老骥遇到了伯乐，就能尽其用，声可达九天。汗明借此意在向春申君暗示，自己空有才干，无人赏识，希望能遇到一个欣赏自己才能的伯乐，为他献计献策。

汗明①见春申君，候问三月，而后得见。谈卒，春申君大说之。汗明欲复谈，春申君曰：“仆已知先生，先生大息②矣。”汗明憱③焉曰：“明愿有问于君而恐固。不审君之圣，孰与尧也？”春申君曰：“先生过矣，臣何足以当尧！”汗明曰：“然则君料臣孰与舜？”春申君曰：“先生即舜也。”汗明曰：“不然。臣请为君终言之。君之贤实不如尧，臣之能不及舜。夫以贤舜事圣尧，三年而后乃相知也。今君一时而知臣，是君圣于尧而臣贤于舜也。”春申君曰：“善。”召门吏为汗先生著客籍，五日一见。

【注释】

①汗明：身世、事迹不详。

②大息：休息。

③憱（cù）焉：不安的样子。憱，同“蹴”。

【译文】

汗明求见春申君，等候了整整三个月才终于得以接见。交谈结束，春申君非常高兴。汗明想继续再谈，春申君说：“我已经了解先生了，请您先休息吧。”汗明不安地说：“我有一个问题想问您，又怕问得太浅陋了。不知道您与尧相比，谁更加圣明呢？”春申君说：“先生说得过分了，我哪里比得上尧呢？”汗明说：“那您看我和舜相比怎么样？”春申君说：“先生就是舜那样的人才啊。”汗明说：“不是这样的。请让我把话说完吧。您的圣明的确比不上尧，而我的才能也比不上舜。即使贤能的舜在圣明的尧手下做事，整整三年以后，尧才了解舜。如今您才见了我一会儿，就说了解我了，看来是您比尧更圣明而我比舜更贤能了。”春申君说：“你说的有道理。”于是就叫手下的办事人员把汗明的名字登记在宾客名册上，每五天接见他一次。

汗明曰：“君亦闻骥[①]乎？夫骥之齿至矣，服[②]盐车而上太行[③]。蹄申[④]膝折，尾湛[⑤]胕[⑥]溃，漉汁[⑦]洒地，白汗交流，中坂迁延，负辕不能上。伯乐遭之，下车攀而哭之，解纻衣[⑧]以幂[⑨]之。骥于是俯而喷，仰而鸣，声达于天，若出金石声者，何也？彼见伯乐之知己也。今仆之不肖，厄于州部，堀[⑩]穴穷巷，沈洿[⑪]鄙俗之日久矣，君独无意湔[⑫]拔仆也，使得为君高鸣屈于梁乎？”

【注释】

①骥：千里马。

②服：驾驶。

③太行：山名，绵延于山西、河北两省。

④申：同“伸”，伸展。

⑤湛（chén）：同“沉”，下垂。

⑥胕：同“肤”，这里指脚掌。

⑦漉汁：渗出的汁液。

⑧纻(zhù)衣：麻布衣服。

⑨幂(mì)：覆盖。

⑩堀：通“窟”，土屋。

⑪沈洿：同“沈污”，埋没。

⑫湔(jiān)：洗涤。

【译文】

汗明对春申君说：“你以前听过千里马的故事吗？千里马老了，主人依然驱使它驾着盐车，翻越太行山路。它伸着马蹄，腿深深地弯下，尾巴下垂，皮肤溃烂，口水流得满地都是，汗流浃背，在半山坡上艰难地挣扎，驾着车辕，怎么也爬不上去。这时，伯乐遇见了它，就下车抚着它痛哭，解下自己的麻布衣衫盖在它的身上。那匹千里马于是低头喷气，然后昂首嘶鸣，声音响彻高空，那声音就像是从钟磬等乐器里发出来的，为什么会有这样的变化呢？那是因为它看到伯乐了解自己啊。如今我这个不成器的人，在地方上受着压抑，住在简陋的土屋中，埋没在污浊鄙俗的环境中已经很久了，您难道不想为我涤除污秽，让我也能在山梁上高声吐露心里的郁闷吗？”

（《楚策四》）

楚考烈王无子

李园是一个非常有计谋，也非常有野心的人。他想把自己的妹妹献给楚王，又担心妹妹生不了孩子而不受宠爱。于是他设计接近楚王的近臣春申君，后又将自己的妹妹献给他，进一步取得信任。当其妹怀孕后，他又怂恿春申君，由春申君将其已有身孕的妹转献楚王，生一子。后楚考烈王立这个孩子为太子，而李园的妹妹也因此得以成为王后。楚考烈王死后，这个孩子登基为王。李园怕春申君泄漏实情，于是设计杀害了知情的春申君及其全家，楚国大权落入李园的手中。

由此可以看出，宫廷斗争是如此的尖锐和残酷，亲如枕边人，也可能有一天会成为日后杀害自己的刽子手。而春申君轻信了宠妾的话，给自己，以及家人招致了杀身之祸，成为野心家李园夺权的牺牲品。

楚考烈王①无子，春申君患之，求妇人宜子②者进之，甚众，卒无子。

【注释】

①楚考烈王：楚襄王之子，公元前262—公元前238年在位。

②子：动词，生子。

【译文】

楚考烈王没有儿子，春申君很担心这件事，于是到处找寻能生育的妇女献给楚王，人数很多，但还是没有孩子。

赵人李园，持其女弟[①]欲进之楚王，闻其不宜子，恐又无宠。李园求事春申君为舍人。已而谒归[②]，故失期。还谒，春申君问状。对曰："齐王遣使求臣女弟，与其使者饮，故失期。"春申君曰："聘入乎？"对曰："未也。"春申君曰："可得见乎？"曰："可。"于是园乃进其女弟，即幸于春申君。

【注释】

①女弟：妹妹。

②谒归：请假回家。

【译文】

赵国人李园，带着他的妹妹来到楚国，准备把她献给楚王。但听说楚王一直没有孩子，所以担心自己的妹妹进宫后也因为不能怀孕而不得楚王宠爱。李园求见春申君，说想做他的侍从。春申君答应了他。没过多久，李园就找借口请假回家，而且故意超过期限不返回。所以当他回来拜见的时候，春申君就问他的情况。李园回答说："齐王派使臣来说媒，想要聘娶我的妹妹，我和使者一起喝酒，所以耽误了返回的行程。"春申君就问他："那你接受聘礼了吗？"李园回答说："还没接受。"于是春申君请求："可以让我见一见你的妹妹吗？"李园回答说："可以。"就带着他的妹妹来见春申君，并把她送给了春申君。李园的妹妹随即受到了春申君的宠爱。

知其有身，园乃与女弟谋。园女弟承[①]间说春申君曰："楚王之贵幸君，虽兄弟不如。今君相楚王二十余年，而王无子，即百岁后，将更立兄弟。即楚王更立，彼亦各贵其故所亲，君又安得长有宠乎！非徒然也，君用事久，多失礼于王兄弟。兄弟诚立，祸且及身，奈何以保相印、江东之封②乎？今妾自知有身矣，而人莫知。妾之幸君未久，诚以君之重而进妾于楚王，王必幸妾。妾赖天而有男，则是君之子为王也，楚国封尽可得，孰与其临不测之罪乎？”春申君大然③之，乃出园女弟，谨舍而言之楚王。楚王召入，幸之。遂生子男，立为太子④，以李园女弟立为王后。楚王贵李园，李园用事。

【注释】

①承：同“乘”。

②江东之封：春申君初封淮北十二县，后徙封吴（今江苏苏州）。

③然：动词，认为对。

④太子：即楚幽王。

【译文】

李园得知妹妹怀孕了，就和她一起谋划。李园的妹妹找机会对春申君说：“楚王对您的重用，那是连亲兄弟都比不上啊。如今您辅佐楚王将近二十多年，但楚王始终没有儿子，他去世后，就会另立他的兄弟做国君。新君即位，也只会提拔他们原先的亲信，你又如何能长期得宠呢？不仅如此，您掌权的时间太长，肯定有很多得罪楚王兄弟的地方。如果楚王的兄弟真的继位做了国君，那么您就大祸临头了，又如何保住您的相印和江东的封地呢？现在我知道自己已经怀了您的骨肉，但别人还都不知道。我侍奉您的时间不长，愿意以您为重，希望您把我献给楚王，楚王一定会宠幸于我。我如果得到上天保佑生个男孩，那么您的儿子就会成为未来的楚王，楚国全境都是您的，这不比您面临不测之罪强吗？”春申君认为她说得很有道理，就把李园的妹妹迁到府外，另行安置后进献给楚王。楚王召她进宫，很宠幸她。后来她生了个男孩，被立为太子，李园的妹妹被封为王后。楚王也因此重用李园，李园执掌了楚国大权。

李园既入其女弟为王后，子为太子。恐春申君语泄而益骄，阴养死士，欲杀春申君以灭口，而国人颇有知之者。

【译文】

李园设法让自己的妹妹进宫当了王后，让她的儿子成了太子，他担心春申君口风不紧而越来越恃宠而骄，于是暗中蓄养刺客，计划杀死春申君灭口。而当时楚国国都中有些人已经知道了这件事。

春申君相楚二十五年，……楚考烈王崩，李园果先入，置死士，止于棘门①之内。春申君后入，止棘门，园死士夹刺春申君，斩其头，投之棘门外。于是使吏尽灭春申君之家。而李园女弟初幸春申君有身，而入之王所生子者，遂立为楚幽王②也。

【注释】

①棘门：宫门名。

②楚幽王：公元前237—公元前228年在位。

【译文】

春申君担任楚相的第二十五年，……楚考烈王驾崩，李园抢先一步进宫，安排刺客埋伏在宫门里面。春申君随后进宫，刚进宫门，李园安排的刺客就从两旁冲出，把春申君刺死在地，并割下他的头，扔在宫门外边。接着李园又派人把春申君全家赶尽杀绝。李园的妹妹当初与春申君同居怀孕，进宫后生下的那个男孩，后来被立为楚王，就是楚幽王。

（《楚策四》）

虞卿谓春申君

虞卿是春秋战国时期一位非常出色的外交家。在赵国遭受燕国进攻之际，他临危受命，用自己的巧言辞令，成功说服了楚国的权臣春申君出兵助赵攻燕，为赵国争取到了军事援助。楚国助赵的途中需要经过魏国，虞卿又赶往魏国，说服魏国借道。仅凭一张嘴，虞卿就出色地完成了使命。

虞卿[①]谓春申君曰："臣闻之《春秋》，于安思危，危则虑安。今楚王之春秋高[②]矣，而君之封地不可不早定也。为主君虑封者，莫如远楚。秦孝公封商君，孝公死，而后不免杀之。秦惠王封冉子[③]，惠王死，而后王夺之。公孙鞅，功臣也；冉子，亲姻也，然而不免夺死者，封近故也。太公望[④]封于齐，邵公奭封于燕，为其远王室矣。今燕之罪大而赵怒深，故君不如北兵以德赵，践[⑤]乱燕以定身封，此百代之一时也。"

【注释】

①虞卿：赵国上卿，封于虞地，所以号称虞卿。

②春秋高：指年龄大。

③冉子：穰侯魏冉，昭王母宣太后的弟弟。

④太公望：即吕尚。

⑤践：通"翦"，翦灭，讨伐。

【译文】

虞卿对春申君说："我听《春秋》上说，安逸之时要想到危难，危难之时要考虑转危为安。现在楚王年事已高，而您的封地，可不能不早日定下来啊。我为您考虑封地，最好选在离楚国远一点的地方。秦孝公把商鞅封在商邑，孝公一死，商鞅最终不可避免地遭受被杀的命运。秦惠王封魏冉，等惠王死后，继任的君主就把他的封邑夺去。商鞅是秦国的功臣，魏冉是秦王的姻亲，但他们都不免遭杀身夺地之难，就是因为封地太近的缘故。太公望封在齐国，邵公希望自己的封地在燕国，都远离王室。如今燕国犯了大罪，而赵国对它非常愤恨，所以你不如引兵北上，对赵国表示友好，讨伐无道的燕国以巩固自己的封地，这是百年难逢的机会啊。"

君曰："所道攻燕，非齐则魏。魏、齐新怨楚，楚虽欲攻燕，将何道哉？"对曰："请令魏王可。"君曰："何如？"对曰："臣请到魏，而使所以信之。"

【译文】

春申君说："进攻燕国所要经过的道路，不在齐国就得在魏国。魏国和齐国近来和楚国结怨，楚国大军即便要攻打燕国，将从哪条路线经过呢？"虞卿回答说："请让魏王同意借道。"春申君问："那该怎么办？"虞卿回答说："我愿前往魏国，并顺便向他们说明借道的道理。"

乃谓魏王曰："夫楚亦强大矣，天下无敌，乃且攻燕。"魏王曰："乡[①]也，子云天下无敌；今也，子云乃且攻燕者，何也？"对曰："今为马[②]多力则有矣，若曰胜千钧则不然者，何也？夫千钧[③]非马之任也。今谓楚强大则有矣，若越赵、魏而斗兵于燕，则岂楚之任也哉！非楚之任而楚为之，是敝楚也。敝楚是强魏也，其于王孰便也？”

【注释】

①乡：通“向”，先前。

②为马：即“谓马”。“为”通“谓”。

③钧：三十斤。

【译文】

虞卿对魏王说：“楚国也算是一个强大的国家，号称天下无敌，正打算攻打燕国。”魏王说：“先前你说楚国天下无敌，如今你又说它将要攻打燕国，这是什么意思？”虞卿回答说：“如果说马的力量大，这是有的，但若说它能负载千钧的重量则是不可能的，为什么？因为千钧的重量不是马能承受得了的。现在我说楚国很强大是事实，要但若说它能越过赵、魏和燕国作战，那就不是楚国所能胜任的了。楚国不能胜任，却偏偏要去攻打燕国，这是在使楚国疲弊啊。使楚国疲弊是增强了魏国的力量，这不正好对大王有利吗？”

（《楚策四》）

第六章

赵策

知伯帅赵、韩、魏而伐范、中行氏

晋阳之围持续了整整三年，而在此困顿疲惫之际，聪明的谋臣张孟谈前往敌军的军营，动之以情，晓之以理，最终取得韩、魏两国君主的信任，与其谋划，共同击垮了残暴的知伯，解救了困境中的晋阳城。

在敌我力量悬殊的情况下，团结一切可以团结的力量，共同对付外敌，这是生死存亡的关键所在。而张孟谈，也正是看出了韩、魏两国的弱点，才能说服其与赵国联手，干掉强敌，求得生存发展。

赵襄子①召张孟谈②而告之曰："夫知伯③之为人，阳亲而阴疏④，三使韩、魏而寡人弗与焉，其移兵寡人必矣。今吾安居而可？"张孟谈曰："夫董阏于⑤，简主⑥之才臣也，世治晋阳⑦，而尹铎⑧循之，其余政教犹存，君其定居晋阳。"君曰："诺。"……

【注释】

①赵襄子：战国初人，晋国六卿之一。

②张孟谈：赵襄子的谋臣。

③知伯：名瑶，晋国六卿之一。公元前458年，他联合韩、赵、魏三国灭掉范氏、中行氏。

④阳亲而阴疏：表面上亲近，暗地里疏远。

⑤董阏于：晋卿赵鞅的家臣。

⑥简主：即赵简子，赵鞅，春秋末期晋国大夫，他奠定了建立赵国的基础。

⑦晋阳：在今山西太原南。

⑧尹铎（duó）：晋卿赵鞅的家臣。

【译文】

赵襄子召见张孟谈，告诉他说："知伯这个人，表面对你很友好，暗中却和你保持着距离，他屡次派人和韩、魏两国联系，偏偏避开我们，看来他一定是准备调兵攻打我们。那么您觉得我们现在在哪里驻守为好？"张孟谈说："那董阏于是先君简主的得力之臣，世代治理晋阳，后来由尹铎继任，他们的影响至今还保留着，我觉得您就驻守在晋阳吧。"赵襄子说："好。"……

三国之兵乘晋阳城，遂战。三月不能拔，因舒军而围之，决晋水[①]而灌之。围晋阳三年，城中巢居而处，悬釜而炊，财食将尽，士卒病羸。襄子谓张孟谈曰："粮食匮，财力尽，士大夫病，吾不能守矣，欲以城下，何如？"张孟谈曰："臣闻之，亡不能存，危不能安，则无为贵知士也。君释此计，勿复言也。臣请见韩、魏之君。"襄子曰："诺。"

【注释】

①晋水：今名晋河，在晋阳附近，东北注入汾河。

【译文】

赵、韩、魏三个国家的兵力都调集到晋阳，战斗就打响了。连续打了三个月，没有攻下，于是他们就散开军队把晋阳城包围起来，并掘晋水淹城。晋阳被三国的军队围困了三年，城中的人被逼得在高处搭建棚架栖身，吊起锅煮饭，吃的和用的都快没了，士兵们疲惫不堪。赵襄子对张孟谈说："眼下粮食快吃完了，钱财也快用尽了，臣民疲弊，我守不住了，想开城投降，你觉得怎么样？”张孟谈说：“我听说，国家将亡而不能使它保存，局势危急而不能使它安定，那么国家就用不着重视我们这些谋士了。请您打消这个念头，别再说了。我请求去拜见韩、魏两国的君主。”赵襄子说：“好。”

张孟谈于是阴见韩、魏之君曰：“臣闻唇亡则齿寒，今知伯帅二国之君伐赵，赵将亡矣，亡则二君为之次矣。”二君曰：“我知其然。夫知伯为人也，粗中而少亲，我谋未遂而知，则其祸必至，为之奈何？”张孟谈曰：“谋出二君之口，入臣之耳，人莫之知也。”二君即与张孟谈阴约三军，与之期日，夜遣入晋阳。张孟谈以报襄子，襄子再拜之。

【译文】

张孟谈于是秘密会见韩、魏两国的君主，对他们说：“我深知唇亡齿寒的道理，如今知伯率领两位大王的军队伐赵，赵国即将灭亡。赵国灭亡，那么就会轮到两位的国家了。”两位君王说：“我们知道会这样。知伯这个人，粗暴而狠毒，我们的计谋还没有成功，就被他发觉，那一定会大祸临头，那该怎么办？”张孟谈说：“计谋从二位的口中说出，只有我听见，别人是不会知道的。”两位君主于是和张孟谈秘密部署好部队，约定了举事的时间，夜里把张孟谈送回晋阳城内。张孟谈把这个好消息告诉了赵襄子，赵襄子对他拜了两次以致谢。

襄子……使张孟谈见韩、魏之君曰：“夜期杀守堤之吏，而决水灌知伯军。”知伯军救水而乱，韩、魏翼而击之，襄子将卒犯其前，大败知伯军而禽知伯。

【译文】

赵襄子……派张孟谈去见韩、魏两国的君主，对他们说：“今天晚上杀掉守堤的人，放水去淹知伯的军营。”知伯的军队忙着应付冲来的水，乱作一团，韩、魏的军队从两侧夹击，赵襄子则率军从正面进攻，击败知伯的大军，并活捉了知伯。

（《赵策一》）

晋毕阳之孙豫让

“士为知己者死”，说的就是豫让这样的义士。知伯对豫让有知遇之恩，豫让在知伯死后，“漆身为厉，灭须去眉”，还吞炭变哑，忍常人所不能忍，一心想为知伯报仇，非常执著。他的举动甚至感动了他屡次刺杀的对象赵襄子。赵襄子感念他一片赤诚之心，希望他能放下仇恨，效忠于自己，奈何豫让不从，最后只能忍痛将其杀掉。虽然豫让最后没能为知伯报仇，但他的行为，足以感动天下所有有情有义之士。豫让是春秋战国时期，有情有义之士的代表。

晋毕阳之孙豫让[①]，始事范、中行氏而不说，去而就知伯，知伯宠之。及三晋分知氏，赵襄子最怨知伯，而将其头以为饮器。豫让遁逃山中曰：“嗟乎！士为知己者死，女为悦己者容[②]，吾其报知氏矣！”乃变姓名为刑人，入宫涂厕，欲以刺襄子。襄子如厕，心动，执问涂者，则豫让也，刃其扞[③]，曰：“欲为知伯报仇。”左右欲杀之，赵襄子曰：“彼义士也，吾谨避之耳。且知伯已死，无后，而其臣至为报仇，此天下之贤人也。”卒释之。

【注释】

①豫让：毕阳的孙子，两人均为侠义之士。

②容：动词，装饰，打扮。

③扜：同“杇”，泥工抹墙用的抹子。

【译文】

晋国人毕阳的孙子豫让，最初在范氏、中行氏手下做事，不被重视。于是转而投靠到知伯门下，知伯十分信任并重用了他。后来赵、魏、韩三家瓜分了知伯的地盘，而赵襄子最恨知伯，甚至把他的人头拿来做成酒杯。豫让逃到山中，说：“唉！士为知己者死，女为悦己者容，我要为知伯报仇！”于是改名换姓，进宫扮成做杂役的人，到宫中粉刷厕所，想找机会谋刺赵襄子。赵襄子去厕所的时候，心中感觉异常，就让人把粉刷厕所的人抓来盘问他是谁，原来就是豫让，他在粉刷工具上装上兵刃，说：“我就是想替知伯报仇。”赵襄子身边的侍卫想杀豫让，赵襄子说：“这是个有情有义的人啊，我只要小心避着他就是了。况且知伯已死，也没有后继者，他的臣子能为他报仇，这可算得上是天下的贤人啊！”于是就释放了他。

豫让又漆身为厉[①]，灭须去眉，自刑以变其容，为乞人而往乞。其妻不识曰：“状貌不似吾夫，其音何类[②]吾夫之甚也！”又吞炭为哑，变其音。其友谓之曰：“子之道甚难而无功，谓子有志则然矣，谓子智则否。以子之才而善事襄子，襄子必近幸子，子之得近而行所欲，此甚易而功必成。”豫让乃笑而应之曰：“是为先知[③]报后知，为故君贼新君，大乱君臣之义者，无过此矣。凡吾所谓为此者，以明君臣之义，非从易也。且夫委质而事人，而求弑之，是怀二心以事君也。吾所为难，亦将以愧天下后世人臣怀二心者。”

【注释】

①厉：通“癞”，恶疮。

②类：类似，像。

③先知：先前的知己。

【译文】

豫让又在身上涂满油漆，使身体长满恶疮，剃去须眉，用自残的方式改变容貌，扮成乞丐去行乞。连他的妻子都认不出他，说："这个人的外表看起来不像我的丈夫，可是声音怎么那么像我的丈夫啊！"豫让又吞炭使自己的声音嘶哑，改变了嗓音。他的朋友劝他说："你所用的方法，难度大而又没有成效，说你有志向倒是不错，但却并不聪明。像你这样有才的人，如能很好地为赵襄子办事，赵襄子必定亲近你，你利用接近他的机会实现自己的报复，这样岂不是容易而又必然成功？"豫让笑着回答说："如果这样的话，就是替我先前的知己报复后来的知己，为旧主杀害新主，极大地破坏君臣间的道义，没有比这更严重的罪过了。我之所以这样做，是为了阐明君臣间的道义，并不想挑拣容易的去做，更何况投靠在别人手下办事，又想着去谋害他，这是怀着异心侍奉主子啊。我之所以要采取这种困难的方法，是要使天下后世怀着异心去侍奉主子的人感到羞愧。"

居顷之，襄子当出，豫让伏所当过桥下。襄子至桥而马惊。襄子曰："此必豫让也。"使人问之，果豫让。于是赵襄子面数[①]豫让曰："子不尝事范、中行氏乎？知伯灭范、中行氏而子不为报雠，反委质事知伯。知伯已死，子独何为报雠之深也？"豫让曰："臣事范、中行氏，范、中行氏以众人遇臣，臣故众人报之。知伯以国士[②]遇臣，臣故国士报之。"襄子乃喟然叹泣曰："嗟乎，豫子！豫子之为知伯，名既成矣，寡人舍子亦以足矣。子自为计，寡人不舍子。"使兵环之。豫让曰："臣闻明主不掩人之义，忠臣不爱死以成名。君前已宽舍臣，天下莫不称君之贤。今日之事，臣故伏诛，然愿请君之衣而击之，虽死不恨。非所望也，敢布腹心。"于是襄子义之，乃使使者持衣与豫让。豫让拔剑三跃，呼天击之曰："而可以报知伯矣。"遂伏剑而死。死之日，赵国之士闻之，皆为涕泣。

【注释】

①面数：当面指责。

②国士：一国的精英。

【译文】

过了不久，当赵襄子外出视察的时候，豫让埋伏在赵襄子必经的桥底下。赵襄子走到桥头，马儿突然受惊嘶叫。赵襄子说："必定是豫让在此。"于是派人前去查问，果然正是豫让。于是赵襄子当面责备他说："你不是也曾侍奉过范、中行氏吗？知伯灭了范、中行氏，你不替他们报仇，反而转投到知伯门下。知伯早就死了，你为什么非得这么执著地为他报仇呢？"豫让说："我在范、中行氏手下办事，范、中行氏只是把我当做普通人对待，所以我就用一般人的态度对待他们。知伯把我当做国士对待，所以我就用国士的方式报答他。"赵襄子听了感叹流泪，说："豫让啊，你为知伯报仇的事，已使你成名了，我饶恕你也算是够多了。你自己盘算一下吧，我不能再放过你了。"说罢，派兵士将他团团围住。豫让说："我听说，贤明的主子不愿意掩盖别人的忠义之举，忠臣不惜以死来成就自己的名声。你之前已经宽容我多次，天下都称赞你的贤明。今天的事，我本来就应该认罪，但我请求您能让我用剑刺一下您的衣服，我即使死了也没有遗憾了。虽然我的愿望不一定能够实现，但我还是想坦诚地说出来。"赵襄子感念他的义举，就派人把衣服递给豫让。豫让拔剑跳跃三次，击刺衣服，对着天空喊道："我可以报答知伯的知遇之恩了。"语音刚落，便挥剑自尽了。他死的这天，赵国的有识之士听说，都忍不住为他落泪。

（《赵策一》）

秦王谓公子他

长平之战是历史上赫赫有名的大战役，这场战役持续时间之长，死伤人数之多，在古代战争史上都是罕见的。本篇讲述的是这场战役的缘由。

公元前263年，秦昭王出兵分两路攻打韩国，一路军队从荥阳进攻，切断韩军的来路，另一路军队从太行山进入韩国境内，直击韩国的中心城区。韩王惶恐，希望能与秦国讲和，并答应进献上党郡。

韩王派韩阳叫上党郡守献地，上党郡守不从，坚持死守。韩阳返回报告韩王，韩王派冯亭接替郡守职务。冯亭接任后，并没有按照韩王的要求找秦谈判，而是暗地里偷偷去找赵国，说愿意把上党献给赵国，希望赵国能帮助韩国抵挡秦国的攻击。赵王听后，欣然答应。

平阳君深知秦国兵力强大，国力雄厚，很难战胜，所以一再劝诫赵王不要引火上身。无奈赵王被上党这块肥地蒙蔽了双眼，一意孤行，毅然发兵助韩。果然，赵国的行为激起了秦国的愤怒，转而派白起带着强兵劲弩攻打赵国长平。

（秦攻韩。）冯亭①守三十日，阴使人请赵王②曰：“韩不能守上党③，且以与秦，其民皆不欲为秦而愿为赵。今有城市之邑十七，愿拜内④之于王，唯王才⑤之。”赵王喜，召平阳君⑥而告之曰：“韩不能守上党，且以与秦，其吏民不欲为秦而皆愿为赵。今冯亭令使者以与寡人，何如？”赵豹对曰：“臣闻圣人甚祸无故之利。”王曰：“人怀吾义，何谓无故乎？”对曰：“秦蚕食[7]韩氏之地，中绝不令相通，故自以为坐受上党也。且夫韩之所以内赵者，欲嫁其祸也。秦被[8]其劳而赵受其利，虽强大不能得之于小弱，而小弱顾能得之强大乎？今王取之，可谓有故乎？且秦以牛田、水通粮，其死士皆列之于上地，令严政行，不可与战。王其图之。”王大怒曰：“夫用百万之众，攻战逾年历岁，未得一城也。今不用兵而得城十七，何故不为？”赵豹出。

【注释】

①冯亭：韩国的上党郡守。

②赵王：即赵孝成王，公元前265—公元前245年在位。

③上党：韩地名，在今山西沁河以东一带。

④内：同“纳”，纳入，进献。

⑤才：通“裁”，裁度，裁定。

⑥平阳君：赵豹，赵惠文王同母弟。

⑦蚕食：逐渐侵占。

⑧被：遭受。

【译文】

（秦国攻打韩国。）韩将冯亭防守了三十天，暗中派人对赵王说：“韩国快防守不住上党了，将要割地给秦国，但它的百姓都不想做秦民，而情愿做赵国的子民。现在韩国有十七座城邑，愿献给大王您，请大王您裁夺。”赵王听后很高兴，召见平阳君，对他说：“韩国守不住上党，想把它割让给秦国，但它的官吏和百姓都不愿做秦民而愿做赵民。现在冯亭派使者来跟我说这件事，你觉得怎么样？”赵豹回答说：“我听圣人说，无故得利将带来大祸。”赵王说：“他们是倾慕我的德义，怎么能说是无故呢？”赵豹答说：“秦国蚕食韩国的土地，从中切断使它两边不能相通，所以他们认为可以安享上党这块地方。现在韩国之所以说要把地献给赵国，是想把祸患转嫁给赵国啊。秦国花大力气去攻取上党，结果赵国得到利益，即使是强大者都不可能从弱小者手中抢夺利益，哪里有弱小者反从强大者手中抢夺利益的呢？如今大王收下上党，可以说是有道理吗？况且秦国用牛耕田，用水道通运粮食，它的敢死之士都分到了上等的土地，法度严明，而政令贯彻，我们不能和它交锋。大王仔细考虑吧。”赵王非常生气，说：“动用百万大军，攻打了无数个年月，也没有得到一座城池。现在不费一兵一卒就能得到城池十七座，为什么不这样做？”赵豹就退下了。

王召赵胜、赵禹①而告之曰：“韩不能守上党，今其守以与寡人，有城市之邑十七。”二人对曰：“用兵逾年，未得一城，今坐而得城，此大利也。”乃使赵胜往受地。

【注释】

①赵胜、赵禹：均为赵国大臣。赵胜即平原君，是赵相。

【译文】

赵王召见赵胜、赵禹，对他们说：“韩国快守不住上党了，如今它的郡守打算把它献给我，共有十七座城邑。”二人回答说：“征战多年，没有得到一座城，如今安坐就能得到十七座城，这可是十分有利的事啊！”于是赵王派赵胜去接受土地。

赵胜至曰：“敝邑之王使使者臣胜，太守有诏，使臣胜谓曰：‘请以三万户之都封太守，千户封县令，诸吏皆益爵三级，民能相集者，赐家六金。’”冯亭垂涕而勉曰：“是吾处三不义也。为主守地而不能死，而以与人，不义一也；主内之秦，不顺主命，不义二也；卖主之地而食之，不义三也。”辞封而入韩，谓韩王曰：“赵闻韩不能守上党，今发兵已取之矣。”

【译文】

赵胜到了那里，宣告说：“敝国的君主有诏派使者赵胜告诉太守说：‘请把三万户的大城封赐给郡守，千户的城封赐给县令，一般官吏统统加爵三级，百姓能够相安的，每家赐给六两黄金。’”冯亭流泪低着头说：“这样做我就处于三不义的境地了啊。替君主守地而不能守护国土，没有牺牲，反而把它献给旁人，这是第一个不义；君主已经将这块地割给秦国，而我不听君主的命令，这是第二个不义；出卖君主的土地而自己得到封邑，这是第三个不义啊。”于是辞去封赏而进入韩国，对韩王说：“赵国听说韩国不能守住上党，如今已发兵把它占领了。”

韩告秦曰：“赵起兵取上党。”秦王①怒，令公孙起、王龁②以兵遇赵于长平③。

【注释】

①秦王：秦昭王。

②公孙起、王龁：均为秦将。公孙起即白起，以善于用兵著称。

③长平：赵邑，在今山西高平西北。

【译文】

韩国告诉秦国说：“赵国已经派兵攻占了上党。”秦王大怒，派白起、王龁领兵至长平和赵军对阵。

（《赵策一》）

武灵王平昼间居

赵国的形势日渐严峻，内弱而外强环伺，赵武灵王对此非常忧虑。公元前302年，赵武灵王审时度势，决定推行变革，希望通过胡服骑射来扭转被动局面。但这一决定却遭到了以大臣赵造为首的守旧派的强烈反对。赵武灵王旁征博引，用古今贤君与昏君的各种例子，向赵造证明固执守旧是错误的，希望他能接受即将开展的变革。

情况变了，就应该采取新的制度来对待，而不能一味用旧制度对待日益变化的新情况。赵武灵王的变革，带领着当时的赵国，北击匈奴，南灭中山国，迅速强大。

（赵武灵王胡服骑射以教百姓。）赵造①谏曰："隐忠不竭，奸之属②也。以私诬国，贼之类也。犯奸者身死，贼国者族宗。此两者，先圣之明刑，臣下之大罪也。臣虽愚，愿尽其忠，无遁其死。"王③曰："竭意不讳，忠也。上无蔽言，明也。忠不辟危，明不距人，子其言乎！"

【注释】

①赵造：赵国大臣。

②奸之属：奸佞一类的行为。

③王：指赵武灵王，公元前325—公元前299年在位。

【译文】

（赵武灵王用胡服骑射来教导百姓。）赵造规劝道："隐藏忠心不表露，这是奸邪的行为。因私心而误国，这是乱臣贼子的行为。奸邪的应当被处死，误国的应当被灭族。这两者，是先王明确规定的刑罚，也是臣子的大罪啊。我虽然愚钝，但是愿尽忠心，即使冒着死罪也要说。"武灵王说："畅所欲言，不加避讳，这是忠诚之士啊。君主不阻拦臣下发表意见，这才是明君。忠臣不避危险，明君不拒绝别人的意见，你直说吧。"

赵造曰："臣闻之：'圣人不易民而教，知者不变俗而动。'因民而教者，不劳而成功；据俗而动者，虑径而易见也。今王易初不循俗，胡服不顾世，非所以教民而成礼也。且服奇者志淫，俗辟者乱民。是以莅国者不袭奇辟之服，中国不近蛮夷之行，所以教民而成礼者也。且循法无过，修礼无邪，臣愿王之图之。"

【译文】

赵造说："我听说：'圣人不改变百姓而进行教诲，有智慧的人不改变习俗来教化他们。'顺着民心去教诲的，可以达到不烦劳而可获得成功的功效；尊重习俗而教化百姓的，轻车熟路，非常方便。如今大王改变原有的做法，罔顾习俗，改穿胡服而不顾及社会上的议论，这可不是在教导百姓遵守礼制啊。更何况服装奇异的人，心意放荡，而且习俗怪僻的地方，往往民心混乱。所以历来治理国家的人，不主张穿怪僻的服装，中原地区不仿效蛮夷的不开化行为，因为这样才是教导百姓遵守礼制啊。并且遵循原有办法，没有什么过错，继续奉行传统制度，不会偏离正道，我希望大王仔细考虑。"

王曰："古今不同俗，何古之法？帝王不相袭，何礼之循？宓戏[①]、神农教而不诛，黄帝、尧、舜诛而不怒[②]。及至三王[③]，观时而制法，因事而制礼，法度制令，各顺其宜，衣服器械，各便其用。故治世不一道，便国不必法古。圣人之兴也，不相袭而王；夏、殷之衰也，不易礼而灭。然则反古未可非，而循礼未足多也。且服奇而志淫，是邹、鲁[4]无奇行也；俗辟而民易[5]，是吴、越无俊民[6]也。是以圣人利身之谓服，便事之谓教，进退之谓节，衣服之制，所以齐常民，非所以论贤者也。故圣与俗流，贤与变俱。谚曰：'以书为御者，不尽于马之情；以古制今者，不达于事之变。'故循法之功不足以高世，法古之学不足以制今，子其勿反也。"

【注释】

①宓戏：即伏羲，传说中的圣王。

②黄帝、尧、舜诛而不怒：传说黄帝、尧、舜虽然用兵诛乱，但仍以教化为主，所以"诛而不怒"。

③三王：指夏、商、周三代的开国明主。

④邹、鲁：邹国和鲁国，均在今山东境内，是礼教最早发达的地方。

⑤易：轻浮、不庄重。

⑥吴、越：吴国和越国，在今江苏、浙江境内，据说它们的百姓"断发文身"，和中原地区的习俗不同。

【译文】

赵武灵王说："古今的习俗本不相同，为什么一定要效法古代？历代帝王互不相袭，为什么一定要遵循古代的礼制？伏羲、神农时代，只采取教化的方式来统治百姓，并不用刑罚。黄帝、尧、舜时代，即使动用刑罚也不会迁怒。夏、商、周三代的圣王，都是观察社会具体情况再制定法令，法令制度应顺应时代潮流，衣服器械应使用方便。所以说，治理国家不一定只用一种方法，只要对国家有益处就不必效法古代。圣人之所以能振兴国家，就是因为他们不承袭前代而兴旺；夏、商的衰败与灭亡，是因为他们不根据时代的进步改变礼法。可见，反对古来旧俗的，不一定就得受到非议；而遵循旧制的人，也未必值得赞许了。如果说服装特殊就会思想放荡，那么服饰正统的邹、鲁两国，就应该没有放荡之人了；如果说风俗怪僻的地方，百姓就会心生动乱，那么风俗特殊的吴、越地区，就该没有良民人才了。所以圣人认为，衣服无所谓奇怪不奇怪，凡是适合穿着的，就是好服装；习俗也是一样，凡是便于办事的，就是好的。关于遵循的习俗，衣服的样式，是使百姓们整齐划一，方便老百姓生活的，而不是用来评论贤能的人的。所以圣人能随着风俗而变化，贤人能随时代的变迁而前进。谚语说：‘按照书本上的方法驾车的人，不能通晓马的习性；用老办法来应对现在的情况的人，不懂社会的变化。’所以一味遵循旧制的做法不会建立盖世的功勋，尊崇古代的礼法不能治理当代，希望你不要再说反对胡服的话了。”

（《赵策二》）

赵惠文王三十年

田单和赵奢都是赵国的名将，本篇是两人对用兵之道的探讨之说。

田单就曾经的领兵经验，认为领兵打仗用兵宜少不宜多，否则耗费的人力太大，严重影响后方的生产建设。在他看来，能够以少胜多的人才是能人，但赵奢不以为然。赵奢指出，时代变了，客观条件也发生了变化，领兵打仗不能依然墨守成规，并用当代齐攻楚，赵攻中山，以及韩、魏互攻等战例佐证。赵奢言辞犀利，论说透彻，田单无言以对，只得承认自己没考虑周全。

赵惠文王三十年①，相都平君田单②问赵奢③曰："吾非不说将军之兵法也，所以不服者，独将军之用众。用众者，使民不得耕作，粮食挽赁不可给也。此坐而自破之道④也，非单之所为也。单闻之，帝王之兵，所用者不过三万，而天下服矣。今将军必负十万、二十万之众乃用之，此单之所不服也。"

【注释】

①赵惠文王三十年：此处有误，应为赵孝成王二年，即公元前264年。

②田单：田单本为齐国人，在齐被封为安平君。后到赵国为相，封为都平君。

③赵奢：赵国大将，号马服君。

④自破之道：不攻自破的方法。

【译文】

赵惠王统治时期的第三十年，赵相都平君田单问赵奢："我不是不喜欢将军用兵的方法，我只是觉得将军用兵太多。用兵太多，百姓就不能进行耕作，那么就会影响粮食的供应，这是坐以待毙的方法，如果是我，就不会这么做。我听说，为帝王者，打仗不过三万人，天下就会归服。现在将军非要十万、二十万的兵力才能行军打仗，这就是我不服您的地方。"

马服[①]曰："君非徒[②]不达于兵[③]也，又不明其时势。夫吴干之剑[④]，肉试则断牛马，金试则截盘匜[⑤]，薄之柱上而击之，则折为三；质之石上而击之，则碎为百。今以三万之众而应强国之兵，是薄柱击石之类也。且夫吴干之剑材，难夫毋脊之厚而锋不入，无脾[⑥]之薄而刃不断。兼有是两者，无钩[⑦]咢[⑧]镡[⑨]蒙须之便，操其刃而刺，则未入而手断。君无十余、二十万之众而为此钩咢镡蒙须[⑩]之便，而徒以三万行于天下，君焉能乎！且古者，四海之内，分为万国，城虽大，无过三百丈者；人虽众，无过三千家者，而以集兵三万，距此奚难哉！今取古之为万国者，分以为战国七，能具数十万之兵，旷日持久数岁，即君之齐已。齐以二十万之众攻荆，五年乃罢。赵以二十万之众攻中山，五年乃归。今者齐、韩相方，而两国围攻焉，岂有敢曰，我其以三万救是者乎哉？今千丈之城、万家之邑相望也，而索以三万之众，围千丈之城，不存其一角，而野战不足用也，君将以此何之？"都平君喟然太息曰："单不至也。"

【注释】

①马服：马服君，即赵奢。

②徒：只。

③兵：指用兵之道。

④吴干之剑：指吴、干两国的利剑。

⑤盘匜（yí）：古代盥洗用的器具。

⑥脾：靠近刃的剑面。

⑦钩：剑头环。

⑧䍐：刀剑鞘下饰。

⑨镡（tán）：剑柄与剑身连接的突出部分，也指剑口。

⑩蒙须：剑绳。

【译文】

赵奢说："你是既不明白用兵之道，也不明白天下大势。吴国大将的宝剑锋利无比，可以用它砍断牛、马，用它可以砍断金属盘子，但如果用它来敲击柱子，宝剑就会断成几截；如果用它去敲击石头，宝剑就会碰得粉碎。如今你说用三万人的军队去对付实力强大的军队，无异于用宝剑去敲击柱子、石头那样。况且，那样的宝剑是很难求得的，如果剑脊不厚，剑刃就易损；刀尖处如果不足够轻薄，就不能轻易地砍断东西。如果剑脊厚、近刃处薄，但没有与之匹配的好剑柄、剑环和剑绳，就这样拿着剑刃去刺杀，还未伤敌，自己的手就先被割断了。现在，你没有十万、二十万的大军当成利剑来用，仅仅凭着三万军队纵横天下，你怎么可能做到呢？古代天下分为万国，都城大的不过三百丈，人多的不过三千户，这种情况下，用三万的军队去攻打这些国家，有什么困难呢？但是如今，古代的万国已归并变成七个大国，每个国家都有数十万军队，每一次战争都可能会持续数年，就像您曾任职的齐国那样。齐国用二十万军队攻打楚国，持续五年，不胜。赵国起兵二十万之众攻打中山国，打了五年才得胜班师。现在齐、韩力量相当，双方一旦开战，有谁敢说我用三万军队就能去救援呢？现在，千丈的城、万家的邑到处都是，我们这三万军队去包围千丈之城，只能围住城邑的一角，进行战斗就更不能够了，你想用这点军队干什么呢？"田单长叹一声说："这是我考虑不周全啊！"

（《赵策三》）

齐破燕，赵欲存之

齐国攻取燕国，战火蔓延到赵国边境。赵国筹划救燕，乐毅献策，用河东和齐国交换燕国的土地，使得齐国突出于各诸侯国之上。齐国吞燕，获得诸多利益，必然引起其他诸侯国的嫉恨和自危，然后纷纷把矛头对准齐国。这样一来，赵国不费一兵一卒，就解救了燕国，免除了忧患，还让齐国成为众矢之的。

齐破燕①，赵欲存之。乐毅②谓赵王③曰："今无约而攻齐，齐必仇赵，不如请以河东易燕地于齐。赵有河北，齐有河东，燕、赵必不争矣，是二国亲也。以河东之地强齐，以燕、赵辅之，天下憎之，必皆事王以伐齐，是因天下以破齐也。"王曰："善。"乃以河东易齐，楚、魏憎之，令淖滑、惠施之赵，请伐齐而存燕。

【注释】

①齐破燕：指公元前312年，齐宣王乘燕国内乱，出兵攻燕，大破燕国。

②乐毅：魏将乐羊后代，当时在赵国为官。

③赵王：指赵武灵王。

【译文】

齐国攻破燕国，赵国想要保存它。乐毅对赵王说：“现在我们没有约结同盟而贸然单独攻齐，齐必恨赵，不如提出用河东的地方和齐国交换燕国的土地。赵有河北之地，齐有河东之地，那么燕、赵必然没有争端了，两国就会互相亲善。割让河东之地能使齐国强大，又有燕国和赵国辅佐它，各国憎恨它，一定会侍奉大王共同伐齐，这就是联合各国共同破齐啊！”赵王说：“好。”于是用河东地和齐国交换，楚国、魏国也因此憎恨它，楚派淖滑，魏派惠施来到赵国，请求共同攻打齐国，使燕国保存下来。

（《赵策三》）

平原君谓平阳君

事物之间是关联的，往往是环环相扣的，牵一发而动全身，有时候一件小事、一个小举动就会带来未曾预想的严重后果。

平原君用公子牟的故事劝诫平阳君，人处在富贵与权势之中时，会很容易迷失，招致灭亡。所以切不可小看身边的小事，应当戒骄戒躁，防微杜渐，把祸患消灭在萌芽状态中。

平原君谓平阳君①曰：“公子牟②游于秦，且东，而辞应侯。应侯曰：‘公子将行矣，独无以教之乎？’曰：‘且微君之命命之也，臣固且有效于君。夫贵不与富期③而富至；富不与粱肉期而粱肉至；粱肉不与骄奢期而骄奢至；骄奢不与死亡期而死亡至。累世以前，坐此者多矣。’应侯曰：‘公子之所以教之者厚矣。’仆得闻此，不忘于心，愿君之亦勿忘也。”平阳君曰：“敬诺。”

【注释】

①平阳君：即赵豹。

②公子牟：魏国公子。

③期：期望。

【译文】

平原君赵胜对平阳君赵豹说："公子牟在游历了秦国后，准备东归魏国，于是他去向应侯辞行。应侯说：'公子你将要离开了，难道没有什么指教吗？'公子牟说：'您就是不命令我，我也会有话想对您说。一个人如果尊贵了，即使不追求富裕，富裕也自会到来；富裕之后即使不去追求美味，美味也自会到来；已经享用美味即使不追求骄奢，骄奢也自会到来；生活骄奢即使不想死亡，死亡也自会到来。以前的世世代代就这样毁掉的实在太多了。'应侯说：'你所指教我的话使我受益良多。'我听到这些，一定会铭记于心，希望您也不要忘记。"平阳君回答："遵命。"

（《赵策三》）

秦攻赵于长平

长平之战中，秦国与赵国长期僵持不下，秦国一直不能得到想要的利益，于是就买通了赵国人楼缓，派他去说服赵王割地求和。幸亏大将虞卿从中极力周旋，才说服赵王打消了割地求和的念头。

由此可见，那些欺骗人的鬼话，经不起检验。统治国家的人不要轻易被这些谎话蒙蔽了双眼，从而做出错误的决定。

秦攻赵于长平①，大破之，引兵而归②。因使人索六城于赵而讲。赵计未定。楼缓③新从秦来，赵王④与楼缓计之曰："与秦城何如？不与何如？"楼缓辞让曰："此非臣之所能知也。"王曰："虽然，试言公之私。"楼缓曰："……今臣新从秦来，而言勿与，则非计也；言与之，则恐王以臣之为秦也。故不敢对。使臣得为王计之，不如予之。"王曰："诺。"

【注释】

①秦攻赵于长平：公元前260年，秦、赵在长平交战，秦将白起坑杀赵降卒四十多万人。长平，赵邑，在今山西高平西北。

②引兵而归：秦相范雎嫉妒白起立下功劳，下令召他回国。

③楼缓：赵人，当时在秦为官，为秦说于赵。

④赵王：即赵孝成王，公元前265—公元前245年在位。

【译文】

秦国在长平和赵国决战，打败了赵军，随即撤军回国。随后，秦又派使者到赵国索要六座城池作为和谈的条件。赵国还未拿定主意。楼缓刚从秦国回来，赵王和楼缓商议道：“把城割给秦国会怎么样？不割又会怎么样？”楼缓推辞说：“这个不是我能知道的。”赵王说：“话虽如此，但还是请你说说你的想法吧。”楼缓说：“……现在我刚从秦国来，要是说不割城吧，那的确不是个好办法；要是说割城吧，恐怕大王又认为我是在替秦国说话。所以我不敢发表意见。但是我替大王考虑，不如把城割给秦国。”赵王说：“好。”

虞卿[①]闻之，入见王，王以楼缓言告之。虞卿曰：“此饰说也。”……王曰：“何谓也？”虞卿曰：“秦之攻赵也，倦而归乎？王以其力尚能进，爱王而不攻乎？”王曰：“秦之攻我也，不遗余力矣，必以倦而归也。”虞卿曰：“秦以其力攻其所不能攻，倦而归。王又以其力之所不能攻以资之，是助秦自攻也。来年秦复攻王，王无以救矣。”

【注释】

①虞卿：赵国大臣。

【译文】

虞卿听说了这件事，入宫去见赵王。赵王把楼缓的话告诉虞卿。虞卿说：“这是掩饰的假话啊。”赵王说：“怎么见得呢？”虞卿回答说：“秦国这次攻打赵国，是因为疲惫而撤兵呢？还是大王认为他们尚有力量进攻，只是因为怜恤大王才停止攻伐呢？”赵王说：“秦国攻打我们，已经不遗余力了，肯定是因为疲惫不堪才撤兵的。”虞卿说：“秦国用尽全力，攻打他们得不到的地方，因疲惫而撤军。大王现在反而拿他们用兵力攻不下来的地方去资助他们，这是在帮助秦国攻打我们自己啊。来年秦国要是再进攻大王，大王就没有办法自救了。”

王又以虞卿之言告楼缓。楼缓曰："虞卿能尽知秦力之所至乎？诚不知秦力之所不至，此弹丸之地，犹不予也，令秦来年复攻王，得无割其内而媾乎？"王曰："诚听子割矣，子能必来年秦之不复攻我乎？"楼缓对曰："此非臣之所敢任也。……"

【译文】

赵王又把虞卿的话告诉楼缓。楼缓说："虞卿了解秦国兵力能打到哪里吗？假如他确实并不知道秦军能攻打到哪里，而且大王这点弹丸之地也不肯给，假如秦国明年再来攻打大王，大王能够做到不割地求和吗？"赵王说："假如我听了你的意见，愿意割地给秦，你能保证明年秦国不再来攻打我国吗？"楼缓说："这就不是我敢担保的了。……"

王以楼缓之言告。虞卿曰："……来年秦复求割地，王将予之乎？不与，则是弃前功而挑秦祸也；与之，则无地而给之。……今坐而听秦，秦兵不敝而多得地，是强秦而弱赵也。以益愈强之秦，而割愈弱之赵，其计固不止矣。……王必勿予。"王曰："诺。"……因发虞卿东见齐王①，与之谋秦。

【注释】

①齐王：指齐王建，公元前264——公元前221年在位。

【译文】

赵王又将楼缓的话告诉虞卿。虞卿说："……来年秦国要是再要求割地，大王割还是不割呢？不给吧，就会前功尽弃而挑起秦国进攻的祸端；给吧，却已经无地可割了。……如今束手无策听任秦国的摆布，秦兵不受损耗就能够得到大量土地，这是增强秦国的力量而使赵国弱小啊。用越来越强大的秦国，来宰割越加弱小的赵国，他们的要求一定是没有止境的。……大王千万不要割地给秦。”赵王说：“好。”……于是派虞卿到东方去拜见齐王，与他谋划对付秦国的策略。

虞卿未反，秦之使者已在赵矣。楼缓闻之，逃去。

【译文】

虞卿还没有从齐国返回，秦国派来和谈的使者就已到了赵国。楼缓听到这个消息，赶忙逃走了。

（《赵策三》）

秦、赵战于长平

公元前260年，秦国与赵国在长平发生激烈的交战。战争持续了很久，赵国渐渐兵力不支，赵孝成王在和战之间举棋不定。当时以楼昌为代表的亲秦派主张割地求和，息事宁人；而以虞卿为首的一批人则主张向楚、魏求援。

赵王听从了楼昌的建议，派人去找秦国和谈，结果签订了一系列割地赔款的不平等条约，促使赵国国力日益衰弱，同时又得罪了楚、魏，失去了两座强有力的靠山。

秦、赵战于长平，赵不胜，亡一都尉[①]。赵王召楼昌与虞卿曰："军战不胜，尉复死。寡人使卷甲而趍[②]之，何如？"楼昌曰："无益也，不如发重使而为媾。"虞卿曰："夫言媾者，以为不媾者军必破，而制媾者在秦。且王之论秦也，欲破王之军乎？其不[③]邪？"王曰："秦不遗余力矣，必且破赵军。"虞卿曰："王聊听臣，发使出重宝以附楚、魏。楚、魏欲得王之重宝，必入吾使。赵使入楚、魏，秦必疑天下合从也，且必恐，如此则媾乃可为也。"

【注释】

①都尉：军队中的中级军官，统领一部。

②趍：同"趋'，袭击。

③不：同“否”，不是。

【译文】

秦国和赵国在长平大战，赵军不能取胜，阵亡了一名都尉。赵王召见丞相虞卿和大臣楼昌来商量对策。赵王说现在我军未能取胜，还死了一名都尉。我想命令军队穿上铠甲偷袭秦军，你们觉得怎样？”楼昌说：“这样做没有好处，不如派人去和秦国讲和。”虞卿说：“现在主张和谈的人，一定是认为不讲和则赵军必败，但和谈的主动权却在秦国。大王认为秦国是希望打败赵军，还是不希望打败赵军？”赵王答道：“秦国不遗余力，肯定是希望打败赵军。”虞卿说：“大王姑且听听我的建议，派出使臣带着贵重的珍宝去讨好楚国、魏国。楚国、魏国如果贪图大王的珍宝，肯定会接待我们的使臣。赵国的使臣到了楚国、魏国，秦国必然会怀疑，是不是天下诸侯要联合抗秦，这样它一定会害怕，那个时候再和谈才能成功。”

赵王不听，与平阳君为媾，发郑朱入秦，秦内之，赵王召虞卿曰：“寡人使平阳君媾秦，秦已内郑朱矣，子以为奚如？”虞卿曰：“王必不得媾，军必破矣，天下之贺战胜者皆在秦矣。郑朱，赵之贵人也，而入于秦，秦王①与应侯必显重以示天下。楚、魏以赵为媾，必不救王。秦知天下不救王，则媾不可得成也。”赵卒不得媾，军果大败。王入秦，秦留赵王而后许之媾。

【注释】

①秦王：指秦昭王。

【译文】

赵王没有采纳虞卿的建议，派平阳君准备议和的事宜，并派郑朱进入秦国，秦国接纳了郑朱。赵王又召见虞卿，说：“我已经派平阳君前去与秦国讲和，秦国也已接纳了郑朱，你认为结果会如何？”虞卿答道：“大王的和谈肯定不会成功，赵军必败，天下诸侯全都会向秦国表示祝贺。郑朱是赵国派去的贵人，现在去了秦国，秦王与应侯肯定会隆重接待，告知天下诸侯。楚国、魏国会以为赵国已经与秦国讲和，必定不会再出兵救赵。秦王知道天下诸侯都不救赵，那么和谈是不会成功的。”赵国最终没能与秦国讲和，赵军果然大败。赵王亲自去秦国，秦国扣留了赵王，这才同意讲和。

（《赵策三》）

秦围赵之邯郸

长平之战以赵国的战败而告终，但秦军并没有就此停止进攻的步伐，而是乘势发兵直逼赵国都城邯郸。赵国危在旦夕，只得向魏国求助。

魏国与赵国是接壤的邻国，赵国如果被秦灭了，那么魏国的处境也会危险。所以，鲁仲连匆忙赶来面见辛垣衍，申明自己宁死不愿做秦臣民的坚贞之志，并分析如果魏国屈从秦国的话，会“变易诸侯之大臣”，辛垣衍也将失去现在的尊贵地位。鲁仲连的分析切中辛垣衍的要害，辛垣衍终于表态，不再主张尊秦为帝。魏国由魏公子无忌率兵援助赵国，秦军退兵，邯郸之围得解。

秦围赵之邯郸[①]，……此时鲁仲连适游赵，会秦围赵。闻魏将欲令赵尊秦为帝，乃见平原君曰：“事将奈何矣？”平原君曰：“胜[②]也何敢言事！百万之众折于外，今又内围邯郸而不能去。魏王[③]使将军辛垣衍[④]令赵帝秦。今其人在是，胜也何敢言事！”鲁连曰：“始吾以君为天下之贤公子也，吾乃今然后知君非天下之贤公子也。梁客辛垣衍安在？吾请为君责而归之。”……

【注释】

①秦围赵之邯郸：指公元前257年，秦国围困赵国都城邯郸一事。

②胜：平原君自称。

③魏王：魏安釐（xī）王，公元前276年—公元前243年在位。

④辛垣衍：当时为魏国将军。

【译文】

秦军围困赵国的都城邯郸，……这个时候鲁仲连正好在赵国游历，碰上秦军围赵。他听说魏国打算叫赵国尊奉秦国为帝，于是就去求见平原君道："事情怎么样了？"平原君说："我还能说什么呢！在外打仗损失了近百万人，现在秦军深入，围困邯郸而没有办法使他们退兵。魏王派将军辛垣衍来跟我们说，叫我们尊秦为帝，现在他人正在这里，我还能说什么呢！"鲁仲连说："当初我把您看成是天下顶尖的贤公子，现在我才发现您不是这样的人啊。魏国客人辛垣衍现在在哪里？我愿为您当面斥责他，并打发他回去。"……

鲁连见辛垣衍而无言。辛垣衍曰："吾视居此围城之中者，皆有求于平原君者也。今吾视先生之玉貌，非有求于平原君者，曷为久居此围城之中而不去也？"

【译文】

鲁仲连见到了辛垣衍，也不说话。辛垣衍说："我原先认为留在这座围城中的人，都是有求于平原君的。如今我看先生的样子，并不像是有求于平原君的人，为什么还留在这座围城中而不走呢？"

鲁连曰："……彼秦者，弃礼义而上首功之国也。权使其士，虏使其民。彼则肆然而为帝，过而遂正于天下，则连有赴东海而死矣，吾不忍为之民也！……

【译文】

鲁仲连说："……那秦国是一个不讲礼义而只以功过论成败的国家。它用权术对待士人，像对待奴隶那样役使百姓。它如果放肆地称帝，下一步就是对天下发号施令，那么我鲁仲连只好跳东海自杀了，也是决不肯做它的子民的！……

"且秦无已而帝，则且变易诸侯之大臣。彼将夺其所谓不肖，而予其所谓贤；夺其所憎，而与其所爱。彼又将使其子女谗妾为诸侯妃姬，处梁之宫，梁王安得晏然而已乎？而将军又何以得故宠乎？"

【译文】

"更何况秦国的欲望没有止境，一旦称帝，就将对诸侯的大臣进行变动。到那时，它将撤掉自认为不好的人，而提拔他自认为能干的人；撤去他厌恶的人，任用他喜欢的人。还会把秦国的女子、进谗言的坏女人嫁给诸侯们做姬妾，住进魏王的宫里，魏王哪能安宁度日呢？而将军您又如何能得到原有的宠幸呢？"

于是，辛垣衍起，再拜，谢曰："始以先生为庸人，吾乃今日而知先生为天下之士也。吾请去，不敢复言帝秦。"

【译文】

于是辛垣衍起身，拜了两拜，并道歉说："起初我把先生看成一个平庸的人，到今天才知道先生是天下少有的高士啊。请让我离开，今后我再不敢说尊秦为帝的话了。"

秦将闻之，为却军五十里，适会魏公子无忌夺晋鄙军以救赵击秦，秦军引而去。于是平原君欲封鲁仲连。鲁仲连辞让者三，终不肯受。平原君乃置酒，酒酣，起前以千金为鲁连寿。鲁连笑曰：“所贵于天下之士者，为人排患、释难、解纷乱而无所取也。即有所取者，是商贾之人也，仲连不忍为也。”遂辞平原君而去，终身不复见。

【译文】

秦国的将领听说此事后，退兵五十里。正好遇见魏公子无忌夺取了晋鄙指挥的军队来救赵，抗击秦军，秦军就撤退回国了。于是平原君打算封赏鲁仲连。鲁仲连再三推辞，最终没有接受。平原君就设宴款待他，酒正喝得高兴，平原君起身向前，拿出千金要为鲁仲连祝福。鲁仲连笑着说：“我之所以能够受到天下贤士的尊重，就在于为人排忧解难而不要任何报酬。如果有所索取，那就跟商人一样了，我可不愿这样做啊。”于是就辞别平原君离去，从此以后两人再没有见过面。

（《赵策三》）

齐将攻宋，而秦阴禁之

强大的国家往往野心勃勃，威胁周边国家的国土安全。战国中晚期，齐国强盛，不断将兵祸引至周边国家，它攻秦、击楚、破燕，使周围的国家非常忧虑，苦不堪言。

燕昭王想要报复齐国，苦于力量不够，于是想诱使齐国攻打宋国，从而削弱齐国的力量，伺机出击。苏秦当时受燕昭王指派在齐国卧底，他竭力劝说李兑，用封邑诱惑他，让他支持齐国攻宋。果然李兑上当，齐国发兵，燕国成功将齐国引入圈套。

齐将攻宋，而秦阴①禁之。齐因欲与赵，赵不听。齐乃令公孙衍②说李兑③，以攻宋而定封焉。……

【注释】

①阴：暗中。

②公孙衍：此为同名的另外一人，并非犀首。

③李兑：赵国大臣，封奉阳君，时任赵相。

【译文】

齐国计划进攻宋国而秦国想暗中加以阻挠。齐国因此想拉拢赵国，可赵国不愿意。齐国就派公孙衍游说李兑，同意攻宋以便确定他的封地。……

苏秦乃谓齐王[①]曰：“臣之所以坚三晋以攻秦者，非以为齐得利秦之毁也，欲以使攻宋也。而宋置太子以为王，下亲其上而守坚，臣是以欲足下之速归休士民也。今太子走，诸善太子者，皆有死心。若复攻之，其国必有乱，而太子在外，此亦举宋之时[②]也。

【注释】

①齐王：指齐闵王。

②时：时机。

【译文】

苏秦就对齐王说：“我之所以坚定地支持三晋攻打秦国，并不是认为齐国可在秦国的失败中得到什么好处，是想这样以便攻打宋国啊。宋国的太子刚刚登基为王，百姓们支持新国王而防守坚固，我因此想让您迅速撤兵回国休整。而现在，宋太子出走，那些支持太子的人都感到灰心，而我们如果趁着这个机会再去攻打它，必然能使得宋国国内出现混乱，而太子身在国外，这正是拿下宋国的好时机啊。”

“臣为足下使公孙衍说奉阳君曰：‘君之身老矣，封不可不早定也。为君虑封，莫若于宋，他国莫可。夫秦人贪，韩、魏危，燕、楚辟[①]，中山[②]之地薄，莫如于陶[③]。失今之时，不可复得已。宋之罪重，齐之怒深，残乱宋，德大齐，定身封，此百代之一时也。’奉阳君甚食之。虽得大封，齐无大异。

【注释】

①辟：偏僻。

②中山：战国时的诸侯国之一。

③陶：定陶，宋邑，今山东定陶西北。

【译文】

“我已经让公孙衍替您前去游说奉阳君了，他将对奉阳君说：‘您年事已高，封地还是应该趁早定下来。我从您的立场上考虑，觉得您的封地最好在宋国，别国都不行。秦国人很贪心，韩、魏已经岌岌可危，燕、楚偏僻，中山的土地贫瘠，不如定在陶邑。失掉现在千载难逢的好时机，就再不能得到了。宋国的罪恶较重，齐国的怒气很深，现在攻打无道的宋国，讨好强大的齐国，决定自己的封邑，这是百年难遇的机会啊。’奉阳君听了很高兴。他能够得到一个大的封邑，并且对齐国没有多大损失。

“臣愿足下之大发攻宋之举，而无庸致兵，以观奉阳君之应足下也。悬陶以甘之，循有燕以临之，而臣待忠之封，事必大成。臣又愿足下有地效于襄安君[①]以资臣也。足下果残宋，此两地之封也，足下何爱焉？若足下不得志于宋，与国[②]何敢望也。足下以此资臣也，臣循燕观赵，则足下击溃而决天下矣。”

【注释】

①襄安君：燕国公子，当时正在齐国做人质。

②与国：同盟国，这里指燕、赵两国。

【译文】

“我希望您大举攻打宋国，不必等待赵国发兵支持，看奉阳君是怎样响应您的就够了。您把陶赏封他，让他尝到甜头，加上有归顺齐国的燕国来震慑他，我又用封邑来对他表示效忠，事情肯定会成功。我还希望您能给襄安君留有余地，以协助我工作。如果您果真能攻下宋国，拿出两个地方做别人的封邑，您又有什么可吝惜的呢？如果您攻取宋国的意图不能实现，与您结盟的那些国家也就更没有指望了。您牺牲这两个封邑来助我开展工作，假意归顺燕，观察赵国，那么您就可以击溃宋国而支配天下了。”

（《赵策四》）

五国伐秦无功

公元前287年，五国伐秦失败，赵国想私下里与秦国和谈，如果和谈实现，那么之前同盟阵线将面临土崩瓦解的危险。

说客苏秦劝说奉阳君，一定要坚定攻打秦国的决心。如果各个诸侯国争相去讨好秦国，秦国可能会采取六种行动，但无论哪一种，都对赵国没有好处，还会使奉阳君不能得到陶作为封邑。

苏秦向奉阳君分析：第一种可能是，齐国和秦国这两个强国联合，由秦国控制中原地区，在三晋的地盘上牟取利益，这对赵国不利。第二种可能是，秦国设法在齐、韩、魏三国中安插自己的亲信，利用他们与这三个国家结盟，组成连横，这样对赵国不利。秦国和齐国、赵国结盟，秦得到魏国的领土，会威胁到与魏国相邻的赵国，对赵不利，这是第三种可能。秦国通过攻打齐国，拉拢楚国，攻打韩、魏，吞并二周，这样赵国就四面楚歌，也不利，这是第四种可能。秦国利用三晋攻齐，让它们互相厮杀，秦再攻取安邑，迫使韩、魏臣服，赵国就会陷入孤立无援的境地，迟早也会落入秦国手中，也对赵国不利，这是第五种可能。最后一种情况，如果秦国打着匡扶正义的旗号，在背后扶植中山国等小国攻打宋国，那么下一个轮到的就可能是赵国，这也对赵国不利。

苏秦的分析，头头是道，入情入理，赢得了奉阳君的首肯，打消了与秦国和谈的念头。

五国伐秦无功，罢于成皋。赵欲搆[①]于秦，楚与魏、韩将应之，齐弗欲。苏秦谓齐王[②]曰：“臣以[③]为足下见奉阳君矣。臣谓奉阳君曰：‘天下散而事秦，秦必据宋，魏冉必妒君之有阴[④]也。秦王贪，魏冉妒，则阴不可得已矣。君无搆，齐必攻宋。齐攻宋，则楚必攻宋，魏必攻宋，燕、赵助之。五国据宋，不至一二月，阴必得矣。得阴而搆，秦虽有变，则君无患矣。若不得已而必搆，则愿五国复坚约。五国愿得赵，足下雄飞，与韩氏大吏东免[⑤]，齐王必无召珉[⑥]也。使臣守约，若与国有倍约者，以四国攻之。无倍约者，而秦侵约，五国复坚而宾[⑦]之。今韩、魏与齐相疑也，若复不坚约而讲，臣恐与国之大乱也。齐、秦非复合也，必有踦重者矣。复合与踦重者，皆非赵之利也。且天下散而事秦，是秦制天下也。秦制天下，将何以天下为？臣愿君之蚤计也。

【注释】

①搆（gòu）：和解。

②齐王：即齐闵王。

③以：通“已”，已经。

④阴：应为“陶”，下同。

⑤东免：勉励齐继续攻秦。免，通“勉”，勉励。

⑥珉：即韩珉，韩国人，曾在齐为相。主张秦、齐联合。

⑦宾：通“摈”，排斥。

【译文】

齐、楚、赵、魏、韩五国联合攻打秦国，未取得胜果，停留在成皋。赵国想和秦国议和，楚和魏、韩打算响应，齐国反对。苏秦对齐闵王说：“我已经为您去见奉阳君了。我对奉阳君说：‘天下诸侯解散合纵去投靠秦国，秦必然兵临宋国，魏冉必定会嫉妒您拥有陶邑。秦王贪心，魏冉善妒，陶邑就得不到了。您现在不同意谈和，齐国必然攻宋。齐国攻打宋国，那么楚、魏定会插手，燕、赵也会出兵相助。五国兵临宋国，那么肯定过不了一两个月，陶邑就必然到手了。得陶后再坐下来和谈，即使秦国态度有变，您也没有什么后顾之忧了。如果情况不得已，必须讲和，希望五国仍然坚守盟约。五国都愿意和赵国亲善，您又实力雄厚，和韩国大臣一道东行勉励齐王，坚持合纵，齐王肯定不愿意召回韩珉。让我做盟约监督人，如果盟国有违背盟约的，就让其他的几个盟国去攻打它。没有违背的，要是秦国来侵犯盟国，五国仍旧联合一起抗击它。现在韩、魏和齐国互相猜疑，如果不能坚守盟约而讲和，我恐怕盟国会爆发大乱啊。齐、秦如果不能复合，地位必定会有轻有重。无论两国是复合或它们中有一个占上风，对赵国都没有利。并且天下分散去投靠秦国，秦国必然控制天下。如果秦国控制了天下，那么天下还能起什么作用呢？我希望您尽早考虑我的意见啊。

“天下争秦，秦有六举，皆不利赵矣。天下争秦，秦王受负海之国[①]，合负亲之交，以据中国，而求利于三晋，是秦之一举也。秦行是计，不利于赵，而君终不得阴，一矣。

【注释】

①负海之国：指齐国。

【译文】

“天下诸侯争相事秦，秦可能会采取六种举动，但每一种都对赵国不利。天下诸侯争相事秦，秦王接近齐国，化敌为友，凌驾中原而在三晋谋求利益，这是秦的一种举动。秦如果采取这种行动，对赵不利，而您最终也无法得到陶邑，这是其一。

“天下争秦，秦王内[①]韩珉于齐，内成阳君[②]于韩，相魏怀[③]于魏，复合衡交两王[④]，王贲、韩他[⑤]之曹皆起而行事，是秦之一举也。秦行是计也，不利于赵，而君又不得阴，二矣。

【注释】

①内：同“纳”，接纳。

②成阳君：韩国封君，亲秦派。

③魏怀：魏国人，亲秦派。

④两王：指燕王和赵王。

⑤王贲、韩他：均为秦国大臣，主张对赵国用兵。

【译文】

“天下诸侯争相事秦，秦王让韩珉出使齐，让成阳君出使韩，让魏怀担任魏相，重新组建连横阵线，与燕、赵两国恢复邦交。而王贲、韩他这些主张拉拢韩、魏的人，都出来掌制政局，这也是秦的一种举动。秦国采取这种行动的话，对赵不利，而您也得不到陶邑，这是其二。

“天下争秦，秦王受齐受赵，三强三亲，以据魏而求安邑，是秦之一举也。秦行是计，齐、赵应之，魏不待伐，抱安邑而倍秦，秦得安邑之饶，魏为上交，韩必入朝秦，过赵已安邑矣，是秦之一举也。秦行是计，不利于赵，而君必不得阴，三矣。

【译文】

“天下诸侯争相事秦，秦王接受齐国、赵国的示好，三强改善了关系，威逼魏国而要求得到安邑，这是秦国的一种举动。秦国采取这个策略，齐、赵都响应它，魏国不等秦兵攻打，肯定会主动奉上安邑投靠秦国，秦国得到安邑，魏国又和它结交了，韩国定会去朝见秦国，秦再用安邑来威胁赵国，这是秦国的一种举动。秦国采取这种行动的话，对赵不利，而您又必然得不到陶邑，这是其三。

“天下争秦，秦坚燕、赵之交，以伐齐收楚，与韩珉而攻魏，是秦之一举也。秦行是计，而燕、赵应之。燕、赵伐齐，兵始用，秦因收楚而攻魏，不至一二月，魏必破矣。秦举安邑而塞女戟[①]，韩之太行绝，下轵道、南阳[②]而伐魏，绝韩，包二周，即赵自消烁矣。国烁于秦，兵分于齐，非赵之利也，而君终身不得阴，四矣。

【注释】

①女戟：魏地，近韩。

②轵道、南阳：均为魏国属地，轵道在今河南济源南。南阳在今河南济源至获嘉一带。

【译文】

“天下诸侯争相事秦，秦国和燕国、赵国之间的友谊加深了，想用攻齐来拉拢楚国，和韩珉一起攻魏，这是秦的一种行动。秦如果采取这个策略，而燕、赵肯定会响应。燕、赵攻齐战斗刚刚打响，秦在这时就会在另一边归拢楚国一起攻打魏国了，不出一两个月，魏必被攻破。秦军得到安邑，堵塞女戟，切断韩国的太行之路，挥军直下轵道、南阳去进攻魏国，断韩国的道路，包围东、西二周，赵国自然就削弱了。赵国的国力被秦国消耗，兵力又被分出去攻齐，这对赵也是不利的，而您又终身得不到陶邑，这是其四。

“天下争秦，秦坚三晋之交攻齐，国破财屈，而兵东分于齐，秦按兵攻魏，取安邑，是秦之一举也。秦行是计也，君按救魏，是以攻齐之已弊，与秦争战也。君不救也，韩、魏焉免西合？国在谋之中，而君有终身不得阴，五矣。

【译文】

“天下诸侯争相事秦，秦使三晋加强联合去攻打齐国，三国倾力攻齐，自己的国家残破，财力消耗，兵力分散在东边攻齐的战事中，秦于是发兵攻魏，夺取安邑，这是秦国的一种举动。秦国如果采取这个计策，你要是出兵救魏，就是用对齐作战已受到消耗的兵力去和秦国的军队交锋。您如果不去救援，那韩国、魏国怎么能不倒向别处呢？这样，赵国在秦的算计之中，而您又终身无法得到陶邑，这是其五。

“天下争秦，秦按为义，存亡继绝，固危扶弱，定[①]无罪之君，必起[②]中山与滕[③]焉，秦起中山与滕，而赵、宋同命，何暇言阴？六矣。故曰君必无讲，则阴必得矣。

【注释】

①定：安置。

②起：建立。

③滕：国名，在今山东滕州东南，被宋国所灭。

【译文】

“天下诸侯争相事秦，秦于就打出匡扶正义，保存亡国、延续绝灭之国，安定危国、扶持弱国、安置无罪的君主的幌子，必然恢复中山和滕国，秦让中山和滕复国后，那么下一个轮到的可能就是赵国，怎么还可能谈到陶邑？这是其六。所以依我看，您一定不要答应讲和，陶邑就必然到手了。’

“奉阳君曰：‘善。’乃绝和于秦，而收齐、魏以成取阴。”

【译文】

“奉阳君说：‘好的。’就停止与秦讲和，并拉拢齐、魏两国，以求实现取得陶邑的愿望。”

（《赵策四》）

虞卿请赵王

公元前266年，秦国国力强盛，积极扩张，对其他诸侯国构成威胁，于是六国结盟，组建合纵以抗衡秦国。盟国中，赵国和魏国都希望控制权在自己手中，然而魏相范座是赵国夺权的最大阻碍，所以赵臣虞卿就设计用百里之地作为交换，想让魏王杀掉范座。范座听说后，立即写信给继任者信陵君，请求帮助，这才得以化险为夷，获得解救。

虞卿①请赵王②曰：“人之情，宁朝人乎？宁朝于人也？”赵王曰：“人亦宁朝人耳，何故宁朝于人？”虞卿曰：“夫魏为从主，而违③者范座④也。今王能以百里之地，若万户之都，请杀范座于魏。范座死，则从事可移于赵。”赵王曰：“善。”乃使人以百里之地，请杀范座于魏。魏王许诺，使司徒⑤执范座而未杀也。

【注释】

①虞卿：赵相。

②赵王：赵惠文王。

③违：当作“成”。

④范座：魏相。

⑤司徒：掌管土地及民政的官员。

【译文】

虞卿对赵王说："一般人的想法，是宁愿使人来朝见，还是更愿意去朝见别人呢？"赵王说："人都愿意使人来朝见，怎么可能会愿意去朝见别人呢？"虞卿说："现在魏国是合纵的盟主，促成这件事的是范座。我建议大王您能用百里之地，或以万户的大城，请求魏王杀掉范座。范座一死，合纵的盟主就会是赵国了。"赵王说："好的。"于是派人拿百里之地作为交换条件，请求魏王杀掉范座。魏王同意了，于是派司徒拘捕了范座，但并没有杀他。

范座献书魏王曰："臣闻赵王以百里之地，请杀座之身。夫杀无罪范座，薄故也；而得百里之地，大利也。臣窃为大王美之。虽然，而有一焉，百里之地不可得，而死者不可复生也，则王必为天下笑矣。臣窃以为与其以死人市，不若以生人市也。"

【译文】

范座给魏王上书说："我听说赵王用百里之地为条件，要求杀我。杀掉一个无罪的范座，这是一件小事；但能得到百里之地却是非常有利的。我也暗自为大王高兴。但是，有这样一种情况，如果百里之地没有得到，而死去的人又不能复活，那么大王就会被天下人耻笑。我私下认为，与其把死人交换给对方，不如把活人交给对方。"

又遗其后相信陵君书曰："夫赵、魏，敌战之国也。赵王以咫尺之书来，而魏王轻为之杀无罪之座，座虽不肖，故魏之免相也，尝以魏之故，得罪于赵。夫国内无用臣，外虽得地，势不能守。然今能守魏者，莫如君矣。王听赵杀座之后，强秦袭赵之欲，倍赵之割，则君将何以止之？此君之累也。"信陵君曰："善。"遽言之王而出之。

【译文】

范座又给继任相位的信陵君写信说："赵国、魏国是互相敌对的两个国家。赵王不过是写来一封短信，而魏王就轻易地杀掉了无罪的范座。范座即使不才，但好歹也曾经是魏国的相国，只不过之前因为魏国的关系得罪了赵国。现在国内无可用之臣，即使得到了土地也是不能守住的。如今能防守魏国的，非君莫属。大王听信赵王的话杀了我之后，强大的秦国必然采用同样的办法，要割让双倍的土地，你又如何制止呢？这就是您即将碰到的麻烦。"信陵君说："好的。"于是入宫向魏王进言，请求他放了范座。

（《赵策四》）

秦攻魏，取宁邑

公元前286年，秦国得到魏国的安邑城，各国诸侯纷纷派使臣前来道贺，唯独赵国的使臣不被接见。谅毅是赵国有名的能言善辩之人，有人向赵王推荐他，建议派他出使秦国。

于是赵王就找到谅毅，派他去朝见秦王。谅毅果然受到接见。交谈中，秦昭王提出，要赵王杀掉平原君和赵豹。谅毅吃惊之下，用秦昭王的两个弟弟叶阳君和泾阳君为例，说明兄弟之间友爱的天性，秦王自己尚且看中兄弟感情，何以非得让赵王杀自己的手足呢？秦王无以反驳，只好放弃了这个打算，谅毅轻松化解了这一难题。

谅毅在外交过程中表现出来的智慧和气度，值得我们后人学习，他不愧是中国古代杰出的外交家。

秦攻魏，取宁邑[①]，诸侯皆贺。赵王使往贺，三反不得通。赵王[②]忧之，谓左右曰："以秦之强，得宁邑，以制齐、赵。诸侯皆贺，吾往贺而独不得通，此必加兵于我，为之奈何？"左右曰："使者三往不得通者，必所使者非其人也。曰谅毅者，辩士也，大王可试使之。"

【注释】

①宁邑：即安邑，在今山西夏县西北。

②赵王：赵惠文王。

【译文】

秦国攻打魏国，夺取了宁邑，诸侯纷纷祝贺。赵王也派人去祝贺，但往返三次都没有得到接见。赵王为此事感到很担心，对身边的人说："秦国这样的强国，得到宁邑后，可以控制齐、赵两国。诸侯都去表示祝贺，唯独我派人去祝贺却得不到接见，秦国必会攻打我国，这可怎么办？"赵王身边的人对他说："大王派人三次前往而得不到接见，肯定是您派出的使臣不得力的缘故。有一位叫做谅毅的人，能言善辩，大王可让他试试。"

谅毅亲受命而往。至秦，献书秦王[1]曰："大王广地宁邑，诸侯皆贺，敝邑寡君亦窃嘉之，不敢宁居，使下臣奉其币物三至王廷，而使不得通。使若无罪，愿大王无绝其欢；若使有罪，愿得请之。"秦王使使者报曰："吾所使赵国者，小大皆听吾言，则受书币。若不从吾言，则使者归矣。"谅毅对曰："下臣之来，固愿承大国之意也，岂敢有难？大王若有以令之，请奉而行之，无所敢疑。"

【注释】

①秦王：秦昭王。

【译文】

谅毅接受了赵王的授命，前往秦国道贺。到秦国后，他给秦王上书说："大王得到了宁邑，诸侯都来祝贺，敝国的君主私下里亦为您感到高兴，不敢视而不见，派人带上礼物三次前来都没有得到接见。如果使臣没有罪过，希望大王不要断绝两国的友好往来；如果使臣有罪过，我希望您能亲自告诉我。"秦王派使者对谅毅说："我派到赵国的人，无论事情大小都必须听我的，那我就接受书信和礼物。如果不听我的，那么还是请你回去吧！"谅毅答道："我既然来到了这里，就是愿意听到贵国的意见，哪敢有不同的意见？大王您如果有什么吩咐，请照直说，我一定都遵从，不敢有丝毫迟疑。”

于是秦王乃见使者曰：“赵豹、平原君数欺弄寡人，赵能杀此二人则可，若不能杀，请今率诸侯受命邯郸城下。”谅毅曰：“赵豹、平原君，亲寡君之母弟也，犹大王之有叶阳、泾阳君[①]也。大王以孝治闻于天下，衣服之便于体，膳啖[②]之嗛[③]于口，未尝不分于叶阳、泾阳君。叶阳君、泾阳君之车马衣服，无非大王之服御者。臣闻之：‘有覆巢毁卵而凤凰不翔，刳胎焚夭[④]而麒麟不至。’今使臣受大王之令以还报，敝邑之君畏惧不敢不行，无乃伤叶阳君、泾阳君之心乎？”

【注释】

①叶阳、泾阳君：两人均为秦昭王同母弟弟。叶阳君，名悝，又号高陵君。泾阳君，名市。

②啖：吃。

③嗛（xián）：通“衔”。

④夭：幼兽。

【译文】

于是秦王接见了谅毅，说：“赵豹和平原君多次欺骗、玩弄我，如果赵国能杀掉这两人也就罢了，如果不杀，我就将率各国人马到邯郸城来讨个说法。”谅毅说：“赵豹和平原君都是敝国君主一母所生的亲兄弟，就像叶阳君和泾阳君是大王的兄弟一样。大王的兄弟友爱之情天下闻名，凡有好的衣服和好的饮食，没有不和叶阳、泾阳君一起分享的。叶阳君、泾阳君两人的车马、衣服都和大王使用的一样。我听说：‘打翻鸟巢、损坏鸟卵，那么凤凰就不会飞来，取胎儿或者火烧还没长大的小动物，麒麟就不会出现。’今天如果我按大王的意思回去报告赵王，敝国君主心里畏惧不敢不执行，恐怕也会伤害叶阳君、泾阳君的心吧？”

秦王曰：“诺。勿使从政。”谅毅曰：“敝邑之君，有母弟不能教诲，以恶大国，请黜之，勿使与政事，以称大国。”秦王乃喜，受其币而厚遇之。”

【译文】

秦王说：“你说得对，那就不要让他们过问政事好了。”谅毅说：“敝国的君主对兄弟教导无方，使他们得罪了贵国，回去我就请赵王罢免他们，不让他们参与国家政事，让贵国称心如意。”秦王听后，非常高兴，接受了谅毅带来的礼物，很好地招待了他。

（《赵策四》）

赵太后新用事

“赵太后新用事”是《战国策》中家喻户晓的名篇，意在劝谏那些爱孩子的家长，不要一味溺爱自己的孩子，而应当以他们的前途为重，多让他们在社会中经受磨炼和考验。

长安君是赵太后的幼子，太后格外偏爱他。所以当齐国提出要长安君赴齐做人质时，赵太后坚决不同意，还不允许群臣劝说谏言。触龙是赵国的谋臣，忠心爱国，他决心说服太后。他深知，直接劝诫必定达不到理想的效果，说不定反而触怒太后，所以先从生活琐事谈起，表达自己对太后的关切之情，逐渐让太后放下了抵触情绪。然后再和太后探讨究竟怎样才是真正为子女着想，入情入理，终于成功说服了赵太后。太后送长安君去齐国为人质，赵国也因而获得了齐国的援助。

赵太后①新用事，秦急攻之。赵氏求救于齐。齐曰：“必以长安君②为质，兵乃出。”太后不肯，大臣强谏。太后明谓左右：“有复言令长安君为质者，老妇必唾其面。”

【注释】

①赵太后：赵孝成王的母亲。

②长安君：赵太后的幼子。长安是其封号。

【译文】

赵太后刚刚掌权，秦军就猛烈攻打赵国。赵国向齐国求救。齐国说："必须要用长安君做人质，才能发兵。"太后不愿意，大臣们竭力劝说。太后向身边的人明确宣布："有谁再来劝我送长安君去做人质，老婆子一定向他的脸上吐唾沫。"

左师触龙[①]言愿见太后，太后盛气而胥[②]之。入而徐趋，至而自谢，曰："老臣病足，曾不能疾走，不得见久矣。窃自恕，而恐太后玉体之有所郄[③]也，故愿望见太后。"太后曰："老妇恃辇[④]而行。"曰："日食饮得无衰乎？"曰："恃粥耳。"曰："老臣今者殊不欲食，乃自强步，日三四里，少益嗜食，和于身也。"太后曰："老妇不能。"太后之色少解。

【注释】

①左师触龙：左师，执政官。触龙，赵国大臣。

②胥：等候。

③郄（xì）：通"隙"。此指身体不适。

④恃辇：依靠车子（出行）。

【译文】

左师公触龙说他想拜见太后，太后气冲冲地等着他。触龙进宫时，小步移动表示敬意，走到太后跟前的时候，就向她谢罪说："老臣的脚有毛病，所以不能快走，很久没有见到太后了。我私下宽恕自己，又恐怕太后的身体劳累，所以希望谒见太后。"太后说："老婆子我出行靠车。"触龙问道："太后每天的饮食怕会有所减少吧？"太后回答说："靠稀饭维持而已。"触龙说："老臣最近不思饮食，于是勉强步行，一天走三四里，逐渐想吃东西，身体也好了一些。"太后说："我老婆子办不到。"太后的脸色有所缓和。

左师公曰："老臣贱息舒祺，最少，不肖，窃爱怜之，愿令得补黑衣[①]之数，以卫王宫，没死[②]以闻。"太后曰："敬诺。年几何矣？"对曰："十五岁矣。虽少，愿及未填沟壑而托之。"太后曰："丈夫亦爱怜其少子乎？"对曰："甚于妇人。"太后笑曰："妇人异甚。"对曰："老臣窃以为媪[③]之爱燕后贤于长安君。"曰："君过矣，不若长安君之甚。"左师公曰："父母之爱子，则为之计深远。媪之送燕后[④]也，持其踵为之泣，念悲其远也，亦哀之矣。已行，非弗思也，祭祀必祝之，祝曰：'必勿使反。'岂非计久长，有子孙相继为王也哉！"太后曰："然。"

【注释】

①黑衣：卫士穿的衣服，借指侍卫。

②没死：冒死罪。

③媪（ǎo）：对老年妇女的敬称。

④燕后：赵太后的女儿，因为嫁给燕王，所以称燕后。

【译文】

左师公触龙说："老臣的犬子舒祺，年纪最小，也没什么出息，而今我老了，心里很喜欢他，希望能让他补进王宫做一名黑衣侍卫，护卫王宫的安全。我冒着死罪向您提出这个请求。"太后说："我同意。他今年多大年纪了？"触龙回答："十五岁了。虽说年幼，但希望在我死前能把他托付给人。"太后说："男人们也喜爱自己的幼子吗？"触龙回答说："比妇人更厉害。"太后笑道："女人家爱幼子应该更厉害！"触龙答说："老臣私下里觉得您老人家爱燕后超过了长安君。"太后说："您错了，远远没有疼爱长安君多。"触龙说："父母疼爱子女，为他们考虑得很长远。您把燕后嫁出去的时候，临别登车，握着她的脚哭泣，悲伤她的远去，也是感到伤心啊。她走后，您不是不思念她，但凡祭祀必为她祝福，祝告道：'千万别让她回来。'这难道不是为了她长远考虑，希望她的子孙世代继承王位吗？"太后说：

“是的。”

左师公曰：“今三世以前，至于赵之为赵，赵主之子孙侯者，其继有在者乎？”曰：“无有。”曰：“微独赵，诸侯有在者乎？”曰：“老妇不闻也。”“此其近者祸及身，远者及其子孙。岂人主之子侯则必不善哉？位尊而无功，奉厚而无劳，而挟重器多也。今媪尊长安君之位，而封之以膏腴之地，多予之重器，而不及今令有功于国，一旦山陵崩[①]，长安君何以自托于赵？老臣以媪为长安君计短也，故以为其爱不若燕后。”太后曰：“诺。恣君之所使之。”于是为长安君约车百乘质于齐，齐兵乃出。

【注释】

①山陵崩：对国君或王后之死的讳称。

【译文】

左师公触龙说：“从现在开始算起，往上推算三代，直到赵建国的时候，赵君的子孙做侯的，他的后嗣还有存在的吗？”太后答说：“没有。”触龙又问：“不仅仅是赵国，其他情况相同的诸侯还有存在的吗？”太后答说：“老婆子我没有听说过。”触龙说：“这些人，近的自身遭祸，远的子孙遭殃。难道君主的儿子做侯的就一定没有好结果吗？因为他们地位尊贵而并未建功，俸禄多而并无功劳，并占有许多宝物啊。如今您老人家这样抬高长安君的地位，又把肥沃的地方封给他，给他很多宝物，但是却不让他为国家建功立业，一旦有一天您不幸逝世，长安君怎么在赵国立足呢？老臣认为您老人家为长安君考虑得少，所以以为您爱他比不上爱燕后。”太后说：“确实是这样，那就听凭你的安排吧。”于是替长安君准备了一百辆车子，将他送到齐国去做人质，齐国这才肯发兵。

子义[1]闻之曰："人主之子也，骨肉之亲也，犹不能恃无功之尊，无劳之奉，而守金玉之重也，而况人臣乎！"

【注释】

①子义：赵国的贤人。

【译文】

子义听说这件事后说道："国君的儿子，是国君的亲骨肉啊，尚且不能没有建功而得到高位，没有功劳而得到俸禄，坐拥金玉等贵重财物，何况是做臣子的呢？"

（《赵策四》）

第七章

魏策

文侯与虞人期猎

国家强盛与否，关键在于政务是否清明、制度是否进步。战国初期，魏国首先意识到这一点，在国内开展了一系列变革，使魏国迅速强盛起来，韩、赵、齐等国都表示愿意臣服于魏国。

魏国的变革之所以能够成功，魏文侯起了举足轻重的作用。和商鞅立木取信类似，魏文侯改革之初，非常注重取信于民。他和虞人约定日期一起狩猎，不顾风雨，如期前往，说话算话，博得了国内百姓的信任，所以他颁布的法令百姓就愿意遵行，“魏于是乎始强”。

文侯与虞人①期猎。是日饮酒乐，天雨。文侯将出，左右曰：“今日饮酒乐，天又雨，公将焉之？”文侯曰：“吾与虞人期猎，虽乐，岂可不一会期哉！”乃往，身自罢之。魏于是乎始强。

注释：

①虞人：管理山泽的官员。

【译文】

魏文侯和虞人约定日期一起打猎。到了这天，魏文侯喝酒的兴致很高，天正下着雨。文侯准备出行，身边的人劝他说：“今天酒喝得高兴，天又下雨，您打算到哪里去呢？”文侯说：“我和虞人约好了打猎的日子，虽然在这高兴，怎能不如期赴约呢！”于是动身前往，亲自告诉虞人因雨停止打猎的事。魏国于是逐渐强盛起来。

（《魏策一》）

魏武侯与诸大夫浮于西河

地形、地缘在军事、政治上具有很高的位置，但真正对一个国家的存亡兴衰起决定作用的还是政务是否清明、制度是否进步。指出这一点的是战国初期著名的政治改革家吴起。

吴起是战国时期杰出的政治改革家，他不仅有卓越的军事才能，还有治国之才。魏武侯派他镇守西河，防守坚不可摧，阻挡了秦军东进的道路。

本篇写他和魏武侯的一段谈话，充分展示了他的政治眼光。魏武侯认为凭据河山之险，就可以高枕无忧，这个观点本来是不对的，大夫王错却随声附和，企图博取魏武侯的欢心。吴起尖锐地指出，河山之险并不牢固可靠，桀、纣都恃险忘乎所以，最后还不是亡了国，归根到底，政治的好坏才是起决定国家存亡的关键因素，一席话得到魏武侯的赞许，但却得罪了王错。王错后来经常在魏武侯面前说吴起的坏话，最后终于把吴起排挤走。吴起走后，魏国势力逐步衰微，直至丧失霸主地位。

魏武侯①与诸大夫浮于西河②，称③曰："河山之险，岂不亦信固哉！"王错④侍坐，曰："此晋国⑤之所以强也。若善修之，则霸王之业具矣。"吴起⑥对曰："吾君之言，危国之道也；而子又附之，是重危也。"武侯忿然曰："子之言有说乎？"

【注释】

①魏武侯：名击，魏文侯之子，公元前395年—公元前370年在位。

②西河：此处西河是指黄河流经魏国西部由北向南的一段。下文的“西河”是郡名，在今陕西东部黄河西岸地区。

③称：称赞，夸耀。

④王错：魏国大臣。

⑤晋国：这里指魏国。

⑥吴起：卫国人，当时在魏国为官，是战国时著名的军事家和政治家。

【译文】

魏武侯和诸位大臣在西河乘船而下，他赞叹道：“河山如此险峻，边防难道不是很坚固的吗？”王错陪坐在旁边，说：“这就是魏国之所以强大的原因啊。如果再好好加以治理，那么成就霸业的条件就具备了。”吴起接着说：“我们国君的话，是把国家引向了危险之路，而你又去附和他，这就更危险了。”武侯生气地说：“您这样说有什么依据吗？”

吴起对曰：“河山之险，不足保也；伯王之业，不从此也。昔者三苗[①]之居，左彭蠡[②]之波，右有洞庭[③]之水，文山[④]在其北，而衡山[⑤]在其南。恃此险也，为政不善，而禹[⑥]放逐之。夫夏桀[⑦]之国，左天门[⑧]之阴，而右天谿[⑨]之阳，庐、睾[⑩]在其北，伊、洛[⑪]出其南。有此险也，然为政不善，而汤[⑫]伐之。殷纣[⑬]之国，左孟门[⑭]而右漳、釜[⑮]，前带河，后被山。有此险也，然为政不善，而武王[⑯]伐之。且君亲从臣而胜降城，城非不高也，人民非不众也，然而可得并者，政恶故也。从是观之，地形险阻，奚足以霸王矣！”

【注释】

①三苗：古族名。

②彭蠡：古泽名，在今江西鄱阳湖。

③洞庭：湖名，在今湖南北部。

④文山：即岷山，在今四川松潘北部。

⑤衡山：古时叫南岳，在今湖南衡山西北。

⑥禹：夏后氏部落联盟首领。

⑦夏桀：夏代的末代君主。

⑧天门：即天井关，在今山西晋城南。

⑨天谿：指黄河和济水。

⑩庐、睾（gāo）：均为山名，在今山西太原、交城一带。睾，通“皋”。

⑪伊、洛：均为水名，均在今河南境内。

⑫汤：商朝的开国君主。

⑬殷纣：商朝的末代君主。

⑭孟门：太行山的隘口，在今河南修武北。

⑮漳、釜：均为水名。漳水在今河南、河北二省分界处。釜，同“滏”，在今河北南部的滏阳河。

⑯武王：即周武王，姓姬，名发，西周的开国君主。

【译文】

吴起回答说：“河山的险要，并不能确保国家的安全；霸业，也从来不是以这样的方式产生的。从前三苗部落居住的地方，左边有彭蠡湖，右边有洞庭湖，文山位于他们的北面，衡山位于他们的南面。凭据着这些险要，可是政事处理得不好，结果大禹就放逐了他们。夏桀的国都，左面有天门险关，右面有黄河、济水，庐、睾二山位于其北部，伊、洛二水在其南境。有这样险要的地势，但政事处理得不好，结果照样被商汤王攻伐。商纣的都城，左边有孟门山，右边有漳水和滏水，它前临河，后靠山。虽然有这样的天险，然而政治腐败，结果遭到周武王讨伐。再说您曾亲自率领我们占领、攻陷的城邑，他们的城墙不是不高，百姓不是不多，然而依然被吞并，就是因为他们政治腐败啊。这样看来，靠着地形险要，怎么能够说是足以称霸称王呢？”

武侯曰："善。吾乃今日闻圣人之言也！西河之政，专委之子矣。"

【译文】

魏武侯说："说得太好了。我今天算是听到了明哲的言论了！西河郡的政务，就全部托付给你了。"

（《魏策一》）

魏公叔痤为魏将

本篇写公叔痤在浍北之战中取胜以后，冷静地分析获胜的各种原因，正确地看待吴起馀教和巴宁、爨襄等对此战获胜起到的作用，不居功自傲，不把所有功劳都记在自己的账上，表现了谦虚自处的政治风范。他的这种态度，促使魏国的内部更加团结，他本人也受到了魏王的重赏。

魏公叔痤为魏将，而与韩、赵战浍[①]北，禽[②]乐祚[③]。魏王[④]说，迎郊，以赏田百万禄之。公叔痤反走，再拜辞曰："夫使士卒不崩，直而不倚，挠拣而不辟[⑤]者，此吴起馀教也，臣不能为也。前脉地形之险阻，决利害之备，使三军之士不迷惑者，巴宁、爨襄[⑥]之力也。县赏罚于前，使民昭然信之于后者，王之明法也。见敌之可也鼓之，不敢怠倦者，臣也。王特为臣之右手不倦赏臣，何也？若以臣之有功，臣何力之有乎！"王曰："善。"于是索吴起之后，赐之田二十万，巴宁、爨襄田各十万。

【注释】

①浍（kuài）：水名，发源于今山西翼城东南浍山下，流入汾河。

②禽：同"擒"，抓住。

③乐祚：赵国大将。

④魏王：即魏惠王。

⑤辟：躲避。

⑥巴宁、爨襄：均是魏将。

【译文】

魏国的公叔痤担任将领，在浍北和韩、赵两国交战，俘虏了赵将乐祚。魏王十分高兴，到郊外去亲自迎接公叔痤，赏赐公叔痤百万田地作为俸禄。公叔痤转身就走，再三推辞不肯接受，说："之所以能让士兵不溃散，勇往直前，百折不挠，是因为从前受到了吴起的教导，单凭我是做不到这些的。帮助我事前就去观察过复杂险要的地势，使将士们不被迷惑的功劳，应该属于巴宁、爨襄。进军打仗之前就制定赏罚制度，使大家明白遵守于后，这是君王法度明确的功劳。看见敌人可以攻打，就击鼓进军而不要懈怠的，不过是我的责任。大王仅仅因为我不敢懈怠就封赏我，这是为什么呢？如果认为我有功劳，我的功劳又是什么呢？"魏王说："没错。"于是派人找到吴起的后人，赏赐他田地二十万，赏赐巴宁和爨襄田地十万。

王曰："公叔岂非长者哉！既为寡人胜强敌矣，又不遗贤者之后，不掩能士之迹，公叔何可无益乎！"故又与田四十万，加之百万之上，使百四十万。故《老子》曰："圣人无积，既以为人，己愈有；既以与人，己愈多。"公叔当之矣。

【译文】

魏王说："公叔痤难道不是德高望重的人吗？他既能为我击败强敌，还不遗忘贤人的后代，不埋没能人的功绩，公叔痤怎么能不得到封赏呢！"魏王因此又赏公叔痤田地四十万，加上之前赏的一百万，共有一百四十万。《老子》曾说："圣人不积蓄，尽心竭力帮助他人，自己得到的也就会越多；尽量给予别人越多，自己也会拥有更多。"公叔痤应当就是这样的人！

（《魏策一》）

魏公叔痤病

魏国是战国初年最强的国家，不过到魏惠王时，魏就开始走下坡路，国势由盛转衰。魏惠王的失败，有多种原因，但不善用人，排斥人才，迫使人才出走，是其中的重要因素。在遭受严重挫败之后，惠王非常悔恨，说："恨不用公叔痤之言"，可惜悔恨已经无法挽回一个国家的颓势。

人才是国家最宝贵的资源，魏惠王不辨忠佞，不分黑白，不用公叔痤向他推荐的贤才公孙鞅，终于为此付出了丧师失地的惨痛代价。

魏公叔痤病，惠王往问之，曰："公叔病，即不可讳，将奈社稷何？"公叔痤对曰："痤有御庶子公孙鞅，愿王以国事听之也；为弗能听，勿使出竟。"王弗应，出而谓左右曰："岂不悲哉！以公叔之贤，而谓寡人必以国事听鞅，不亦悖乎！"

【译文】

魏相公叔痤病重，惠王前去探视他，问他："公叔痤你病重，万一你不幸去世，魏国该怎么办？"公叔痤回答说："我有个家臣叫公孙鞅，希望大王把国事交给他处理；如果办不到，千万不要让他走出国境。"惠王没有说话，出去之后对身边的人说："多可悲啊！像公叔痤那样贤能的人，却叫我把国政交给公孙鞅支配，这不是糊涂吗！"

公叔痤死，公孙鞅闻之，已葬，西之秦，孝公受而用之。秦果日以强，魏日以削。此非公叔之悖也，惠王之悖也。悖者之患，固以不悖者为悖。

【译文】

公叔痤去世，公孙鞅听说这个消息，在公叔痤下葬后，就往西去了秦国。秦孝公接纳并重用了他。秦国果然日益强盛，魏国一天天削弱下去。这不是公叔痤糊涂，而是惠王糊涂啊！糊涂的人的问题就在于，他们坚持认为不糊涂的人是糊涂的。

（《魏策一》）

魏惠王死

本篇旨在说明“言尽理而利害得失定”。更改葬期虽只是一件小事，但太子顽固，只知道不给父亲举行葬礼，有失为子的孝道，不懂累民有失为君之道。犀首为太子剖明利害关系，分析得失，太子这才推迟国葬。

魏惠王死，葬有日矣。天大雨雪，至于牛目①，坏城郭，且为栈道②而葬。群臣多谏太子者，曰：“雪甚如此而丧行，民必甚病之，官费又恐不给，请弛期更日。”

【注释】

①至于牛目：形容积雪很厚，大约有数尺。

②栈道：用木头铺就的道路。

【译文】

魏惠王死了，下葬的日子也已定下。却逢天降大雪，积雪厚达数尺，城郭的道路都被堵塞无法通行，太子准备修筑栈道以便安葬魏惠王。许多大臣都来劝说太子，说：“雪下得这么大还要举行葬礼，老百姓会感到困苦，国家的经费也恐怕不足，希望太子能改日举行葬礼。”

太子曰："为人子而以民劳与官费用之故，而不行先王之丧，不义也。子勿复言。"

【译文】

太子说："我身为人子仅仅因为百姓困苦和经费不足就不按时为先王举行葬礼，这不符合道义。你们不要再说了。"

群臣皆不敢言，而以告犀首。犀首曰：'吾未有以之也，是其唯惠公乎！请告惠公。"

【译文】

群臣都不敢再说什么，就把这件事告诉犀首。犀首说："我没有什么办法，这事唯有惠公能解决，你们去告诉惠公吧！"

惠公曰："诺。"贺而见太子。曰："葬有日矣。"太子曰："然。"惠公曰："昔王季历葬于楚山之尾，栾水啮其墓，见棺之前和。文王曰：'嘻！先君必欲一见群臣百姓也夫，故使栾水见之。'于是出而为之张于朝，百姓皆见之，三日而后更葬，此文王之义也。今葬有日矣，而雪甚及牛目，难以行，太子为及日之故，得毋嫌于欲亟葬乎？愿太子更日。先王必欲少留而扶社稷、安黔首也，故使雪甚。因弛期而更为日，此文王之义也。若此而弗为，意者羞法文王乎？"太子曰："甚善。敬弛期，更择日。"

【译文】

惠施听说此事后说："好。"于是立刻驾车去参见太子。惠公问："安葬先王的日子定下来了吗？"太子回答说："定下来了。"惠公说："当年王季历埋葬在楚山脚下，渗出的水冲侵蚀了他的墓穴，棺材的头部都露了出来。文王说：‘唉！一定是先王还想再见各位大臣和百姓一面吧！所以让渗出的水把棺木冲了出来。’文王于是将先王的棺木挖出来，放在朝堂之上，用幕布盖住，使百姓和大臣都前来朝见，三天后才重新安葬，这是文王的道义啊！现在虽然葬期已经确定，但雪下得这么大，很难举行葬礼，太子若是依然要如期下葬，是不是显得太急躁了？希望太子改日下葬先王。先王必定是想留下来再扶护他的国家和安抚他的臣民，所以才让雪下得这么大。以致延期而改日下葬，这是文王在树立道义啊！如果您不愿意这样做，我会认为您是羞于效法文王！”太子说：“你说得没错。请让我推迟葬礼，另外择日安葬先王。”

惠子非徒行其说也，又令魏太子未葬其先王而因又说文王之义。说文王之义以示天下，岂小功也哉！

【译文】

惠施不仅使太子采纳了他的主张，还让太子没有强行安葬先王，并阐明了文王的道义。让文王的道义在天下传扬，这功劳真是不小啊！

（《魏策二》）

齐、魏战于马陵

本篇中魏惠王因为马陵之战惨败，折损十万人马，太子也被杀而恼羞成怒，于是决定出动全国之兵和齐国背水一战。幸亏惠施沉着冷静，依然保持着清醒的头脑，他对惠王提出了两点建议，一是要求魏国屈尊朝齐，激起楚国的怒意，引发楚国与齐国的矛盾，借助楚国的力量削弱齐国；二是和齐君互尊为王，避开齐国的锋芒，令魏国度过眼下的难关。魏王听取了惠施的意见，转投齐国，表示愿和齐国一起称王。楚王听说此事，果然大怒，认为齐国背信弃义，于是亲自领兵攻打齐国，在徐州大败齐军。惠施的建议，不仅使魏国摆脱了困境，也借用楚国的力量为魏国报了破国之仇。

齐、魏战于马陵[①]，齐大胜魏，杀太子申，覆十万之军。魏王[②]召惠施而告之曰："夫齐，寡人之仇也，怨之至死不忘，国虽小，吾常欲悉起兵而攻之，何如？"对曰："不可。臣闻之，王者得度，而霸者知计。今王所以告臣者，疏于度而远于计。王固先属怨于赵，而后与齐战。今战不胜，国无守战之备，王又欲悉起而攻齐，此非臣之所谓也。王若欲报齐乎，则不如因变服折节而朝齐，楚王[③]必怒矣。王游人而合其斗，则楚必伐齐，以休楚而伐罢[④]齐，则必为楚禽矣。是王以楚毁齐也。"魏王曰："善。"乃使人报于齐，愿臣畜而朝。田婴许诺。

【注释】

①马陵：今河北大名东南。

②魏王：指魏惠王。

③楚王：指楚威王。

④罢：使……疲惫。

【译文】

齐、魏两国在马陵交战，齐国打败了魏国，杀掉魏太子申，歼灭了魏国十万大军。魏惠王召见惠施，对他说："齐国是我的死对头，我对它的怨恨，至死也不会忘记，魏国虽小，但我想动员所有兵力去攻打齐国，你觉得怎么样呢？"惠施回答说："不可以。我听说，做王侯的人度量宽宏而称霸的人懂得计谋。现在大王告诉我的话，度量狭小而计谋不当。大王本是先和赵国结怨，然后和齐国交战。如今战事失利，国家没有防守的战备，大王却打算全力攻齐，这不是我所说的王霸风范啊。大王如果真想报复齐国，就不如脱下王服，屈身去朝见齐国，楚王定会生气。大王派人游说，促使两国互相争斗，楚国必将攻打齐国，以休养生息的楚国去攻打疲敝的齐国，齐定会被楚击败，这就是大王用楚国去毁掉齐国啊！"魏王说："不错。"于是派人向齐国通报，愿称臣朝见齐国。田婴同意了。

张丑[①]曰："不可。战不胜魏，而得朝礼，与魏和而下楚，此可以大胜也。今战胜魏，覆十万之军而禽太子申，臣万乘之魏而卑秦、楚，此其暴戾定矣。且楚王之为人也，好用兵而甚务名，终为齐患者，必楚也。"田婴不听，遂内[②]魏王，而与之并朝齐侯再三[③]。

【注释】

①张丑：齐国臣子。

②内：同“纳”，接纳。

③齐侯：指齐威王。

【译文】

张丑说：“这样做不可以。如果对魏作战没有获胜的话，互相朝见，与魏讲和然后共同攻楚，这是可以取得大胜的啊。现在打败了魏国，歼灭了它十万大军，又擒杀了太子申，使魏国称臣而卑视秦、楚，楚君必定会暴怒。并且楚王的为人，喜欢用兵而很想出名，因此最终成为齐国祸患的，必定是楚国啊。”田婴没有听从，接纳了魏王，并与他一起多次朝见齐威王。

赵氏丑之。楚王怒，自将而伐齐，赵应之，大败齐于徐州[①]。

【注释】

①徐州：今山东滕县东南。

【译文】

赵国为这件事感到十分羞辱。楚王大怒，亲自领兵攻齐，赵国与之响应，在徐州大败齐军。

（《魏策二》）

田需贵于魏王

公元前约316年，田需任魏相。当时正是他春风得意之时，惠施用种杨和拔杨为例，警示他。告诫他要和魏王身边的人搞好关系，否则将受到排挤，处境危险。进谗言的人多了，田需纵有百口，也难辩解。

张仪曾由秦国到魏国担任相国，惠施和张仪的政见相左，张仪主张联合秦、韩一起攻齐、楚，惠施主张联合齐、楚以消弭战争。为张仪说话的人多，惠施势单力孤，最终被排挤逃至楚国。惠施的遭遇让他铭心刻骨，所以对田需能及时提出了忠告。

田需[①]贵于魏王，惠子[②]曰："子必善左右。今夫杨，横树之则生，倒树之则生，折而树之又生。然使十人树杨，一人拔之，则无生杨矣。故以十人之众，树易生之物，然而不胜一人者，何也？树之难而去之易也。今子虽自树于王，而欲去子者众，则子必危矣。"

【注释】

①田需：齐人，当时在魏为相。

②惠子：惠施。

【译文】

田需非常受魏王的宠信，惠施对田需说：“你一定要和大王身边的人搞好关系。就像那杨树，横着种植也能成活，倒着种植也能成活，折断了种植依然能够成活。但如果让十个人去种植杨树，另外让一个人去拔，那么一棵杨树也不能存活。以十人之众去种植很容易存活的杨树，却无法胜过一人拔树，这是什么原因呢？是植树难而拔树容易的缘故啊。如今你虽然在魏王那里打下了根基，但想除掉你的人也很多，那你就很危险了。”

（《魏策二》）

秦、楚攻魏，围皮氏

战国时期，各国的关系纷繁复杂，变化万千，今天是盟友，明天就可能成为敌对国。

要在如此变幻莫测的局势下生存发展，需要国君有清醒的头脑，过人的才能，并且拥有贤能的人才，才可以随机应变，让自己的国居于有利地位。秦与楚联合攻魏，战争正紧锣密鼓地进行，可形势突变，魏国转而与楚国联合，使秦陷于孤立之境。樗里疾巧设离间计使得楚、魏产生分歧，转而联合魏国攻打楚国，变被动为主动，占据了先机。

秦、楚攻魏，围皮氏[①]。为魏谓楚王[②]曰："秦、楚胜魏，魏王[③]之恐也见亡矣，必合于秦，王何不倍[④]秦而与魏王？魏王喜，必内[⑤]太子[⑥]。秦恐失楚，必效城地于王，王虽复与之攻魏可也。"楚王曰："善。"乃倍秦而与魏，魏内太子于楚。

【注释】

①皮氏：在今山西河津西。

②楚王：指楚怀王。

③魏王：指魏襄王。

④倍：同"背"，背叛，背弃。

⑤内：同“纳”，接纳，下同。

⑥太子：即位后称昭。

【译文】

秦、楚两国联合起来攻打魏国，包围了皮氏。有人替魏国向楚王说：“秦、楚战胜了魏国，魏王害怕被灭亡，肯定会与秦国联合，大王为什么不背弃秦国转而和魏王亲善呢？如此一来，魏王高兴，就会把太子送到楚国去做人质。秦国害怕失去楚国的支持，定会把城地献给大王，大王再和它一起攻打魏国也是可以的。”楚王说：“好。”于是背弃秦国而亲附魏国，魏国果然把太子送到楚国来做人质。

秦恐，许楚城地，欲与之复攻魏。樗里疾[①]怒，欲与魏攻楚，恐魏之以太子在楚不肯也。为疾谓楚王曰：“外臣疾使臣谒之曰：‘敝邑之王欲效城地，而为魏太子之尚在楚也，是以未敢。王出魏质，臣请效之，而复固秦、楚之交，以疾攻魏。’”楚王曰：“诺。”乃出魏太子。秦因合魏以攻楚。

【注释】

①樗（chū）里疾：秦国将领。

【译文】

秦国害怕，许诺把城地割给楚国，打算重新和它攻打魏国。樗里疾很气愤，想联合魏国攻打楚国，又怕魏国因太子在楚而不肯。有人替樗里疾对楚王说：“外国的臣子疾让我禀告大王：‘敝国的君王打算献上城地，但由于魏太子还在楚国，所以没有采取行动。大王如果现在放走魏国的人质，我就请君主献上土地，使秦、楚的友谊重新巩固，迅速攻打魏国。’”楚王说：“好。”于是就放走了魏太子。秦国于是联合魏国，攻打楚国。

（《魏策二》）

庞葱与太子质于邯郸

庞葱考虑到他和太子离开魏国后，会有不少人在魏王面前说他的坏话，也许一个人说，两个人说，魏王不会相信，但是说的人多了，难保魏王不起疑心，于是他就用“三人成市虎”作比喻，先给魏王打了预防针。可是他哪里知道，谣言一传十，十传百，百传千千万，原本虚无的事情被传开，那么真相就会被掩埋。庞葱担心的事，最终还是成为了事实。

庞葱[①]与太子质于邯郸，谓魏王曰：“今一人言市有虎，王信之乎？”王曰：“否”。“二人言市有虎，王信之乎？”王曰：“寡人疑之矣。”“三人言市有虎，王信之乎？”王曰：“寡人信之矣。”

【注释】

①庞葱：魏臣。

【译文】

庞葱即将和魏太子一起到赵国的邯郸做人质，庞葱对魏王说：“现在如果有人说集市上有老虎，大王会相信吗？”魏王说：“不相信。”庞葱又说：“如果有两个人说集市上有老虎，大王会相信吗？”魏王说：“我会半信半疑。”庞葱又问：“如果有三个人说集市上有老虎，大王会相信吗？”魏王说：“我相信。”

庞葱曰：“夫市之无虎明矣，然而三人言而成虎。今邯郸去大梁也远于市，而议臣者过于三人矣。愿王察之矣。”王曰：“寡人自为知。”于是辞行，而谗言先至。后太子罢质，果不得见。

【译文】

庞葱说：“集市上本来没有老虎，这是很明显的事，但三个人都说有就变成了真有老虎。现在邯郸距离大梁，比王宫距离街市远多了，但是前来说我坏话的人恐怕远远超过三个，希望大王明鉴啊！”魏王说：“我自然会判断。”于是庞葱辞别魏王离开了。庞葱还在途中，诽谤他的话就已传到魏王那里。等到魏太子回国，庞葱果然没能再见到魏王。

（《魏策二》）

梁王魏婴觞诸侯于范台

春秋时期，但凡诸侯会盟，都会要求与会人员赋诗言志，表达自己的想法。到了战国，会盟不再赋诗，而改为即席用好话提出忠告。本篇中，鲁君在宴会上就地取材，历数君王大禹与美酒、齐桓公与美味、晋文公与美女南之威、楚灵王与美景楼台的典故，劝诫魏王警惕酒、味、色能导致亡国之祸，应景入理。

梁王魏婴[①]觞[②]诸侯于范台。酒酣，请鲁君举觞。鲁君兴，避席择言[③]曰："昔者，帝女仪狄作酒而美，进之禹，禹饮而甘之，遂疏仪狄，绝旨酒。曰：'后世必有酒亡其国者'。齐桓公夜半不嗛[④]，易牙[⑤]乃煎敖[⑥]燔炙[⑦]，和调五味而进之，桓公食之而饱，至旦不觉，曰：'后世必有以味亡其国者。'晋文公得南之威[⑧]，三日不听朝，遂推南之威远之，曰：'后世必有以色亡其国者。'楚王[⑨]登强台而望崩山[⑩]，左江而右湖，以临彷徨[⑪]，其乐忘死，遂盟强台而弗登，曰：'后世必有以高台陂池亡其国者。'今主君之尊，仪狄之酒也；主君之味，易牙之调也；左白台而右闾须[⑫]，南威之美也；前夹林而后兰台[⑬]，强台之乐也。有一于此，足以亡其国。今主君兼此四者，可无戒与！"梁王称善相属。

【注释】

①梁王魏婴：魏惠王。

②觞（shāng）：古代饮酒用的器具，这里代指宴饮。

③避席择言：当时的外交礼节，类似于春秋时的盟会赋诗。

④嗛（qiàn）：足，满足。

⑤易牙：春秋时齐桓公的宠臣，善于烹调。

⑥敖：通“熬”，熬煮。

⑦燔（fán）炙：烤肉。

⑧南之威：美女名字。

⑨楚王：指楚昭王。

⑩崩山：巫山。

⑪仿徨：水名。

⑫白台、闾须：均为美女名。

⑬夹林、兰台：均为游乐景点。

【译文】

魏惠王魏婴在范台宴请各国诸侯。大家喝酒喝得畅快的时候，梁王向鲁公敬酒。鲁公很高兴，离开自己的坐席，严肃地说：“从前，尧帝的女儿仪狄酿制美酒进献给大禹，大禹喝了觉得味道很好，但大禹却从此疏远了仪狄并戒酒。大禹说：‘后世必有因饮酒而使国家灭亡的君主！’齐桓公有一天半夜感到肚子饿，易牙于是用煎熬烧烤的方法和着各种调料做出美味可口的菜肴献给桓公，桓公吃了之后一觉睡到天亮还不醒，桓公因此感叹：‘后世必定会有因为贪食美味而使国家灭亡的君主。’晋文公得到美女南之威，三天都不上朝理政，晋文公于是疏远了南之威，说：‘后世必定会有因美女而使国家灭亡的君主。’楚王登上强台远眺巫山，左边是长江，右边是洞庭湖，登临徘徊，快乐得忘乎所以，于是他发誓再也不登强台，楚王说：‘后世必定会有因为贪恋美景而使国家灭亡的君主。’现在大王杯里装的是好似仪狄酿的美酒，大王吃的是好似易牙烹制的美食；大王身边的白台和闾须好似南之威一样的美女；大王前有夹林，后有兰台，都是好似强台那样的游乐处所。这四者中占有一种，就足以亡国，现在大王同时拥有这四种，怎么能不引以为戒呢？”梁王对鲁公说的道理连声称好。

（《魏策二》）

秦败魏于华，走芒卯而围大梁

公元前273年，赵、魏联合攻韩，韩向秦求援。秦国发兵，在华阳击败赵、魏联军，进而围攻大梁，须贾向穰侯进谏就在此时。

须贾劝说穰侯，不要以为这是上天在保佑自己，打仗不能凭运气，并指出楚、赵助魏对抗秦国，形势恐怕对秦不利；如果秦与魏讲和，则不用兵卒就可以扩大穰侯陶邑的领地。

秦败魏于华[①]，走芒卯[②]而围大梁[③]。须贾[④]为魏谓穰侯[⑤]曰："臣闻魏氏大臣父兄皆谓魏王[⑥]曰：'初时惠王伐赵，战胜乎三梁[⑦]，十万之军拔邯郸，赵氏不割，而邯郸复归。齐人攻燕，杀子之，破故国，燕不割，而燕国复归。燕、赵之所以国全兵劲，而地不并乎诸侯者，以其能忍难而重出地也。宋、中山数伐数割，而随以亡。臣以为燕、赵可法，而宋、中山可无为也。夫秦，贪戾之国而无亲，蚕食魏，尽晋国，战胜暴子[⑧]，割八县，地未毕入而兵复出矣。夫秦何厌之有哉！今又走芒卯，入北宅[⑨]，此非但攻梁也，且劫王以多割也，王必勿听也。今王循楚、赵而讲，楚、赵怒而与王争事秦，秦必受之。秦挟楚、赵之兵以复攻，则国救亡不可得已。愿王之必勿讲也。王若欲讲，必少割而有质，不然必欺。'是臣之所闻于魏也。愿君之以是虑事也。

【注释】

①华：即华阳，在今河南郑州南。

②芒卯：齐人，魏国将领。

③大梁：魏国都城，在今河南开封。

④须贾：魏国大夫。

⑤穰侯：秦昭王的舅舅魏冉，当时为秦相。

⑥魏王：指魏安王。

⑦三梁：赵地名，在今河北肥乡西南。

⑧暴子：指韩将暴鸢。

⑨北宅：魏地，在今河南郑州原荥泽东。

【译文】

秦国的军队在华阳击败了魏军，魏将芒卯逃跑，秦军进兵围困大梁。须贾为魏国前去拜见秦军主帅穰侯，说："我听说魏国的亲近大臣都对魏王说：'当初惠王攻打赵国，在三梁战胜赵军，率十万大军攻破邯郸，但是后来赵国没有割地，邯郸又回到了赵国手中。齐国进军燕国，杀掉了子之，击败了这个有悠久历史的诸侯国，燕国没有割地，但是燕国后来也复国了。燕、赵两国之所以能保全国土、兵力不衰，并且没有割让土地给诸侯各国，是因为他们能忍受苦难，不愿意轻易割地。宋国、中山国屡屡战败被迫割地，很快就灭亡了。我认为仿效燕、赵两国是可行的，而不应像宋国、中山国那样办。秦国是个贪婪的诸侯国，又不讲情面，侵占魏国的土地，侵吞晋国，打败暴鸢，魏国割让了八县，割地都还没有来得及完全交收，秦国又出兵攻打了。秦国的欲望哪里能满足啊！现在又打败了芒卯，占据了北宅，这不仅是进攻魏国，还胁迫魏王割让土地，所以大王千万不要听从。现在背着楚、赵和秦国讲和，楚、赵两国必定会生气，就会争相投靠秦国，秦国一定会高兴地接受。那么秦国率楚国、赵国的军队再度攻魏，那时想要不亡国都是不可能了。希望大王不要与秦国和谈。如果大王想要讲和，也一定要尽量少割土地而且还要有秦国的人质，不然定会被蒙骗。这都是我在魏国的时候听到的，希望您能好好考虑一下。”

“《周书》曰：‘维命不于常[1]’，此言幸之不可数也。夫战胜暴子而割八县，此非兵力之精，非计之工也，天幸为多矣。今又走芒卯，入北宅，以攻大梁，是以天幸自为常也，知者不然。

【注释】

①维命不于常：此语出《尚书·康诰》。

【译文】

“《周书》上说：‘天命无常’，这是说幸运不是经常有的。秦军打败暴鸢而割走魏国八县，这不是因为兵力精锐，不是因为计策巧妙，这是幸运占主要因素。现在秦军打败芒卯，占据北宅，进攻大梁，这是以为幸运是经常出现的，智慧的人是不会依靠天命的。

“臣闻魏氏悉其百县[1]胜兵，以上戍大梁，臣以为不下三十万。以三十万之众，守十仞之城，臣以为虽汤、武复生，弗易攻也。夫轻信楚、赵之兵，陵十仞之城，犯三十万之众，而志必举之，臣以为自天下之始分以至于今，未尝有之也。攻而不能拔，秦兵必罢，阴[2]必亡，则前功必弃矣。今魏方疑，可以少割收也。愿君逮楚、赵之兵未至于大梁也，亟以少割收魏。魏方疑，而得以少割为和，必欲之，则君得所欲矣。楚、赵怒于魏之先己讲也，必争事秦，从是以散，而君后择焉。且君乏尝割晋国取地也，何必以兵哉。夫兵不用而魏效绛[3]、安邑，又为阴启两道，几尽故宋，卫效单父[4]，秦兵可全，而君制之，何求而不得？何为而不成？臣愿君之熟计而无行危也。”穰侯曰：“善。”乃罢梁围。

【注释】

①百县：泛指魏国境内各县。

②阴：应为“陶”，穰侯的封邑，在今山东定陶西北。

③绛，在今山西侯马。

④单父：卫地，在今山东单县东。

【译文】

“我听说魏国调集全国的兵力来防守大梁，我认为兵力不少于三十万。用三十万的军队来守卫几十丈高的城池，我认为即使是商汤王、周武王在世，也不容易攻下。现在轻易避开楚、赵的军队，进犯十丈高的城市，和三十万大军作战，而又志在必得，我认为这是从古至今都没有过的事。进攻而不能成功，秦军必会疲惫，陶邑必会丢失，这就会前功尽弃。现在魏国正在犹豫，愿意少割地来结束这件事情。希望你趁着楚国、赵国的军队还没到大梁的时候，尽快少割地来拉拢魏国。魏国正在犹豫时，以少割土地而讲和，魏国一定会同意，那您就会如愿以偿。楚国、赵国因魏国先与秦国讲和而发怒，就会争相讨好秦国，合纵联盟就会解散，这样您就可以选择有利的办法。您曾经割取魏国的土地，哪里是必定要用兵的呢？不费一兵一卒就让魏国献上绛和安邑两地，又为陶邑开辟了两条道路，几乎占尽了宋国原来的土地，卫国献上单父城，对秦军没有损失，就会交由您支配，您还有什么要求会达不到呢？还有什么事办不成的呢？我希望您认真考虑，不要走危险的路。”穰侯说：“好的。”于是撤除对大梁的包围。

（《魏策三》）

秦败魏于华，魏王且入朝于秦

公元前259年，秦取得长平之战的胜利，乘势又在华阳击败魏军，还派宜阳令许绾诱劝魏王朝秦。魏王虽然不愿意，但被形势所迫，不得不朝秦。周䜣劝阻他说，许绾的话根本靠不住，去秦国恐怕有灾祸。但魏王事先已经答应了应侯，不好反悔，于是支期让魏王假装生病，请长信侯来商议下一步的对策。长信侯自告奋勇前去打消应侯叫魏王朝秦的念头，这才让魏王略为宽心。

秦败魏于华，魏王[1]且入朝于秦。周䜣[2]谓魏王曰："宋人有学者，三年反而名其母。其母曰：'子学三年，反而名我者，何也？'其子曰：'吾所贤者无过尧、舜，尧、舜名。吾所大者无大天地，天地名。今母贤不过尧、舜，母大不过天地，是以名母也。'其母曰：'子之于学者，将尽行之乎？愿子之有以易名母也。子之于学也，将有所不行乎？愿子之且以名母为后也。'今王之事秦，尚有可以易入朝者乎？愿王之有以易之，而以入朝为后。"

【注释】

①魏王：指魏安王。

②周䜣：魏国大臣。

【译文】

秦国在华阳战胜魏军，魏王准备派人入秦朝见。周䜣对魏王说：“宋国有个在外求学的人，外出三年后回家，对他的母亲直呼名字。他的母亲说：‘你在外学习了三年，回到家就直接叫我的名字，这是为什么？’她的儿子说：‘我认为圣贤的人，没有超过尧、舜的，我对尧、舜都是直呼他们的名。我认为再伟大的人不超过天地，天地我也是直呼它们的名。如今母亲的贤能不能超过尧、舜，伟大不能超过天地，所以我就直呼母亲的名字。’他的母亲说：‘你对所学到的知识，准备全部用到实际当中吗？希望你能换个称谓来称呼母亲。你对所学到的知识，如果不能全部用到实际当中，希望你暂且把直呼母亲的名字往后放一放。’现如今大王侍奉秦国，还有可替代入秦朝见的办法吗？希望大王用别的方法来替代，把入秦朝见的事往后放一放。”

魏王曰：“子患寡人入而不出邪？许绾①为我祝曰：‘入而不出，请殉寡人以头。’”周䜣对曰：“如臣之贱也，今人有谓臣曰：‘入不测之渊而必出，不出，请以一鼠首为女殉’者，臣必不为也。今秦不可知之国也，犹不测之渊也；而许绾之首，犹鼠首也。内王于不可知之秦，而殉王以鼠首，臣窃为王不取也。且无梁孰与无河内②急？”王曰：“梁急。”“无梁孰与无身急？”王曰：“身急。”曰：“以三者，身，上也；河内，其下也。秦未索其下，而王效其上，可乎？”

【注释】

①许绾：秦国臣子。

②河内：指今河南省黄河以北地区。

【译文】

魏王说：“你是担心我到了秦国后出不来吗？许绾对我发誓说：‘如果

你到秦国后出来不了，请用我的人头做担保。’”周䜣回答说：“像我这种身份低贱的人，现在有人对我说：‘跳进不测的深渊，必然能够安然无恙地出来，要是出不来，我愿用一个鼠头作为担保’，我肯定不会同意。如今秦是一个变幻莫测的国家，就像是一个无底的深渊一样；许绾的头，也犹如一个鼠头。让大王进入变幻莫测的秦国，而用一个鼠头作为担保，我私下认为这样的做法不妥。况且，失去大梁和失去河内相比，哪个更重要？”魏王说：“大梁重要。”“失去大梁与丢掉性命相比，哪个更重要？”魏王说：“性命重要。”周䜣说：“在以上三个条件中，性命是最重要的，而河内是最不重要的。秦国还没有要求得到最不重要的，而大王就直接献出最重要的，这恰当吗？”

王尚未听也。支期[①]曰：“王视楚王[②]。楚王入秦，王以三乘先之；楚王不入，楚、魏为一，尚足以捍秦。”王乃止。王谓支期曰：“吾始已诺于应侯矣，今不行者，欺之矣。”支期曰：“王勿忧也。臣使长信侯请无内王，王待臣也。”

【注释】

①支期：魏人。

②楚天：楚考烈王。

【译文】

魏王还在犹豫。支期又说：“大王可观察楚王的动静。如果楚王入秦，大王派三辆轻车，抢先进入秦国。楚王要是不入秦，楚、魏联合在一起，还足以抵御秦国。”魏王这才打消了入秦朝见的念头。魏王对支期说：“可是我已经答应应侯去朝秦了，现在不动身，就是欺骗他了。”支期说：“大王不必担心。我叫长信侯想办法不要让大王入秦，大王等待我的回音吧！”

支期说于长信侯曰："王命召相国。"长信侯曰："王何以臣为？"支期曰："臣不知也，王急召君。"长信侯曰："吾内王于秦者，宁以为秦邪？吾以为魏也。"支期曰："君无为魏计，君其自为计。且安死乎？安生乎？安穷乎？安贵乎？君其先自为计，后为魏计。"长信侯曰："楼公将入矣，臣今从。"支期曰："王急召君，君不行，血溅君襟矣。"

【译文】

支期对长信侯说道："大王要召见相国您。"长信侯问："大王召见我有什么事？"支期说："我不清楚。大王要紧急召见您。"长信侯说："我让大王入秦朝见，难道是为了秦国的事情吗？我是为了魏国而来的啊。"支期说："您先不要为魏国打算了，您暂且替自己打算吧。您是想死还是想活？想穷困还是想富贵？您最好先替自己打算好，然后再替魏国打算吧。"长信侯说："楼公就快要到魏国来了，我要和他商量一下。"支期说："大王现在紧急召见您，您如果不动身，鲜血就要溅到您的衣襟上了。"

长信侯行，支期随其后。且见王，支期先入谓王曰："伪病者乎而见之，臣已恐之矣。"长信侯入见王，王曰："病甚奈何！吾始已诺应侯矣，意虽道死，行乎？"长信侯曰："王毋行矣！臣能得之于应侯，愿王无忧。"

【译文】

长信侯动身出发，支期紧随其后，将和魏王见面时，支期抢先入宫对魏王说："大王可假装生病，接见他，我已经威胁过他了。"长信侯入宫拜见魏王，魏王说："我病得很厉害，怎么办？我之前已经答应应侯了，看来，我即使是死在路上，也得动身了吧？"长信侯说："大王不必动身了！我有办法能让应侯同意你不去秦国，大王您不要担忧。"

（《魏策三》）

华阳之战

两国之间可能发生两种战争：一是硝烟弥漫的正面战场，真刀真枪，你来我挡；一是外交上不见血刃的战场。

力量较强的一方，在遭到顽强阻击时，未必能凭借军事优势占领对方的城邑，所以往往希望通过外交手段，迫使对方主动献出土地。力量较弱的一方，时常用积极抵抗来化解敌方的攻势，鹿死谁手，很难预料。所以，对于实力较弱的国家来说，要坚持原则，不到万不得已，不要轻易将敌方用武力得不到的土地拱手相送。割地求和是没有尽头的，搞不好还会使火势越烧越旺，不如奋战到底，反而可能有一线生机。

华阳之战，魏不胜秦。明年，将使段干崇①割地而讲。

【注释】

①段干崇：魏国大臣。

【译文】

华阳之战，魏军被秦打败了。第二年，魏将派段干崇割地与秦讲和。

孙臣[1]谓魏王[2]曰："魏不以败之上割，可谓善用不胜矣；而秦不以胜之上割，可谓不能用胜矣。今处期年乃欲割，是群臣之私而王不知也。且夫欲玺者，段干子也，王因使之割地；欲地者，秦也，而王因使之授玺。夫欲玺者制地，而欲地者制玺，其势必无魏矣。且夫奸臣固皆欲以地事秦。以地事秦，譬犹抱薪而救火也，薪不尽则火不止。今王之地有尽，而秦之求无穷，是薪火之说也。"

【注释】

①孙臣：魏臣。

②魏王：指魏安厘王。

【译文】

孙臣对魏王说："魏不在战败的时候割地，可算是很善于运用不胜的条件；而秦不在战胜的时候要求割取魏地，可算是很不善于运用战胜的时机。现在过了一整年才计划割地，这是群臣的私心而大王不知道啊。并且想得玺的是段干崇，大王却叫他去割地；想得土地的是秦国，大王却让它授玺。想得玺的控制着地，而想得地的控制着玺，如此发展下去必定会使魏国消失。并且所有的奸臣都想用割地来讨好秦国。用割地来向秦国示好，就好比抱着薪柴去救火，薪柴不完那火也就不止息。现在大王的土地有限，而秦国的欲望无穷无尽，这就像是薪和火的关系啊。"

魏王曰："善。虽然，吾已许秦矣，不可以革也。"对曰："王独不见夫博者之用枭邪？欲食则食，欲握则握。今君劫于群臣而许秦，因曰不可革，何用智之不若枭也？"魏王曰："善。"乃按其行。

【译文】

魏王说："没错。可是，我已答应秦国了，没法改变。"孙臣回答说："难道大王没有见过下棋的人是怎样使用枭棋吗？得到枭棋的，想怎么走就怎么走，想停的时候就停。现在大王受群臣胁迫而答应秦国，因而说不能食言，为什么思考问题还比不上运用枭棋的人啊？"魏王说："好。"就停止了派遣段干崇的行动。

（《魏策三》）

秦将伐魏

公元前283年，秦国准备攻打魏国，魏昭王眼看形势危急，连夜召见孟尝君，向他咨询应对计策。孟尝君提出，必须寻求其他诸侯的救援。于是魏王派他出使燕国和赵国。孟尝君用唇齿相依的比喻，告诉燕、赵的国君，说魏国如果落入秦国之手，燕、赵就会失去屏蔽，门户洞开，对它们极其不利。燕、赵两国的君王都被他说动，立即出兵救魏，秦军无奈，只好撤走。

秦将伐魏。魏王①闻之，夜见孟尝君②，告之曰："秦且攻魏，子为寡人谋，奈何？"孟尝君曰："有诸侯之救则国可存也。"王曰："寡人愿子之行也。"重为之约车百乘。

【注释】

①魏王：魏昭王。

②孟尝君：即田文，此时在魏为相。

【译文】

秦国计划攻打魏国，魏昭王听到这个消息，连夜召见孟尝君，魏昭王告诉他："秦国打算攻打魏国，你为我谋划一下，该怎么办呢？"孟尝君说："如果有其他诸侯的援助，魏国就能转危为安。"魏昭王说："我希望你能去

西借秦军，再联合赵军，以四国之兵来攻打燕国，大王能得到什么好处呢？燕国是千里救援好，还是一出去就看见四国攻燕的军队好呢？而且四国军队距离燕国很近而运输也方便了，这对大王有何好处呢？’

燕王曰：“子行矣，寡人听子。”乃为之起兵八万，车二百乘，以从田文。

【译文】

燕王说：“你可以回国复命了，我愿意采纳你的意见。”于是为孟尝君派出精兵八万，准备战车二百辆。

魏王大说曰：“君得燕、赵之兵甚众且亟矣。”秦王①大恐，割地请讲于魏。魏因归燕、赵之兵而封田文。

【注释】

①秦王：秦昭王。

【译文】

魏王十分高兴，说：“你这么快就借到了燕、赵的大军，太了不起了！”秦王大为惶恐，割地与魏国讲和。魏王于是让燕、赵的军队回国，并赏赐了孟尝君。

（《魏策三》）

魏王欲攻邯郸

做事之前，首先需要判断大方向是否正确。方向对了，一分耕耘，一分收获。日积月累，成功指日可待。但若是方向错了，南辕北辙，努力得越多，问题出现得就越多，越是坚持错误也就越大。

魏王[①]欲攻邯郸，季梁[②]闻之，中道而反，衣焦不申[③]，头尘不浴，往见王曰："今者臣来，见人于大行，方北面而持其驾，告臣曰：'我欲之楚。'臣曰：'君之楚，将奚为北面？'曰：'吾马良。'臣曰：'马虽良，此非楚之路也。'曰：'吾用多。'臣曰：'用虽多，此非楚之路也。'曰：'吾御者善。'此数者愈善，而离楚愈远耳。今王动欲成霸王，举欲信于天下，恃王国之大，兵之精锐，而攻邯郸，以广地尊名，王之动愈数，而离王愈远耳，犹至楚而北行也。"

【注释】

①魏王：魏惠王。

②季梁：魏臣。

③申：伸张，伸展。

【译文】

魏王计划攻打邯郸，季梁听说这件事，中途返回，衣服卷缩没有伸展，头上的尘土也没有洗，匆忙去见魏王道："今天我来的时候，在大路上遇见一个人，正向北驾着他的车，告诉我说：'我想到楚国去。'我说：'您到楚国去，为什么反而朝着北方走？'那个人回答说：'我的马是好马。'我说：'马虽然好，可这也不是去楚国的路啊。'那个人回答说：'我的路费充足。'我说：'路费虽然充足，可这也不是去楚国的路啊。'他又说：'我驾车的人技术高超。'这几个条件愈好，这个人距楚国就愈远了。现在大王的举动总想称霸称王，总想在天下得到伸张，依仗大王的国土广阔，武器精良，想去攻打邯郸，从而扩张土地提高名声，大王的行动越频繁，离您称王的事业就越远，就好像想去楚国却向着北行进一样啊。"

（《魏策四》）

秦、魏为与国

战国时期，诸侯国之间的斗争复杂而尖锐，各国都很重视结盟。到战国晚期，魏国向秦臣服，俨然成为秦国的附属国，当齐、楚相约联合攻魏时，不仅对魏不利，对秦也不利的。唐雎向秦王进言，劝秦王出兵，无疑是事先已经看准了秦王不会任由魏国受损而加强齐、楚两国的力量。所以秦王听了他的意见后，立刻出兵救魏，齐、楚只好撤兵。

秦、魏为与国。齐、楚约而欲攻魏，魏使人求救于秦，冠盖相望，秦救不出。

【译文】

秦国与魏国结成同盟，齐国、楚国将联合攻打魏国，魏国派人向秦国求救，派出使者的车辆络绎不绝，但秦国的援兵却一直没有派出。

魏人有唐雎者，年九十余，谓魏王[①]曰："老臣请出西说秦，令兵先臣出，可乎？"魏王曰："敬诺。"遂约车而遣之。

【注释】

①魏王：魏安釐王。

【译文】

魏国有个叫唐雎的人，年过九十，他对魏王说："请派我往西到秦国去求救，我要让救兵在我回来之前就赶到，可以吗？"魏王说："太好了。"于是派车辆送他去秦国。

唐雎见秦王，秦王[1]曰："丈人芒然乃远至此，甚苦矣。魏来求救数矣，寡人知魏之急矣。"唐雎对曰："大王已知魏之急而救不至者，是大王筹筴之臣无任矣。且夫魏一万乘之国，称东藩，受冠带，祠春秋者，以为秦之强足以为与也。今齐、楚之兵已在魏郊矣，大王之救不至，魏急则且割地而约齐、楚，王虽欲救之，岂有及哉？是亡一万乘之魏，而强二敌之齐、楚也，窃以为大王筹筴之臣无任矣。"

【注释】

①秦王：秦昭王。

【译文】

唐雎拜见秦王，秦王说："老人家您不辞辛劳，远道至此，真是辛苦了。魏国已经多次前来求救，我知道魏国现在情势危急。"唐雎回答道："大王既然已经知道魏国情势危急，但救兵却不到，这就是为大王出谋划策的大臣们无能啊！况且魏国是有万辆兵车的大国，自愿臣服做秦东边的附属国，接受秦王的封赠，为秦王立宗庙，春秋祭祀，这是认为秦国的强大希望与之结盟。现在齐、楚两国的军队已经兵临城下，大王的救兵却迟迟不到，魏国危急之时就会割让土地而与齐、楚两国结盟，那时大王就是想挽救也来不及了。轻易失掉拥有万辆兵车的魏国，却使得秦的敌国齐、楚强大，我私下认为大王的谋臣太无能了！”

秦王喟然[1]愁悟，遽发兵，日夜赴魏。齐、楚闻之，乃引兵而去。魏氏复全，唐雎之说也。

【注释】

①喟（kuì）然：叹息警觉的样子。

【译文】

秦王幡然醒悟，立即发兵，日夜兼程救援魏国。齐、楚两国知道秦国发兵救魏，无奈撤军。魏国之所以得以保全，靠的是唐雎的游说啊！

（《魏策四》）

信陵君杀晋鄙

“满招损，谦受益”，“谦虚使人进步，骄傲使人落后”，这些名言警诫古今世人。之前的努力总算获得一点成果，这是对付出的肯定，还需要继续努力，保持成果或者推动成果扩大。在这个过程中，需要保持谦逊的为人处世的态度，这样才能够时刻警醒，受人尊敬。功成而骄傲自满，居功自傲，自以为是，不仅不能守住功业，反而可能埋下失败的祸根，招来灭顶杀身之灾。唐雎所说的正是这个意思。

信陵君杀晋鄙，救邯郸，破秦人，存赵国，赵王①自郊迎。

【注释】

①赵王：赵孝成王。

【译文】

信陵君杀掉晋鄙，拯救了邯郸，击破秦军，保全了赵国，赵王于是亲自到郊外迎接他。

唐雎①谓信陵君曰：“臣闻之曰，事有不可知者，有不可不知者；有不可忘者，有不可不忘者。”信陵君曰：“何谓也？”对曰：“人之憎我也，不可不知也；吾憎人也，不可得而知也。人之有德于我也，不可忘也；吾有德于人也，不可不忘也。今君杀晋鄙，救邯郸，破秦人，存赵国，此大德也。今赵王自郊迎，卒然[2]见赵王，臣愿君之忘之也。”信陵君曰：“无忌谨受教。”

【注释】

①唐睢：魏人。

②卒然：同“猝然”，突然。

【译文】

唐睢对信陵君说：“我听人说，事情有不能知道的，有不能不知道的；有不能忘记的，也有不得不忘记的。”信陵君说：“这话是怎么说的呢？”唐睢回答说：“别人怨恨我，这是不可不知道的；我憎恨别人，这是不可能知道的。别人对我有恩惠，这是不应忘记的；我对别人有恩惠，这是不可以不忘记的。如今您杀掉晋鄙，挽救了邯郸，击败秦军，保全了赵国，这是很大的恩惠啊。现在赵王亲自到郊外迎接您，忽然见到赵王，我希望您忘记所施的恩惠。”信陵君说：“我谨记您的教诲。”

（《魏策四》）

魏攻管而不下

管城本来属魏国的土地，后来陷落到秦国手中。公元前247年，信陵君领军攻管城。

守管城的人是安陵人缩高的儿子，信陵君想拉拢缩高，进而迫使他的儿子举城投降。令人意想不到的是，安陵君举出“大府之宪”拒不从命，而缩高也抬出“大臣之义”辞职抗命。安陵君受封于魏国，缩高是魏国安陵人，两人都是魏国的子民，本来不应对魏国的安危坐视不管，但却坚持小道义，罔顾魏国安危，不能牺牲小我保全国家，可见两人的局限性。

魏攻管[①]而不下。安陵人缩高，其子为管守。信陵君使人谓安陵君曰：“君其遣缩高，吾将仕之以五大夫[②]，使为持节尉[③]。”安陵君曰：“安陵，小国也，不能必使其民。使者自往，请使道使者至缩高之所，复信陵君之命。”缩高曰：“君之幸高也，将使高攻管也。夫以父攻子守，人大笑也。见臣而下，是倍[④]主也。父教子倍，亦非君之所喜也。敢再拜辞。”

【注释】

①管：在今河南郑州北二里。

②五大夫：大夫中最高的爵位。

③持节尉：掌握生杀大权的军官。

④倍：通“背”，背叛，背弃。

【译文】

魏国攻打秦国的管城，没有成功。安陵人缩高的儿子当时担任管城的防守，信陵君派人对安陵君说：“请派缩高前往，我即将封他为五大夫，让他担任持节尉。”安陵君对使者说：“安陵只是个小国，我不能让他们完全听命于我。你自己前去吧，我派人把你引到缩高的住所，传达信陵君的命令。”缩高说：“你到我这来，是为了让我攻打管城。父亲攻打儿子的守地是会被天下人耻笑的。我儿子见到我就投降，这是背叛自己的君主。父亲使儿子背叛，你是不愿意看到的吧。真对不起，我只能推辞了。”

使者以报信陵君，信陵君大怒，遣大使之安陵曰：“安陵之地，亦犹魏也。今吾攻管而不下，则秦兵及我，社稷必危矣。愿君之生束缩高而致之。若君弗致也，无忌将发十万之师以造安陵之城。”安陵君曰：“吾先君成侯受诏襄王以守此地也，手受大府之宪。宪之上篇曰：‘子弑父，臣弑君，有常不赦。国虽大赦，降城亡子不得与焉。’今缩高谨虽辞大位，以全父子之义，而君曰‘必生致之’，是使我负襄王诏而废大府之宪也，虽死终不敢行。”

【译文】

使者把情况汇报给信陵君，信陵君非常生气，派使臣到安陵对安陵君说：“安陵这个地方，也算是魏国的领土。现在我攻不下管城，那么，秦军就会攻到我国，魏国就会有危险。请您把缩高捆着送到我这里来。如果您不送来，我就派十万大军兵至安陵城下。”安陵君说：“我的先君成侯接受襄王的命令镇守此地，亲自接受了大府的法令，法令上面说：‘儿子杀父亲，大臣弑君王，有规定的刑罚不能免罪。即使国家举行大赦，举城投降和逃亡国外的人依然不能免责。’现在缩高辞去职务，保全父子间的道义，但您说‘必须要把他活捉捆送过去’，这就会让我有负襄王的命令，又背弃了大府的法令，就算是死我也不敢照办。”

缩高闻之曰：“信陵君为人，悍而自用也。此辞反，必为国祸。吾已全己，无违人臣之义矣，岂可使吾君有魏患也。”乃之使者之舍，刎颈而死。

【译文】

缩高听说后，说：“信陵君为人，太刚愎自用了。此话一出，必定会给国家带来祸患。我已经尽到了做人臣的道义，怎么还能使我的君主受到魏国的加害呢？”缩高就到使者的住地自刎而死。

信陵君闻缩高死，素服缟素辟舍，使使者谢安陵君曰：“无忌小人也，困于思虑，失言于君，敢再拜释罪。”

【译文】

信陵君听到缩高的死讯，穿上素服离开住地，派使者向安陵君谢罪说：“我是一个小人，思考不周全，要求不当，我恭敬地请你恕罪。”

（《魏策四》）

秦王使人谓安陵君

外交谈判的结果直接关系到国家的命运和前途，所以负责外交的使臣，责任非常重大，非敏智勇敢之人不能胜任。对于一个国家来说，挑选合适的外交使臣，尤为重要。

秦王嬴政向安陵君提出交换土地的要求，不过是个幌子，他的真实意图其实是想不费一兵一卒，就轻松地侵吞安陵，唐雎临危受命，孤身一人进入敌人的地盘，面临强大的秦国，坚贞不屈，力挽狂澜，彻底说服秦王，完成了任务，显示出一名优秀的外交使臣高超的素质！

秦王[①]使人谓安陵君曰：“寡人欲以五百里之地易安陵，安陵君[②]其许寡人？”安陵君曰：“大王加惠，以大易小，甚善。虽然，受地于先王，愿终守之，弗敢易。”秦王不说。安陵君因使唐雎使于秦。

【注释】

①秦王：嬴政，公元前246年即秦王位，公元前221年统一六国后改称始皇帝。

②安陵君：魏国小国的君主。安陵，在今河南鄢陵西北。

【译文】

秦王派人对安陵君说："我计划用五百里的地方交换安陵，安陵君会答应我吗？"安陵君说："承蒙大王施恩于敝国，用大换小，很好。可是，安陵是从先王那里继承下来的，我希望能一直驻守它，不敢拿来交换。"秦王听后很不高兴。安陵君因而派唐雎出使秦国。

秦王谓唐雎曰："寡人以五百里之地易安陵，安陵君不听寡人，何也？且秦灭韩亡魏，而君以五十里之地存者，以君为长者，故不错意也。今吾以十倍之地，请广于君，而君逆寡人者，轻寡人与？"唐雎对曰："否，非若是也。安陵君受地于先王而守之，虽千里不敢易也，岂直五百里哉！"

【译文】

秦王对唐雎说："我用五百里的地方交换安陵，但安陵君却不愿意，这是为什么？况且秦国已经灭掉韩、魏两国，而安陵君仅凭五十里的地方得以保存下来，也是因为我。我念他是位年高有德的人，所以才没有在意。现在我拿出十倍的土地让他扩张地盘，而他竟然违抗我，他是瞧不起我吗？"唐雎回答说："不，不是这样的。安陵君从先王那里继承了土地，就要保住它，即使用一千里土地也未必敢交换，何况是五百里呢？"

秦王怫然怒，谓唐雎曰："公亦尝闻天子之怒乎？"唐雎对曰："臣未尝闻也。"秦王曰："天子之怒，伏尸百万，流血千里。"唐雎曰："大王尝闻布衣之怒乎？"秦王曰："布衣之怒，亦免冠徒跣，以头抢地尔。"唐雎曰："此庸夫之怒也，非士之怒也。……若士必怒，伏尸二人，流血五步，天下缟素，今日是也。"挺剑而起。

【译文】

秦王大怒，对唐雎说："您可曾听说过天子发怒吗？"唐雎回答说："我未曾听说过。"秦王说："天子发怒，会使百万尸体倒地，血流千里。"唐雎说："大王可曾听说过百姓发怒吗？"秦王说："平民百姓发怒，不过是披着头发赤着脚，用头往地上撞罢了。"唐雎说："这是庸人发的怒，不是侠士发的怒。……如果是侠士发怒，他将使两具尸体同时倒下，血流五步，全天下的人都会穿上孝服，今天就是这样的时候。"说罢就拔出宝剑，挺起身来。

秦王色挠，长跪而谢之曰："先生坐，何至于此，寡人谕矣。夫韩、魏灭亡，而安陵以五十里之地存者，徒以有先生也。"

【译文】

秦王吓得脸色大变，急忙从座位上站起身子，向唐雎道歉说："先生请坐，怎么会弄到这种地步呢！我已经明白了。韩、魏两国都被灭掉，而安陵却凭借着五十里的地方就得以幸存，正是因为有先生您这样的人在啊。"

（《魏策四》）

第八章

韩策

秦、韩战于浊泽

公元前314年，秦国和韩国在浊泽交战，韩国败了，韩国的相国公仲朋提议向秦国臣服，转而联合秦国共同讨伐楚国，意图将祸患转嫁给楚国。

楚国的谋士陈轸让楚王做出假装援助韩国的姿态，让韩国感谢楚国，从而避免秦国和韩国的联合攻打。公仲朋也不是那么容易上当的，他看穿了陈轸的心思，建议派使臣去秦国，不要相信陈轸的话。但韩王也不相信公仲朋，果然在岸门惨败，陈轸的计谋成功。

公仲朋和陈轸两人都是颇有谋略的有识之士，失策的是韩王，没有相信自己的谋臣，把胜利白白地送给了陈轸，公仲朋空有计谋也只能颓然叹息。

秦、韩战于浊泽①，韩氏急。公仲朋谓韩王②曰："与国不可恃，今秦之心欲伐楚，王不如因张仪为和于秦，赂之以一名都，与之伐楚，以此一易二之计也。"韩王曰："善。"乃儆③公仲之行，将西讲于秦。

【注释】

①浊泽：韩国地名，位于今河南长葛西与禹县西北的交界处。

②韩王：韩宣惠王。

③儆：告诫，嘱咐。

【译文】

秦国和韩国在浊泽交战，韩军危在旦夕。公仲朋对韩王说："盟国是不能信赖的，如今秦国正在设法攻打楚国，大王不如通过张仪拉拢秦国，送上大城一座，让秦国去打楚国，这是一箭双雕之计。"韩王说："好。"于是做好准备，派公仲朋去秦国谈判。

楚王[①]闻之，大恐，召陈轸而告之。陈轸曰："秦之欲伐我久矣，今又得韩之名都一而具甲，秦、韩并兵南乡[②]，此秦所以庙祠而求也。今已得之矣，楚国必伐矣。王听臣，为之儆四境之内选师，言救韩，令战车满道路。发信臣[③]，多其车，重其币，使信王之救己也。韩为不能听我，韩必德王也，必不为雁行[④]以来。是秦、韩不和，兵虽至楚，国不大病矣。为能听我，绝和于秦，秦必大怒，以厚怨于韩。韩得楚救，必轻秦；轻秦，其应秦必不敬。是我困秦、韩之兵，而免楚国之患也。"

【注释】

①楚王：楚怀王。

②乡：通"向"。

③信臣：亲信的使臣；一说指传达命令的使臣。

④雁行：跟随。

【译文】

楚王听说，惊恐之极，赶紧把这件事告诉陈轸，陈轸说："秦国本来就想攻打楚国，现在韩国又献出一座大城来，而且也准备好了军队，秦国和韩国发兵南下，这是秦国一直梦寐以求的事情，现在终于有机会了，楚国一定会遭受攻击，请大王听我的建议，集结全国的军队，对外宣称是出兵救援韩国，让道路上塞满战车，同时派出使臣，备好车辆，带上大礼，让韩国相信楚国会出兵相救。就算韩国不相信楚国，也会非常感激大王，一定不会与秦国一起攻打楚国。如此一来，秦国和韩国不能顺利结盟，就算攻打楚国，楚国的危险也不大，如果韩国相信了楚国，不与秦国结盟，秦国一定会生气，怨恨韩国，韩国得到了楚国的帮助，就会看轻秦国，自然对秦国的话也不会听从。如此，就可以阻止韩国和秦国的军队，避免楚国的灾难了。”

楚王大说，乃儆四境之内选师，言救韩，发信臣，多其车，重其币，谓韩王曰：“弊邑虽小，已悉起之矣。愿大国遂肆意于秦，弊邑将以楚殉[①]韩。”

【注释】

①殉：为……而死。

【译文】

楚王非常开心，就命令调集全国的军队，对外声称要援助韩国；同时派出使臣，准备好车辆与重礼，对韩王说：“虽然我们是小国家，但是依然愿意将全国之兵全部调来支援贵国，希望您能下决心抵抗秦国，楚国将与韩国共存亡。”

韩王大说，乃止公仲。公仲曰：“不可。夫以实困我者，秦也；以虚名救我者，楚也。恃楚之虚名，轻绝强秦之敌，必为天下笑矣。且楚、韩非兄弟之国也，又非素约而谋伐秦也。秦欲伐楚，楚因以起师言救韩，此必陈轸之谋也。且王以使人报于秦矣，今弗行，是欺秦也。夫轻强秦之祸，而信楚之谋臣，王必悔之矣。”

【译文】

韩王非常高兴，让公仲朋停止出兵，公仲朋说：“不可以这样，真正以战争来让我们陷入困境的是秦国，用承诺假说救援我们的是楚国，相信楚国的谎言而轻易地与秦国为敌，一定会被天下耻笑。何况，楚国和韩国不是关系很好的国家，没有一起攻打秦国的盟约。秦国想要攻打楚国，所以楚国对外声称准备发兵援韩，这一定是陈轸的计谋。而且大王早已派人至亲，要与秦国和谈，现在又反悔，这是欺骗秦国啊。轻视强秦的威胁却轻信楚王的谋臣，大王一定会后悔的。”

韩王弗听。遂绝和于秦。秦果大怒，兴师与韩氏战于岸门[①]，楚救不至，韩氏大败。

【注释】

①岸门：在今河南长葛北。

【译文】

韩王没有理睬公仲朋的建议，与秦国决裂，秦王果然大怒，发兵与韩军在岸门交战，楚国援军并没有出动，韩军惨败。

韩氏之兵非削弱也，民非蒙愚也，兵为秦禽，智为楚笑，过听于陈轸，失计于韩也。

【译文】

韩国的军队并没有减弱，韩国的子民也并不蒙昧愚蠢，韩军却败给了秦军，行动被楚国耻笑的原因，是由于误听了陈趁的诳语而没有接受公仲朋的正确主张。

（《韩策一》）

史疾为韩使楚

名与实是一对相互依存的矛盾体，名不正则言不顺，名实相副，名才能成其为名；名实不副，那么名就应该更改。公孙龙为战国时杰出的政治家，这个故事意在阐明他的这个思想。

吴起在楚国实行变法，取得了诸多成绩，疆域获得了较大扩张，南平百越，北并陈、蔡。后来吴起被杀，楚国改革的成果快速消失，国内形势大变，举国动荡，局势令人堪忧。楚国尽管国土辽阔，但在和秦国的斗争中，连连受挫，一再迁都，一再逃跑，这正是楚王不懂得“正可以治国”啊。

史疾为韩使楚，楚王问曰：“客何方所循？”曰：“治列子圉寇之言。”曰：“何贵？”曰：“贵正。”王曰：“正亦可为国乎？”曰：“可。”王曰：“楚国多盗，正可以圉盗乎？”曰：“可。”曰：“以正圉盗，奈何？”顷间有鹊止于屋上者，曰：“请问楚人谓此鸟何？”王曰：“谓之鹊。”曰：“谓之乌，可乎？”曰：“不可。”曰：“今王之国有柱国、令尹、司马、典令，其任官置吏，必曰廉洁胜任。今盗贼公行而弗能禁也，此乌不为乌，鹊不为鹊也。”

【译文】

史疾为韩国出使楚国，楚王问他：“请问您是研究哪种学问的？”史疾说："我在研究列子圉寇的学说。"楚王又问："这个学说注重什么？"史疾回答说："很看重正。"楚王问："正可以用来治理国家吗？"史疾回答说："可以。"楚王问："楚国的窃贼很多，正也可以用来防盗？"史疾回答："可以。"楚王问："用正防盗，是怎么做到的？"没多久，有只喜鹊落在屋上，史疾问："楚王可知道这是什么鸟？"楚王说："这是喜鹊。"史疾问："可以叫它乌鸦吗？"楚王说："不可以。"史疾说："现在大王的国家有柱国、令尹、司马、典令等官员，在任用他们时，务必确保他们公正廉洁。现在盗贼猖狂，禁不能止，这就是乌鸦不是乌鸦，喜鹊不是喜鹊啊！"

（《韩策二》）

段干越人谓新城君

本篇中，段干越人通过王良的弟子驾车千里的事情，向新城君阐述缰绳拉得太长，难以行千里的理论，以此类比，向新城君推荐自己，指出自己应该受到重用，否则秦国不会有大的发展。段干越人曲折且形象地表达出内心所想，最后达到了自己的目的。

段干越人[①]谓新城君曰："王良[②]之弟子驾，云取千里，遇造父[③]之弟子。造父之弟子曰：'马不千里。'王良弟子曰：'马[④]，千里之马也；服[⑤]，千里之服也。而不能取千里，何也？'曰：'子纆牵[⑥]长。'故纆牵于事，万分之一也，而难千里之行。今臣虽不肖，于秦亦万分之一也，而相国见臣不释[⑦]塞者，是纆牵长也。"

【注释】

①段干越人：魏国人。姓段干，名越人。新城君：本名芈戎，秦相。

②王良：为赵简子驾车的人。

③造父：为周穆王驾车的人。

④马：古代用四匹马驾车，两边的是骖马，中间的是服马，此"马"为骖马。

⑤服：指服马。

⑥纆（mò）牵：即马缰绳。

⑦释：释放，解除。

【译文】

段干越人对新城君说："王良的弟子套好马车，说是要到千里之外去，遇到造父的弟子。造父的弟子说：'你这马行不了千里。'王良的弟子说：'骖马是千里马，服马也是千里马，你却说行不了千里，为什么？'造父的弟子说：'你牵马的绳子太长。'牵马的缰绳对于行路，只占万分之一，却让人难行千里。现在我虽没什么能耐，对秦国也就是万分之一，但您却不能为我扫清路上的障碍，这就相当于驾马时绳索过长啊！"

（《韩策三》）

第九章

燕策

人有恶苏秦于燕王者

公元前307年，齐国攻占了燕国的十座城池，此时苏秦作为燕国的使者来到齐国，劝说齐闵王把十座城池归还给燕国，建议被采纳，苏秦为燕国立了大功。

但是苏秦的功劳，却惹来了燕臣的妒忌，他们言语犀利，总在背地里放冷箭，中伤苏秦，因而苏秦虽然有功而返，却在燕国遭到了冷遇。苏秦感觉自己的一片忠心受到伤害，希望燕王能体察真相，不让自己含冤受屈。

苏秦列举了尾生、伯夷、曾参的事迹，同时还讲了一个小故事，说明了眼下自己有功却没有好报的处境，指出儒家推崇的孝廉信，这些品德都偏于自我修养，不是上进之道，那些用孝廉信来攻击他的人根本站不住脚。个人讲究孝廉信，那是一个有道德的人，但是政治上讲道德，则很可能会使国家陷于困境。国家之间不存在信义之说，只讲实力、讲策略、讲变通。可见，苏秦作为纵横家的代表人物，他的思想是开放而进取的。

人有恶[①]苏秦于燕王者曰："武安君[②]，天下不信人也。王以万乘下之，尊之于廷，示天下[③]与小人群也。"

【注释】

①恶：陷害，诋毁。

②武安君：苏秦的封号。

③示天下：向天下表示。

【译文】

有人在燕昭王面前诋毁苏秦说："武安君苏秦是天下最没信用的人。大王贵为万乘大国的君主，以这样尊贵的身份，屈尊礼待他，在朝廷上对他尊敬有加，这是在向天下昭示，您与小人为伍啊。"

武安君从齐来，而燕王不馆[1]也。谓燕王曰："臣东周之鄙人也，见足下身无咫尺之功，而足下迎臣于郊，显臣于廷。今臣为足下使，利得十城，功存危燕，足下不听臣者，人必有言臣不信，伤臣于王者。臣之不信，是足下之福也。使臣信如尾生，廉如伯夷，孝如曾参，三者天下之高行，而以事足下可乎？"燕王曰："可。"曰："有此，臣亦不事足下矣。"

【注释】

①不馆：不设馆，不准备住的地方。

【译文】

武安君苏秦从齐国回来，燕王便不再重用他。他对燕王说："我是东周的庶民，前来拜见您，我没有半点功劳，您却亲自到郊外迎接我，还让我在朝廷上担任要职。现在我为您出使齐国，拿回了十座城池的利益，有破解燕国危难的功劳，现在您却对我不信任，必定是有人指责我不讲信用，在大王面前诋毁我。我不守信用，是您的福气。如果我像尾声一样诚实守信，像伯夷一样廉洁自守，像曾参一样孝顺恭谨，以天下最可贵的三种品德来为您办事，您觉得可以吗？"燕王说："可以。"苏秦说："如果真有这样的臣子，也不会来辅佐你了。

苏秦曰："且夫孝如曾参，义不离亲一夕宿于外，足下安得使之之齐？廉如伯夷，不取素餐①，污武王之义而不臣，焉辞孤竹②之君，饿而死于首阳之山③。廉如此者，何肯步行千里，而事弱燕之危主乎？信如尾生，期而不来，抱梁柱而死。信至如此，何肯扬燕、秦之威于齐而取大功乎哉？且夫信行者，所以自为也，非所以为人也，皆自覆④之术，非进取之道也。且夫三王代兴，五霸迭盛，皆不自覆也。君以自覆为可乎？则齐不益于营丘⑤，足下不逾楚境⑥，不窥于边城之外，且臣有老母于周，离老母而事足下，去自覆之术，而谋进取之道，臣之趣固不与足下合者。足下皆自覆之君也，仆者进取之臣也，所谓以忠信得罪于君者也。"

【注释】

①不取素餐：不吃不劳而获之食。

②孤竹：古国名，在今河北卢龙县南。

③首阳之山：首阳山，也名雷首山，在今河南偃师西北。

④自覆：自满。

⑤营丘：即临淄，在今山东临淄东北。

⑥足下不逾楚境：即楚境不逾沮、漳。楚国势力不越过沮、漳二水。

【译文】

苏秦继续说道："况且像曾参那样的大孝子，他的行为标准就是不能远离父母在外住宿哪怕一个晚上，你怎么让他去齐国呢？像伯夷那么廉政，不愿受无功之禄，认为武王的做法不合正义，不愿意做他的大臣，于是宁可不要孤竹的君位，在首阳山饿死了。像这样廉洁的人，怎么可能愿意步行上千里到微弱的燕国，侍奉处在危难中的国君呢？像尾声那样诚实守信，约定的时间到了而意中人没来，河水暴涨，宁愿抱着桥柱死去，也不肯离开，守信到如此程度，怎么会到齐国去宣扬燕国、秦国的威望，而立大功劳呢？何况守信的行为，是为了自己而不是别人，是满足于现状而不是进取的途径。更何况，三王方才唱罢，五霸就已登场，各国势力持续博弈，均不满足于现状。您认为安于现状可行吗？如果可行，那么齐国的势力范围就超不出营丘，楚国的势力范围也就到沮、彰二水，不能在边城外得到更好的发展。而且东周还有我的老母亲在家里，舍弃安保而谋求进取，我的意向本来就和您不一致，您这个君主太安于现状，而我是位积极向前的大臣，也就是别人说的因忠信而得罪君主的人。”

燕王曰：“夫忠信又何罪之有也？”对曰：“足下不知也。臣邻家有远为吏者，其妻私人。其夫且归，其私之者忧之。其妻曰：‘公勿忧也，吾已为药酒以待之矣。’后二日，夫至，妻使妾奉卮酒进之。妾知其药酒也，进之则杀主父，言之则逐主母，乃阳①僵②弃酒，主父大怒而笞之。故妾一僵而弃酒，上以活主父，下以存主母也。忠至如此，然不免于笞，此以忠信得罪者也。臣之事，适不幸而有类妾之弃酒也。且臣之事足下，亢义③益国，今乃得罪，臣恐天下后事足下者，莫敢自必也。且臣之说齐，曾不欺之也？使说齐者，莫如臣之言也，虽尧、舜之智不敢取也。”

【注释】

①阳：同“佯”，假装。

②僵：跌倒。

③亢义：使信义崇高。

【译文】

燕王问：“忠诚守信有什么不对的？”苏秦答道：“您是不知道。我的邻居中有在远方为官的人，他的妻子在外边有了人，她的丈夫很快就要回来了，她的相好非常担忧，他的妻子说：‘你别担心，我已经为即将回来的丈夫准备了毒酒。’过了两天，丈夫回到家，妻子就叫侍妾奉上酒杯。侍妾知道杯里装的是毒酒，递上去就会让男主人送命，但把事情说出来就会使女主人被赶走，所以就假装倒地，把酒洒在了地上，男主人很生气，打了她一顿。这个侍妾倒地把酒洒了，在上挽救了男主人的性命，在下又保全了女主人，忠诚到这种程度，还要遭受惩罚，这就是为了忠诚和信用而背负罪名啊。我的情况也与这个倒地洒酒的侍妾相似。况且我为您办事，合乎道义又能对国家有益处，现在竟然身负罪名，我怕以后所有为您办事的人，都会失去信心啊。并且我对齐王所说的话，不是曾经骗了他吗？要是游说齐王的人不是像我那样说话，就算有尧、舜一样的智慧，也对国家没有什么利益好处。”

（《燕策一》）

苏秦死，其弟苏代欲继之

燕昭王下令求贤之后，苏秦从东周来到燕国，和燕昭王探讨攻打齐国报仇的事情。燕王说他与齐国仇深似海，终日寝食不安，发誓要找齐国报仇，希望苏秦能够帮助他实现这个愿望。如果夙愿得偿，他愿意把国政托付给苏秦。

据苏秦分析，齐国灭宋后，国力损耗，边防空虚，原来用来防备燕国的兵力也只好调走。而此时，燕国的力量正在逐渐壮大。种种迹象表示，攻打齐国的条件趋于成熟。如果再让苏秦做内应，与燕军形成内外夹攻之势，胜算很大。

苏秦北见燕王哙曰："臣东周之鄙人也，窃闻王义甚高甚顺，鄙人不敏，窃释锄耨而干大王，至于邯郸，所闻于邯郸者，又高于所闻东周。臣窃负其志，乃至燕廷，观王之群臣下吏，大王天下之明主也。"

【译文】

苏秦北行拜见燕王说："我是东周郊野的农人。听说大王德高望重，本人没有什么大本事，就放下农具来拜见大王，到了邯郸，听到的，比我在东周听到的评价更高。我心怀理想，来到燕国的朝廷，见到了大王的这么多臣子，知道大王真是天下最英明的君主。"

王曰："子之所谓天下之明主者，何如者也？"对曰："臣闻之，明主者务闻其过，不欲闻其善，臣请谒王之过。夫齐、赵，王之仇雠也，楚、魏者，王之援国也。今王奉仇雠以伐援国，非所以利燕也。王自虑此则计过，无以谏者，非忠臣也。"

【译文】

燕王说："你所说的英明君主是什么样的人？"苏秦回答说："我听说，英明的君主非常喜欢听别人指出他的错误，不愿意听别人拍马屁，所以，我愿意指出大王的过失。齐国是大王的仇敌，楚国和魏国是帮助大王的国家，现在大王帮助敌人去攻打兄弟国家，这不是对燕国有利益的事情。大王自己做出这样的决定，是错误的决定，大臣们没有人前来劝谏，这不是忠臣啊。"

王曰："寡人之于齐、赵也，非所敢欲伐也。"曰："夫无谋人之心而令人疑之，殆；有谋人之心而令人知之，拙；谋未发而闻于外则危。今臣闻王居处不安，食饮不甘，思念报齐，身自削甲扎①，曰有大数矣，妻自组甲絣②，曰有大数矣，有之乎？"

【注释】

①甲扎：甲，战袍。扎，战甲上的叶片。

②絣（bēng）：编甲用的绳子。

【译文】

燕王说："我对于齐国，其实并不想进攻。"苏秦说："没有存心要算计别人，但是被人怀疑，是不安全的；有算计之心，而让人看穿的，是愚笨的；计划还没实施就被人识破的，是很危险的。现在我听说您觉都睡不好，吃也吃不香，一心想找齐国报仇，连战士铠甲上的甲片都是您亲自做的，说是有定额；捆绑甲片的绳子则是王后亲自编制的，也说是有定额，是这样吗？”

王曰：“子闻之，寡人不敢隐也。我有深怨积怒于齐，而欲报之二年矣。齐者，我雠国也，故寡人之所欲伐也。直患国弊，力不足矣。子能以燕敌齐，则寡人奉国而委之于子矣。”

【译文】

燕王说：“既然你都已经知道，我也不再隐瞒了。我和齐国有深仇大恨，想要报仇已经有两年的时间了。齐国是我的仇敌，所以我想攻打它，只是担心国家疲弊，实力不够。你能用燕国攻打齐国的话，我愿意把国家政权交给你支配。”

对曰：“凡天下之战国七，而燕处弱焉。独战则不能，有所附则无不重。南附楚则楚重，西附秦则秦重，中附韩、魏则韩、魏重。且苟所附之国重，此必使王重矣。今夫齐王①长主也，而自用也。南攻楚五年，蓄积散；西困秦三年，民憔瘁，士罢弊；北与燕战，覆三军，获二将；而又以其余兵南面而举五千乘之劲宋，而包十二诸侯。此其君之欲得也，其民力竭也，安犹取哉？且臣闻之，数战则民劳，久师则兵弊。”

【注释】

①齐王：齐闵王。

【译文】

苏秦回答说：“天下相互攻打的国家有七个，而燕国是比较弱的。独自作战，实力不够，依靠哪国则这个国家就显得重要，比如向南依靠楚国，则楚国就显得重要，向西依靠秦国，则秦国的地位就得到提高，中间依靠韩、魏，则韩、魏就举足轻重。如果燕国依靠的国家被看重，这一定会让大王的地位得以巩固。现在齐国算是各诸侯国的老大，自认为实力很强。向南连续五年攻打楚国，国力消耗；向西又困扰秦国达三年之久，民不聊生，士兵疲惫；在北边与燕国交战，打败了燕军，抓到了燕国的两员大将；又继续率领疲惫之兵向南，给了拥有五千辆战车的宋国以重创，又吞并了泗水流域的一些小国家。这一直都是齐王梦想的，可是如今齐国国力已经耗尽，还能有多大的作为呢？而且我听说，长期的战争，劳民伤财；长期用兵，士兵疲弊。”

王曰：“吾闻齐有清济、浊河①可以为固，有长城、巨防②足以为塞，诚有之乎？”对曰：“天时不与，虽有清济、浊河，何足以为固？民力穷弊，虽有长城、巨防，何足以为塞？且异日也，济西③不役④，所以备赵也；河北⑤不师，所以备燕也。今济西、河北尽以役矣，封内弊矣。夫骄主必不好计，而亡国之臣贪于财。王诚能毋爱宠子、母弟以为质，宝珠玉帛以事其左右，彼且德燕而轻亡宋，则齐可亡已。”

【注释】

①清济、浊河：清澈的济水，浑浊的黄河。

②巨防：大堤。

③济西：济水以西，济水在今山东聊城、高唐一带。

④不役：免于役使、役事，养兵备敌。

⑤河北：今河北沧县、景县一带。

【译文】

燕王说：“我听说齐国有济水和黄河两大屏障，又有长城、大坝作为要塞，这是真的吗？”苏秦回答说：“得不到天下的支持，就算有济水、黄河这样的屏障，又怎么能算是牢固？民力疲弊，哪怕有长城、大坝，又能怎么能作为要塞？况且从前齐国不征集济水西边的民众服役，是为了防备赵国；不动用黄河北边的军队，是为了防备燕国。如今，两处的兵力都被征用，国力早已空虚，民众早已疲敝。骄傲的君王一定不擅长使用计谋，亡国的臣子必定贪图富贵。大王要是真能把宠爱的儿子或者弟弟送去做人质，再用金银珠宝去拉拢他身边的人，他一定会对燕国充满感激，并把灭宋这件事看得非常容易，到那时，大王您就可以伺机一举歼灭齐国了。”

王曰：“吾终以子受命于天矣。”曰：“内寇不与，外敌不可拒。王自治其外，臣自报其内，此乃亡之之势也。”

【译文】

燕王说：“我将顺应上天的旨意始终相信你。”苏秦说：“内部不乱，外敌就不能轻易行动。大王在外面想办法对付齐国，我到齐国内部制造矛盾，这样一来，灭亡齐国就是大势所趋了！”

（《燕策一》）

燕昭王收破燕后即位

齐宣王打败燕国后，因为当时燕国百姓奋起反抗，各国诸侯也纷纷增援燕国，所以齐国只好鸣金收兵。公元前311年时，赵国帮助燕国公子回国登基即位，即燕昭王。

燕昭王复国以后，面对眼前的残局，时时忧虑，心心念念一定要报国仇家恨。他认为，要报仇，当务之急是招贤纳士，昭王首先找到了郭隗，向他请教招贤之策。

根据郭隗的计策，“昭王延郭隗，遂筑黄金台”，各国贤明之士纷纷前来投靠效忠，燕昭王鼓舞士气，发展生产，与百姓同作同息，国内气象一新；外部，燕国和秦国、楚国缔结盟约，壮大自己，孤立齐国。五国的大军由乐毅率领，横扫齐国，终于了结了燕昭王的心愿！

燕昭王[①]收破燕后即位，卑身厚币，以招贤者，欲将以报仇。故往见郭隗[②]先生曰：“齐因孤国之乱，而袭破燕。孤极知燕小力少，不足以报。然得贤士与共国，以雪先王之耻[③]，孤之愿也。敢问以国报仇者奈何？”

【注释】

①燕昭王：燕王哙之子，公元前311—公元前278年在位。

②郭隗（wěi）：燕昭王的谋臣。

③先王之耻：公元前316年，燕王哙想把王位禅让给相国子之，引起国内骚乱，齐宣王乘机攻破燕国，杀了燕王哙。先王，即燕王哙。

【译文】

燕昭王收拾了燕国的残局后，登基即位，他谦卑恭敬，以重金吸纳贤士，希望依靠他们报仇。因此，他前去拜见郭隗先生，说：乘着我国发生内乱的时候，齐国偷袭、攻破我国。我也清楚，燕国现在实力很弱，没有足够的力量与齐国抗衡，然而能够得到贤能的人和我一起治理国家，为先父报仇，这是我一生的心愿。请问先生，您认为怎么样才能为国家报仇呢？

郭隗先生对曰："帝者与师处，王者与友处，霸者与臣处，亡国与役处。诎指[①]而事之，北面而受学，则百己者至。先趋而后息，先问而后嘿[②]，则什己者至。人趋己趋，则若己者至。冯[③]几据杖，眄视[④]指使，则厮役之人至。若恣睢[⑤]奋击，呴籍[⑥]叱咄[⑦]，则徒隶之人至矣。此古服道致士[⑧]之法也。王诚博选国中之贤者，而朝其门下，天下闻王朝其贤臣，天下之士必趋于燕矣。"

【注释】

①诎指：折损气节。诎，通"屈"。

②嘿：通"默"，沉默。

③冯：同"凭"，凭借。

④眄(miǎn)视：斜视。

⑤恣睢：放纵，骄横。

⑥呴(hǒu)籍：呴，通"吼"，吼叫。籍，通"藉"，践踏，凌辱。

⑦叱咄(chìduō)：大声呵斥。

⑧服道致士：服侍有德行的人，招纳有才能的人。

【译文】

郭隗回答说："成就帝业的君主，对待贤士如师长；成就王业的君主，对待贤士如朋友；成就霸业的君主，对待贤士如臣子；亡国的君主，对待贤士如奴仆。君主您如果能够屈己奉人，如果您能屈居下位，虚心请教的话，才能超过您百倍的人就会前来。如果您做事抢先而休息在后，发问在前而沉默在后的话，才能超过您十倍的人就会前来。如果您只是跟着别人亦步亦趋的话，才能与您相当的人就会前来。如果您身靠几案，手拄拐杖，盛气凌人地指挥别人，供人跑腿差使的人就会前来。如果您蛮横无理，行为粗暴，对人任意凌辱，大吼大叫，那么就只有奴隶般的人前来了。这是从古以来侍奉贤者，招贤纳士的方法啊。大王真能广泛选拔国内的贤人，亲自登门拜访，天下的贤人听说大王的这些举动，定会纷纷赶到燕国来。

昭王曰："寡人将谁朝而可？"郭隗先生曰："臣闻古之人君，有以千金求千里马者，三年不能得。涓人[①]言于君曰：'请求之。'君遣之。三月得千里马，马已死，买其首五百金，反以报君。君大怒曰：'所求者生马，安事死马而捐[②]五百金？'涓人对曰：'死马且买之五百金，况生马乎？天下必以王为能市马，马今至矣。'于是不能期年[③]，千里之马至者三。今王诚欲致士，先从隗始，隗且见事，况贤于隗者乎？岂远千里哉！"

【注释】

①涓人：国君身边的侍从。

②捐：浪费。

③期年：一年。

【译文】

燕昭王说："我应当去拜见谁才好呢？"郭隗说："我听说古代有一位

国君，想用千金求购千里马，可是用了三年都没能买到。他身边的侍臣对他说：‘请您让我去买吧。’国君就派他去了。三个月后这个人找到了千里马，可是千里马已经死了，但是他仍然用五百金买下了死马的头，回去向国君复命。国君大怒，说：‘我要买的是活马，你怎么买了死马？这不是白费我的五百金吗？’侍臣答道：‘死马尚且肯花五百金来买，更何况活马呢！天下人一旦都知道大王喜欢买好马，千里马很快就会有人送来了。’于是不到一年，昭王就买到了三匹千里马。如果大王您真想招致贤士，就请先从我郭隗开始。我郭隗尚且受到重用，何况那些胜过我的人呢？他们难道还会嫌到燕国的路途太远而不肯前来吗？”

于是昭王为隗筑宫而师之。乐毅①自魏往，邹衍②自齐往，剧辛③自赵往，士争凑④燕。燕王吊死问生，与百姓同其甘苦。二十八年，燕国殷富，士卒乐佚轻战。于是遂以乐毅为上将军⑤，与秦、楚、三晋合谋以伐齐。齐兵败，闵王出走于外。燕兵独追北入至临淄，尽取齐宝，烧其宫室宗庙。齐城之不下者，唯独莒、即墨⑥。

【注释】

①乐毅：原为中山国灵寿（今河北平山东北）人，后入燕，为燕国名将，战功赫赫。

②邹衍：齐国学者，阴阳家的代表人物之一。

③剧辛：赵国人，后在燕国为官。

④凑：聚集，奔向。

⑤上将军：位在诸将之上，相当于统帅。

⑥即墨：地名，在今山东平度县。

【译文】

于是燕昭王为郭隗专门修建了房舍，拜他为师。消息传开后，乐毅从魏国赶来，邹衍从齐国前来，剧辛从赵国而来，贤士们争先恐后，聚集到燕国。燕昭王又在国中悼唁死去的人，慰问生存的人，和百姓同甘共苦。燕昭王二十八年，燕国殷实富庶，国力强盛，士兵们安乐舒适，敢于战斗。于是燕昭王任用乐毅为上将军，和秦、韩、赵、魏等国联合策划攻打齐国。齐国大败，齐闵王逃亡国外。燕军又单独追击败逃的齐军，一直追到齐都临淄，掠夺了那里的所有珍宝，烧毁了齐国的宫殿、宗庙。齐国的城邑，没有被攻下的只有莒和即墨。

（《燕策一》）

苏代自齐使人谓燕昭王

苏秦是一个颇具争议的人物，虽然他有治国之才，很多人却羞于向他学习，认为他诡计多端、不择手段。

本篇讲的是苏秦在齐国做间谍期间，取得了齐王的信任，并利用齐王的信任离间齐、赵两国的关系。他暗中派人告诉燕昭王，攻打齐国的时机到了。等到燕国发兵，苏秦又派人力荐自己为将领，故意在几次战斗中大败，葬送了齐国五万大军，让齐国蒙受重大损失，国力削弱，为燕军长驱直入提供机会。

苏代①自齐使人谓燕昭王曰："臣间离齐、赵，齐、赵已孤矣。王何不出兵以攻齐？臣请为王弱之。"燕乃伐齐攻晋②。

【注释】

①苏代：此处应为苏秦。

②晋：齐邑，今地不详。

【译文】

苏秦从齐国派人对燕昭王说："我离间齐国、赵国，现在齐、赵两国已经孤立了。大王为什么还不出兵攻打齐国呢？我愿为大王使齐国更加衰弱。"燕国于是派兵进攻齐国的晋城。

令人谓闵王曰："燕之攻齐也，欲以复振古[①]地也。燕兵在晋而不进，则是兵弱而计疑也。王何不令苏子将而应燕乎？夫以苏子之贤，将而应弱燕，燕破必矣。燕破则赵不敢不听，是王破燕而服赵也。"闵王曰："善。"乃谓苏子曰："燕兵在晋，今寡人发兵应之，愿子为寡人为之将。"对曰："臣之于兵，何足以当之，王其改举[②]。王使臣也，是败王之兵而以臣遗燕也，战不胜，不可振[③]也。"王曰："行，寡人知子矣。"

【注释】

①振古：收复失地。振，举；古，同"故"，代指失去的土地。

②举：任用，委派。

③振：挽救，解救。

【译文】

苏秦派人对齐闵王说："燕国之所以攻打齐国，只是想收复燕国失去的国土。现在燕军在晋城停滞不前，那是因为军力不强所以举棋不定。大王为什么不派苏秦率军迎战燕军呢？凭苏秦的才能，率军迎战弱小的燕军，燕军必然大败。燕军被打败，那么赵国就不敢不听命于齐国，这样，大王您既打败了燕国，又制服了赵国，一举使两国都服从了。"齐闵王说："好。"于是，齐闵王对苏秦说："燕军驻扎在晋城，现在我发兵迎战，希望你做大军的统帅。"苏秦回答说："我对领兵打仗的事不通，哪里能领兵抗击燕军呢？还是请大王另派贤能吧。大王若派我领军打仗，就会使齐军战败而我也会被送到燕国手中，打不赢，局势就难于挽救了。"闵王说："你去吧！我了解你。"

苏子遂将而与燕人战于晋下，齐军败，燕得甲首二万人。苏子收其余兵以守阳城[①]，而报于闵王曰："王过举，令臣应燕。今军败亡二万人，臣有斧质之罪[②]，请自归于吏以戮。"闵王曰："此寡人之过也，子无以为罪。"

【注释】

①阳城：齐国地名，在今河北清宛西南。

②斧质之罪：杀头之罪。斧质：砍人的刑具。

【译文】

苏秦于是率齐军与燕军在晋城交战，齐军惨败，燕军杀掉齐军两万。苏秦收集残兵败将退守阳城，向齐闵王报告说："大王过分相信我，派我抗击燕军。现在军队阵亡二万人，我犯了杀头的死罪，甘愿回到执法的官吏那里领受处分。"闵王说："这是我的过错，你是无罪的。"

明日，又使燕攻阳城及狸[1]。又使人谓闵王曰："日者[2]，齐不胜于晋下，此非兵之过，齐不幸而燕有天幸也。今燕又攻阳城及狸，是以天幸自为功也。王复使苏子应之，苏子先败王之兵，其后必务以胜报王矣。"王曰："善。"乃复使苏子，苏子固辞，王不听。遂将以与燕战于阳城。燕人大胜，得首三万。齐君臣不亲，百姓离心。燕因使乐毅大起兵伐齐，破之。

【注释】

①狸：齐国地名，在阳城附近，今河北任丘东北。

②日者：即"昔者"，前几天。

【译文】

第二天，苏秦又暗中让燕军攻打阳城和狸邑。苏秦又派人对齐闵王说："前几天，齐军在晋城打了败仗，这不是军队的过错，而是齐国不走运而燕国得到了上天的保佑。现在燕军又来攻打阳城和狸邑，这是把上天的保佑当成自己的功劳。大王可以再派苏秦前去迎战燕军，苏秦之前打了败仗，现在他一定会竭尽全力取得胜利来回报大王。"齐闵王说："好。"于是再次派苏秦领军出战，苏秦再三推辞，闵王不同意。于是苏秦率齐军和燕军战于阳城，燕军大获全胜，灭齐军三万人。齐国君臣之间不亲信，百姓离心。燕王于是派乐毅领兵大举进攻齐国，最后攻破了齐国。

（《燕策二》）

昌国君乐毅

大将乐毅率领五国之兵大败齐国，攻下齐国七十多座城池，只剩下三座城池没有攻下的时候，燕昭王去世，燕惠王即位。燕惠王听信谗言，中了齐人的反间计，临阵换将，急召乐毅回国。乐毅察觉事情不妙，立即逃往赵国，被赵王封为望诸君。

乐毅的叛逃，让燕惠王不安，生怕他将燕国的情报出卖给赵国，于是就写信谴责乐毅，说他忘恩负义，对不起昭王的知遇之恩。

乐毅在回信中反复强调，“古之君子，交绝不出恶声；忠臣之去也，不洁其名。”虽然现在他身在赵国，却终身不敢谋燕，燕王不必有此顾虑。乐毅为燕国立下了大功，却反遭新主的抛弃，但他依然能够心平气和地给燕惠王回信，委婉地指出燕惠王的过错，可见他高尚的人格和宽宏的涵养。

昌国君乐毅为燕昭王合五国之兵而攻齐，下七十余城，尽郡县之以属燕，三城未下而燕昭王死。惠王即位，用齐人反间，疑乐毅，而使骑劫代之将。乐毅奔赵，赵封以为望诸君①。齐田单欺诈骑劫，卒败燕军，复收七十城以复齐。燕王悔，惧赵用乐毅承燕之弊以伐燕。

【注释】

①望诸君：乐毅从齐国的望诸逃到赵国，赵王封他为望诸君。

【译文】

昌国君乐毅为燕昭王率领五国军队攻打齐国，攻占了齐国七十多座城池，把它们都编入燕国的领土，还有三座城池没有攻下的时候，燕昭王驾崩了。燕惠王即位，他听信齐人的反间计，疑心乐毅，就派骑劫代替乐毅统领大军。乐毅逃往赵国，赵王册封他为望诸君。齐国的田单用计谋对付骑劫，最后打败了燕军，把齐国失去的七十多座城池完全收复。燕王后悔莫及，担心赵国任用乐毅趁着燕军疲惫之际攻打燕国。

燕王乃使人让乐毅，且谢之曰："先王举国而委将军，将军为燕破齐，报先王之雠，天下莫不振动，寡人岂敢一日而忘将军之功哉！会先王弃群臣，寡人新即位，左右误寡人。寡人之使骑劫代将军者，为将军久暴露于外，故召将军且休计事。将军过听，以与寡人有郤，遂捐燕而归赵。将军自为计则可矣，而亦何以报先王之所以遇将军之意乎？"

【译文】

燕王派人前来指责乐毅，婉转地说："先王把整个国家托付给将军，将军替燕国攻破了齐国，为先王报了仇，天下没有不感到震动的。我时时刻刻不敢忘记将军的功劳！如今，燕国正赶上先王去世，我刚即位，左右的大臣蒙蔽了我。我之所以派骑劫取代你，是因为将军长期在外领兵打仗，十分辛苦，所以我想让你回国休息，好商议大事。将军误听了他人的话，和我有了隔阂，抛弃燕国去了赵国。你为自己这样打算，也是可以的，但将军又如何报答先王对将军知遇的恩情呢？"

望诸君乃使人献书报燕王曰："臣不佞，不能奉承先王之教[①]，以顺左右之心，恐抵斧质之罪，以伤先王之明，而又害于足下之义，故遁逃奔赵。自以负不肖之罪，故不敢为辞说。今王使使者数之罪，臣恐侍御者之不察先王之所以畜幸[2]臣之理，而又不白于臣之所以事先王之心，故敢以书对。

【注释】

①先王之教：王命。

②畜幸：宠幸，宠爱。

【译文】

望诸君于是派人献上书信，回复燕王说："我没什么才干，不能奉行先王的教诲，也不能顺从您左右大臣的心意，害怕遭受杀头的死罪，有损先王的英明，还给您带来加害功臣的不义名声，所以我逃到赵国。自认为身负不忠的罪名，所以不敢用言语为自己申辩。如今大王派使者指责我的过错，我担心在您身边侍奉的人不了解先王宠信我的原因，又不明白我对先王的忠心，所以冒昧地用书信来回答。

"臣闻贤圣之君，不以禄私其亲，功多者授之；不以官随其爱，能当者处之。故察能而授官者，成功之君也；论行而结交者，立名之士也。臣以所学者观之，先王之举错[1]有高世之心，故假节[2]于魏王，而以身得察于燕。先王过举，擢[3]之乎宾客之中，而立之乎群臣之上，不谋于父兄，而使臣为亚卿[4]。臣自以为奉令承教，可以幸无罪矣，故受命而不辞。

【注释】

①错：通"措"。

②节：使者所持通行的凭证。

③擢：提拔。

④亚卿：爵位，分为上、中、下三级，次者为中卿，又称亚卿。

【译文】

“我听说贤明的君主不把俸禄随意赏赐给自己的亲信，功劳大的才有封赏；不把官职随意封给宠信的人，有能力胜任的才让他担任职务。所以能够考查臣子的才能而授以适当的官职，这才是成功的君主；观察朋友的品行然后才和他结交的，这才是扬名立万的人。我根据自己学到的道理来观察，先王的举措政行，有超出世间一般人的胸怀，所以才向魏国借来通行的凭证，而让我能到燕国进行考察。先王过分抬举我，在宾客之中提拔我，让我官列群臣之上，没有和同姓贵臣商议，就任命我为亚卿。我自认为接受先王的命令和教诲，就可以不获罪名，所以接受命令而不加推辞。

“先王之命曰：‘我有积怨深怒于齐，不量轻弱，而欲以齐为事。’臣对曰：‘夫齐，霸国之余教，而骤胜之遗事也，闲①于兵甲，习于战攻。王若欲攻之，则必举天下而图之；举天下而图之，莫径于结赵矣。且又淮北宋地，楚、魏之所同愿也。赵若许，约楚、魏、宋尽力，四国攻之，齐可大破也。’先王曰：‘善。’臣乃口受令，具符节，南使臣于赵。顾反命，起兵随而攻齐。以天之道，先王之灵，河北之地，随先王举而有之于济上②。济上之军奉令击齐，大胜之。轻卒锐兵，长驱至国。齐王③逃遁走莒④，仅以身免。珠玉财宝，车甲珍器，尽收入燕。大吕⑤陈于元英⑥，故鼎反于历室，齐器设于宁台⑦。蓟丘⑧之植，植于汶皇。自五伯以来，功未有及先王者也。先王以为惬其志，以臣为不顿命，故裂地而封之，使之得比乎小国诸侯。臣不佞，自以为奉令承教，可以幸无罪矣，故受命而弗辞。

【注释】

①闲：通“娴”，娴熟，熟练。

②济上：济水之上。

③齐王：指齐闵王。

④莒：今山东莒县。

⑤大吕：齐国的钟名。

⑥元英：和后面的历室同为燕国的宫殿名。

⑦宁台：燕国的台名。

⑧蓟丘：位于燕国都城内，在今北京白云观西。

【译文】

“先王命令我说：‘我同齐国有深仇大恨，不考虑国力微弱，也要把齐国作为进攻对象。’我回答：‘齐国有霸国的传统，又有多次取胜的余威，熟练用兵，精于攻守战事。大王如果想攻打齐国，就必须联合其他诸侯国一起对付它；联合其他诸侯国首要的就是拉拢赵国。淮北是宋国的国土，楚、魏两国都想得到它。赵国如果答应和燕国结盟，楚、魏两国也各尽其力，四国联手，就可以大破齐国。’先王说：‘太好了。’我就接受先王口令，准备好使臣要用的符节，向南出使赵国。在我回国复命后，立即发兵攻打齐国。由于上天的保佑，又有先王的圣明，河北的土地很快便归属于先王。济上的部队奉命乘胜追击，大获全胜。燕国精锐的军队长驱直入，直抵齐国国都。齐王逃至莒城，只有自己一人免祸。珠玉宝物，车辆、兵器和贵重的器物，统统运回燕国。齐国的大吕钟摆放在燕国的元英殿里，燕国从前失去的宝鼎也回到了历室宫，齐国的器物陈列在燕国的宁台之上。蓟丘种植的作物，现在移植在汶水边的竹林里。自五霸以来，没有谁的功业赶得上先王。先王认为自己的愿望已经实现，感到很满意，也认为我能完成使命，因此割地封赏我，使我能和小国诸侯相提并论。我不才，自认为按照先王的教导和指令办事，可以免除罪过，所以接受先王任命，没有推辞。

“臣闻贤明之君，功立而不废，故着于《春秋》；蚤[①]知之士，名成而不毁，故称于后世。若先王之报怨雪耻，夷万乘之强国，收八百岁[②]之蓄积，及至弃群臣之日，余令诏后嗣之遗义，执政任事之臣，所以能循法令，顺庶孽者，施及萌隶[3]，皆可以教于后世。

【注释】

①蚤：通“早”。

②八百岁：八百年，即齐国从姜尚立国至乐毅破齐大约八百年。

③萌隶：百姓。萌，通“氓”。

【译文】

“我听说贤明的君主，不会在功业建立一半的时候半途而废，因此载入史册；有先见之明的贤人，声名成就后就善于保持不毁弃，所以被后世称道。像先王那样能报仇雪恨，荡平万乘的强国，夺走齐国八百年来积蓄的宝物，直至他去世后，还留下遗诏，向执政的大臣们申明，让其按照先王的法令整顿朝纲，理顺嫡庶关系，施恩于百姓，先王的这些事迹，都可以用来教育后代。

“臣闻善作者不必善成，善始者不必善终。昔者伍子胥说听乎阖闾，故吴王远迹至于郢。夫差弗是也，赐之鸱夷而浮之江。故吴王夫差不悟先论之可以立功，故沉子胥而不悔；子胥不蚤见主之不同量，故入江而不改。夫免身全功以明先王之迹者，臣之上计也；离毁辱之非，堕先王之名者，臣之所大恐也。临不测之罪，以幸为利者，义之所不敢出也。

【译文】

“我听说善于做事的人不一定善于完成，有好的开头不一定会有好的结果。从前伍子胥的建议被吴王阖闾采纳，所以吴王能远征攻至楚国的郢都。夫差不听伍子胥的意见，杀死他后，用马皮裹着他的尸首，沉在江中。吴王夫差不知采纳伍子胥先前的意见可成就功业，所以把伍子胥沉入江中，并不感到后悔；伍子胥没有提前察觉两个君主的度量不同，所以无法改变沉江的命运。免除杀身之祸，保全已有的功名，申明先王的伟业，这是我的上策；遭受诽谤侮辱的非议，损毁先王知人善任的名声，这是我最担心的事。遭受难以预见的罪责，侥幸为别国从中取利，从道义上讲，我是不会这么做的。

“臣闻古之君子，交绝不出恶声，忠臣之去也，不洁其名。臣虽不佞，数奉教于君子矣。恐侍御者之亲左右之说，而不察疏远之行也，故敢以书报，唯君之留意焉。”

【译文】

“我听说古代的君子，在绝交的时候，不会恶语伤人，忠臣在离开侍奉的国家的时候，不把功劳都记在自己身上，把错误归于君子。我虽然没有什么才能，也曾多次受到君子的教诲。我担心大王听信身边人的流言而不了解我远在赵国的行为，所以冒昧地用书信来回答，但愿大王能够谅察。”

（《燕策二》）

客谓燕王

苏秦对燕昭王说，齐国实力强大，一旦北上攻打燕国，就是五个燕国也不是对手，为什么不派人出使齐国，想办法消耗齐国的兵力呢？燕王听后正中下怀，于是就派苏秦出使齐国。

苏秦到齐国后，竭力怂恿齐闵王攻打宋国，谗言说宋王偃对天地不敬，还肆意辱骂诸侯，言行十分恶劣，理应受到惩罚。齐国发兵伐宋，名正言顺，又能乘机占据宋国的土地，何乐而不为呢？齐闵王被利益诱惑，看不清其中的厉害关系，乐呵呵地发兵把宋国灭了。结果齐国虽然捡了点便宜，但也元气大伤，给燕国提供了很好的报仇机会，造就了乐毅破齐七十城的壮举。

客①谓燕王②曰："齐南破楚，西屈秦，用韩、魏之兵，燕、赵之众，犹鞭笑也。使齐北面伐燕，即虽五燕不能当。王何不阴出使，散游士，顿齐兵，弊其众，使世世无患。"燕王曰："假寡人五年，寡人得其志矣。"苏子曰："请假王十年。"燕王说，奉苏子车五十乘，南使于齐。

【注释】

①客：说客，指苏秦。

②燕王：即燕昭王。

【译文】

苏秦对燕王说："齐国向南击败楚国，向西制服秦国，驱使韩、魏、燕、赵的兵力就像用鞭子赶马一样容易。若齐向北攻燕，即使有五个燕国也不能抵挡。大王为什么不暗中派遣使者，遣散为齐国游说的人，使齐国的军队困顿，使齐国的百姓疲敝，这就可使燕国世代无患。"燕王说："给我五年时间，我就能实现我的愿望。"苏秦说："我愿给大王十年时间。"燕王听了很高兴，送苏秦五十辆车，让他向南出使齐国。

谓齐王①曰："齐南破楚，西屈秦，用韩、魏之兵，燕、赵之众，犹鞭筴也。臣闻当世之举王，必诛暴正乱，举无道，攻不义。今宋王②射天笞地，铸诸侯之象，使侍屏匽③，展其臂，弹其鼻，此天下之无道不义，而王不伐，王名终不成。且夫宋，中国膏腴之地，邻民之所处也，与其得百里于燕，不如得十里于宋。伐之，名则义，实则利，王何为弗为？"

【注释】

①齐王：即齐闵王。

②宋王：名偃，公元前328—公元前286年在位。

③屏匽：厕所。

【译文】

苏秦对齐王说："齐国向南击败楚国，向西制服秦国，驱使韩、魏、燕、赵的兵力就像用鞭子赶马一样容易。我听说当代的君主，一定会拯救在暴政下生活的百姓，战胜无道的昏君，攻打不义之师，如今宋王举剑射天，用鞭子鞭笞大地，铸造诸侯之像放在厕所边上，摇他们的手，弹他们的鼻子，这就是典型的昏庸无道、不讲信义的昏君，如果大王不加以征讨，那么大王的名望就难以树立了。更何况宋国是中原最肥沃的地方，齐国边境的百姓很多都杂居在那里，与其从燕国那里夺得百里的土地，不如从宋国那里得到十里的土地。

讨伐宋国，名义上是为了匡扶正义，实际上也得到了利益，名利双收，大王为什么不这样做呢？”

齐王曰：“善。”遂兴兵伐宋，三覆宋，宋遂举。燕王闻之，绝交于齐，率天下之兵以伐齐，大战一，小战再，顿齐国，成其名。

【译文】

齐王说：“好。”于是兴兵讨伐宋国。三次攻宋，最后终于灭掉了宋国。燕王听说这件事后，就与齐国断交，率领天下诸侯的军队攻打齐国，几经血战，使齐国陷入困顿之境，燕国因而名闻天下。

故曰：因其强而强之，乃可折也；因其广而广之，乃可缺也。

【译文】

所以说：因为国家的强大而让它展示武力，就可以击败它；因为国土广阔而让它进一步扩张，就可以使它残破。

（《燕策二》）

赵且伐燕

苏代为了阻止赵王讨伐燕国，向赵王讲述了一个鹬蚌相争，渔翁得利的寓言故事，阐述了赵国和燕国争战不休，不过是“鹬蚌相争”而已，恐怕会让第三方的秦国得利。“鹬蚌相争”是一则千古流传的寓言，旨在提醒人们不要迷失在错综复杂的矛盾中，要警惕真正的敌人。

赵且伐燕，苏代①为燕谓惠王②曰：“今者臣来，过易水，蚌方出曝，而鹬③啄其肉，蚌合而拑④其喙。鹬曰：‘今日不雨，明日不雨，即有死蚌。’蚌亦谓鹬曰：‘今日不出，明日不出，即有死鹬。’两者不肯相舍，渔者得而并禽⑤之。今赵且伐燕，燕、赵久相支以弊大众，臣恐强秦之为渔父也，故愿王之熟计之也。”惠王曰：“善。”乃止。

【注释】

①苏代：苏秦的兄弟。

②惠王：即赵惠文王。

③鹬：一种水鸟。

④拑：同“钳”，夹住。

⑤禽：同“擒”，捉住。

【译文】

赵国准备进攻燕国，苏代为燕国向赵惠文王进言说："今天我来的时候，路过易水，看见一只河蚌正出来晒太阳，一只鹬鸟啄食它的肉，河蚌合拢起来，紧紧夹住了鹬的嘴。鹬鸟说：'今天不下雨，明天不下雨，就会有一只死蚌。'河蚌也对鹬鸟说：'我今天不放你，明天不放你，就会有一只死鹬。'鹬蚌都不肯退让一步，渔夫看到后，就把它们都抓住了。现在赵国想要攻打燕国，燕、赵两国长期对抗，使得百姓疲弊，我担心强大的秦国会像渔夫一样坐享其成。希望大王您仔细考虑这件事。"赵惠文王说："好的。"于是搁置了对燕国的进攻计划。

（《燕策二》）

第十章

宋卫策

公输般为楚设机

战国的政治舞台上，墨家是一支不容忽视的足以左右政局的力量。“兼爱”和“非攻”是墨家主要的思想观点，这一章谈论的就是这方面的内容。

公元前444年，楚军向东扩张，地盘一直延伸到了泗水流域，楚国还准备继续北上攻宋，恰逢公输般又研制出了攻城利器云梯，更促成楚王攻打宋国的决心。

墨家代表人物墨子，主张兼爱、非攻，反对非正义的战争，他想要制止楚国的军事企图，于是从齐国出发，历经千山万水、艰难险阻，不辞辛苦，前去拜访公输般，劝说他不要帮助楚国攻打宋国。他们当场进行攻防演习，公输般输了，只好引墨子参见楚王。

墨子把楚王攻宋这一举动，比喻成患有偷窃病的人空放着自己家里的好东西不去享受，反而去偷邻居家的劣等品。楚王被说得无言以对，只好表示愿意放弃攻宋的计划。

公输般[①]为楚设机[②]，将以攻宋。墨子[③]闻之，百舍[④]重茧，往见公输般，谓之曰：“吾自宋闻子，吾欲藉子杀人。”公输般曰：“吾义固不杀人。”墨子曰：“闻公为云梯，将以攻宋。宋何罪之有？义不杀人而攻国，是不杀少而杀众。敢问攻宋何义也？”公输般服焉，请见之王。

【注释】

①公输般：即鲁班，鲁国的能工巧匠。

②机：机械战备。

③墨子：名翟，墨家学派的创始人。

④百舍：百里为一舍。

【译文】

公输般为楚国设计了一款攻城的机械，用来攻打宋国。墨子听说后，不惜步行几千里，脚都起了厚厚的老茧，赶去见公输般，对他说："我在宋国听说了你的大名，我想请你为我杀一个人。" 公输般说："我不能随便杀人。"墨子说："我听说你制造云梯，将要用它来帮助楚国攻打宋国，请问宋国犯了什么样的过错？你因为道义不杀人，但却帮楚国攻打宋国，这是不杀少数人，而杀多数百姓。请问攻打宋国是出于什么理由呢？"公输般被说服了，于是墨子请求公输般引他参见楚王。

墨子见楚王[①]曰："今有人于此，舍其文轩[②]，邻有弊舆[③]而欲窃之；舍其锦绣，邻有裋褐[④]而欲窃之；舍其粱肉，邻有糟糠而欲窃之。此为何若人也？"王曰："必为有窃疾矣。"

【注释】

①楚王：楚惠王。

②文轩：雕刻精美的车。

③弊舆：破旧的车。粱肉：精美的食物。

④裋褐：粗布短衣。

【译文】

墨子参见楚王，对他说："现在有这样一个人，舍弃自己漂亮的车子，却想偷邻居的破车；舍弃自己漂亮的衣服不穿，却想偷邻居的破布衣服；舍弃自己的美食不吃，却想偷邻居的米糠。这到底是个什么样的人呀？"楚王说："这个人肯定有偷窃的毛病。"

墨子曰："荆之地方五千里，宋方五百里，此犹文轩之与弊舆也；荆有云梦，犀兕麋鹿盈之，江、汉[1]鱼鳖鼋鼍[2]为天下饶，宋所谓无雉兔鲋[3]鱼者也，此犹粱肉之与糟糠也；荆有长松、文梓、楩、楠、豫樟，宋无长木，此犹锦绣之与裋褐也。臣以王吏之攻宋为与此同类也。"王曰："善哉！请无攻宋。"

【注释】

①江、汉：水名，即长江、汉水。

②鼍（tuó）：鳄鱼。

③鲋（fù）：鲫鱼。

【译文】

墨子说："楚国的土地方圆五千里，而宋国只有五百里，这就好比漂亮的车子与破旧的车子一般；楚国有云梦泽，犀兕麋鹿等珍奇的野兽千千万，长江、汉水里的鱼鳖鼋鼍等珍稀鱼类数都数不清，而宋国是连一只小兔子、一条小鱼也没有的地方，这就好比美食与米糠一般；楚国有长松、文梓、楩、楠、豫樟等珍贵的高大树木，而宋国却连像样的普通大树都没有，这就好比华丽的衣服与粗布衣衫一般。我认为大王让您的官吏攻打宋国与此同类。"楚王说："你说得太对了。我不会再攻打宋国了。"

（《宋卫策》）

第十一章

中山策

犀首立五王

公元前341年的马陵战役，让魏惠王的宏图大业逐渐衰落，他采纳惠施的意见，在徐州会见齐威王，相互尊奉为王，屈服于齐国。但是这一举措，并没有帮助魏摆脱目前的困境，反而频频遭受强秦的攻击，丢失了上郡七百里的领土。如此看来，仅仅凭借魏国自己的力量，根本无力抵抗秦国和齐国的攻打，所以，魏惠王采纳了犀首广泛争取同盟的建议，于公元前323年，将受到齐国、秦国、楚国威胁的赵、韩、燕以及中山几个诸侯国集结起来，一起称王，联合抵御齐、秦、楚三个强国。

齐、秦、楚三国看到五国结盟，很是愤怒，想尽办法加以破坏。齐国以中山国太小为借口，不承认它称王。还想拉拢赵、魏，破坏五国联合。张登为中山称王的事到齐国游说，劝说齐国大臣田婴不要反对中山称王，得到了田婴的许诺，赵、魏也赞成中山称王，中山称王的事情，最后终于确定下来。

犀首①立五王②，而中山后持。齐谓赵、魏曰：“寡人羞与中山并为王，愿与大国伐之，以废其王。”中山闻之，大恐，召张登③而告之，曰：“寡人且王，齐谓赵、魏曰，羞与寡人并为王，而欲伐寡人。恐亡其国，不在索王，非子莫能吾救。”

【注释】

①犀首：即魏相公孙衍。

②立五王：即三晋、燕和中山五国同时称王。

③张登：中山国大臣。

【译文】

犀首准备让五国相互称王，落在最后的是中山，齐王对赵王与魏王说："我与中山并列为王感到很羞耻，但愿你们能够和我一起攻打他，废除它的王号。"中山君知道后很害怕，急忙召见张登，对他说："我将要称王，但齐王对赵王与魏王说，与我并列称王感到羞耻，想要攻打我，我担心国家灭亡，并不是非要称王不可，现在能救我的只有你了。"

登对曰："君为臣多车重币，臣请见田婴[①]。"中山之君遣之齐，见婴子曰："臣闻君欲废中山之王，将与赵、魏伐之，过矣。以中山之小而三国伐之，中山虽益废王，犹且听也。且中山恐，必为赵、魏废其王而务附焉。是君为赵、魏驱羊也，非齐之利也。岂若中山废其王而事齐哉？"

【注释】

①田婴：齐国的相国，齐威王的小儿子，田文（孟尝君）之父，号靖郭君。

【译文】

张登回答说："请为我准备车辆和厚礼，我请求去拜见齐国的大臣田婴。"中山国的君主于是派张登出使齐国，对田婴说："我听说您想要废除中山的王号，准备与赵国、魏国联合讨伐中山，这个计划错了。弱小的中山哪里用得着三个国家来攻打，就算是比废除王号更为严重的事情，中山也会顺从的。一旦中山感到恐惧，就会因为赵国和魏国准备取消它的王号而倒向两国，齐国这不是把中山逼到赵、魏那边去吗？这对齐国是没有任何好处的，还不如让中山废除王号然后归附齐国。”

田婴曰：“奈何？”张登曰：“今君召中山，与之遇而许之王，中山必喜而绝赵、魏，赵、魏怒而攻中山，中山急而为君难其王，则中山必恐，为君废王事齐。彼患亡其国，是君废其王而立其国，贤于为赵、魏驱羊也。”田婴曰：“诺。”

【译文】

田婴说：“我该怎么办？”张登说：“现在您可以召见中山国的君主，应允他称王，中山一定会很开心，转而和赵国、魏国断交，赵、魏一定会很生气，想要攻打中山，中山情势危急，但齐国又不允许他称王，那么中山就会害怕，肯定会为了您自废王号而投靠齐国。中山国君主担心国家灭亡，您在废掉它的王号后前去抚慰他，显然这个方法比把中山驱赶到赵国和魏国那边要好得多啊。”田婴说：“好。”

张丑①曰：“不可。臣闻之，同欲者相憎，同忧者相亲。今五国相与王也，负海②不与焉，此是欲皆在为王，而忧在负海。今召中山，与之遇而许之王，是夺四国而益负海也。致中山而塞四国，四国寒心。必先与之王而故亲之，是君临中山而失四国也。且张登之为人也，善以微计荐③中山之君久矣，难信以为利。”

【注释】

①张丑：齐国臣子。

②负海：指齐国。

③荐：进献。

【译文】

张丑说："这样做不可。我听说，有同样欲望的人会彼此憎恨，有同样忧患的人会相互聚拢。现在五国相互约定称王，而齐国不同意。五国的欲望都在称王上，只是担心齐国不同意。如今您与中山国君会见，同意他称王，是侵犯了四国的利益而使齐国得到了好处。拉拢中山却排斥四国，四国就会心寒。您非得同意中山称王而和它亲善，那么您就会因拉拢中山而失去四国的支持。更何况张登的为人，是善于用小计谋进献中山国君，他的话很难相信会给我们带来好处。"

田婴不听，果召中山君而许之王。张登因谓赵、魏曰："齐欲伐河东[1]。"何以知之？齐羞与中山并为王甚矣，今召中山，与之遇而许之王，是欲用其兵也，岂若令大国先与之王，以止其遇哉？"

【注释】

①河东：地名，在赵、魏两国的边境。

【译文】

田婴没有听张丑的劝告，真的召见了中山国君，同意他称王。张登对赵、魏两国说："齐国想攻打贵国的河东之地。我是怎么知道的呢？齐国为和中山并列称王感到羞耻，现在却召见中山国君，同意中山称王，想必是想控制它的军队，怎么能跟你们先同意中山称王而阻止他们的会见相比呢？"

赵、魏许诺，果与中山王而亲之。中山果绝齐而从赵、魏。

【译文】

赵、魏两国同意了，果然同中山一起称王，并且非常亲近中山。中山也果然和齐国绝交而倒向了赵、魏两国。

（《中山策》）